Valentí Puig

Dioses de época. 1993-2006

imago mundi

Valentí Puig

Dioses de época. 1993-2006

Una memoria personal sobre las incertidumbres de un cambio de siglo

Ediciones Destino Colección Imago Mundi **Volumen 320**

© Editorial Planeta, S. A. (2021)
Ediciones Destino es un sello de Editorial Planeta, S. A.
Diagonal, 662-664. 08034 Barcelona
www.edestino.es
www.planetadelibros.com

Primera edición: junio de 2021

ISBN: 978-84-233-5967-7
Depósito legal: B. 7.977-2021
Preimpresión: Realización Planeta
Impreso por CPI Black Print
Impreso en España - *Printed in Spain*

El papel utilizado para la impresión de este libro está calificado como **papel ecológico** y procede de bosques gestionados de manera **sostenible**.

I

Oro bondadoso - Aterrizar en Barcelona - Novelas o crónicas - La casa para siempre - «Hemos filosofado mal» - *Russian blue* - El túnel de la Rovira - Por qué *Dioses de época* - De Luis XVIII a Luis XVI

Pensar en los dioses de época es como aquella queja de un general británico en la guerra de Crimea: «Los servicios médicos habrían sido adecuados de no ser por los heridos». Demasiado humanos, andamos a tientas entre la fe y el azar, y damos giros a nuestra vida que ni son destino ni son la nada. Es la vida misma que nos hace cambiar de ciudad o de costumbres, de lecturas y de bares. Un cambio casi al azar nos llevaba de vivir en Londres a instalarnos en Barcelona. Me parece que el ángel de la Historia no juega limpio cuando nos hace buscar en el pasado cómo desviar el futuro, pero así pasan los años y vamos de aquí para allá, según la composición pascaliana de contrarios por la cual al final de cada verdad debemos añadir que nos acordamos de la verdad opuesta. Escribimos, saboreamos, sabemos, somos una y otra cosa al mismo tiempo. Después de unos años en Londres como corresponsal, al llegar a Barcelona pasamos varias semanas en un apartotel en la calle Ganduxer.

A.- Nunca he sabido qué es eso de la ironía. Por eso Xavi me fatiga. Solo es plata esterlina. Prefiero a Julián. El oro no cansa.

B.- Como quieras, pero me agradan los hombres que te hablan. Con ironía. Sí, prefiero la plata esterlina.

Con indiscreción escuché esta y otras conversaciones por el patio interior del apartotel. Eran voces de mujeres jóvenes, ligeras y muy listas, que parecían vivir con mucha soltura, más bien por la noche y dedicadas a seducir a sujetos, a los que catalogaban, sojuzgaban y posiblemente exprimían. En aquel apartamento mínimo, con el portátil y un fax, comenzamos a sobrevivir en Barcelona, afín entonces y siempre a los dioses de época.

Al llegar, los primeros días en Barcelona los habíamos pasado en un pequeño hotel de la Rambla de Cataluña —el Regente— mientras yo rehacía algunos contactos y Montse buscaba casa. Años antes, en los ochenta, cuando vivía en Palma y me iba a Barcelona en busca candorosa de nuevos modos de disipación, en aquel hotel había recibido una lección comparable a las que Aristóteles diera a Alejandro Magno. Iniciaba las noches en la barra del bar Victory, en el pasaje Concepció, y luego todo siempre iba bien. Ya muy entrada la noche, en el paseo central de la Rambla, casi frente al hotel, los travestidos comerciaban y disputaban en una algarabía de alta tensión. En tramos de algunas calles transversales —con el alumbrado público, no sé por qué, apagado— abundaban los chaperos. Ya rozando la madrugada, una de aquellas noches, de regreso al hotel, un chapero me ofreció sus servicios. No dije nada, y se puso a insultarme con mucha agresividad acosándome hostilmente. Aceleré el paso y llegué, más insultado que nunca, al hotel. Le conté al recepcionista lo sucedido y pregunté: «¿Es eso normal?». Respondió: «Normal no, pero corriente sí». Aquella noche aprendí que en el mundo no todo es normal, pero sí corriente. Sabios recepcionistas de hotel, sabios en destilar la experiencia humana, sois mucho más que una nota a pie de página en la historia de la filosofía.

La primera noche en Barcelona cenamos en Les Set

Portes para celebrar el espejismo de vida nueva que depara un cambio de ciudad. En un poema contaminante, Kavafis viene a decir que es absurdo cambiar de ciudad esperando así cambiar de vida porque ya hemos hecho todos los destrozos en la ciudad primera. Es un poema para adolescentes y con los años uno se desembaraza del derrotismo de Kavafis y comprende la importancia de los prestigios de la voluntad a la hora de sobrevivir. Ha pasado mucho tiempo y no tengo muy claro, al dejar Londres de modo brusco e impremeditado, por qué decidimos ir a vivir a Barcelona, sin pensar en Madrid o Mallorca. Pero era junio de 1993 y habíamos llegado a Barcelona. Uno toma decisiones tajantes y al cabo del tiempo pierden sentido diluidas por una rara coalición entre la rutina y la lucha por la vida.

Regresábamos a España a pocos días de las elecciones generales, con un Gobierno socialista muy debilitado por la incertidumbre económica, el endeudamiento, el paro, los casos de corrupción y, en parte, por el GAL, mientras que el PP, liderado por José María Aznar, avanzaba hasta el punto de que algunas predicciones daban por hecho un empate. En Cataluña, Jordi Pujol se mantenía en el poder desde 1980, después del áureo regreso del muy honorable Josep Tarradellas. Para Cataluña, el trofeo de la Transición fue una autonomía política como nunca se había visto, ni por supuesto en los años tan aureolados de la Segunda República. Al contrario, la monarquía constitucional era la garante del nuevo autogobierno. Pujol reconocía que desde 1714 Cataluña no había tenido tanto poder para sí misma.

ETA asesinaba. Se habían sucedido las devaluaciones y la tiniebla supurada por el GAL generaba pasadizos sin salida, el gran dilema moral que todo Estado ha de afrontar en instantes culminantes para su existencia. Razón de Estado y Estado de derecho extraviados en el laberinto. No me dio la impresión de que la turbiedad del GAL fuese algo sobre lo que existieran ganas de argumentar. Pensé entonces, como ahora, que el Estado —como dijo no sé quién— tiene que disponer de los mejores para hacer los trabajos más sucios. Pero no parece que aquella operación fuese ejecutada por los mejores. Los enigmas de la razón de Estado seguirán siendo siempre reacios al normal ejercicio de la ley y de la claridad. Estado, poder, política y secreto opaco no dejarán de ser impuros.

En aguas muy agitadas, González obtuvo una mayoría simple. Comenzó la cuarta y última legislatura de un PSOE que, después de haber gobernado con el apoyo de Izquierda Unida, dio un giro pasando a contar con los escaños de CiU y PNV. Tras haber seguido la vida política española desde Londres, pensé que un cierto *jet lag* profesional y el tener a mano la política británica como paralelismo —ni mejor ni peor— me iban a permitir una distanciación positiva para observar lo que pasaba en España, pero no contaba con un ensimismamiento casi general.

Llegamos a Barcelona un atardecer de domingo, cálido y extrañamente quieto. La gran ciudad excita las ambiciones y a la vez las acota, indomable, omnipotente, vasta, irreducible a la abstracción, inasimilable a una idea. No habrá modo de sacudirla a fin de que se desprenda de todos sus tesoros, en beneficio de una aventura más del individualismo. La pululación de Barcelona —como tantas otras ciudades— tiene un magnetismo tan poderoso que el individuo capaz de sobrevivir por fuerza ha de aceptar un pacto con el diablo. Ciertamente, ya no podemos aspirar a ser el burgués perfecto que Werner Sombart localiza en la Florencia del siglo XIV.

De imposible imitación, son para añorar aquellos personajes de Balzac, jóvenes y ambiciosos como Rastignac, que desde la provincia llegaban a París y subían a cualquier cerro para apostrofar la gran ciudad, decididos a conquistarla fuera como fuera. En el entierro del padre Goriot, en el cementerio del Père-Lachaise, el joven Rastignac declama vehementemente su voluntad de dominar París. No sé cuál era la costumbre de los jóvenes húsares de comarca que llegaban a Barcelona con la idea de casarse con la hija de un magnate algodonero, dominar la política como quien juega al billar, construir nuevos palacetes, hacerse el dandi, controlar diarios, ser capitanes de industria y tener las mejores amantes. Tal vez subían a Montjuïc y proferían su letanía de ambición y voluntad de dominio, dispuestos como fuera al triunfo o al riesgo de las derrotas de la mediocridad.

A finales del XX, Balzac estaba fuera de juego. A diferencia de la gran novela del siglo XIX, la literatura aparecía exhausta, autosatisfecha con las obras de hamburguesa doble o escalopa narcisista. Yo seguía con la pasión por la literatura y la historia política. Leer y escribir. Paradójicamente, era un incentivo observar un mundo en el que, caído el muro de Berlín y recuperada la libertad en toda Europa, no asomaban nuevas ilusiones —ni, como había supuesto, energía moral e intelectual por transfusión de la disidencia del Este— porque la ilusión estaba en los megaconciertos pop, en las religiones a la carta, en hacer *footing* mientras el ciberespacio, cada vez más activo, se infiltraba en la vida de todo como una niebla baja. Tuve a mano una cita de Séneca: «Pregúntame por una verdadera imagen de la existencia humana y te mostraré el saqueo de una gran ciudad».

Solo adulamos a quienes de verdad no respetamos. En aquella Barcelona había oportunidades para adular, si apetecía. Llegues de día o de noche, con el tiempo te verás como una mota de una oleada migratoria, la parte ininteligible de una disonancia, la pieza minúscula de una gran transacción, la porción infinitesimal de una memoria recuperada, el componente microscópico de una reacción sin control. Así fue como mi mujer y yo arribamos a la Barcelona posolímpica.

De nuevo en España, seguía en el cruce en el que me había ido encajonando, sin saber ver salidas mixtas: creía determinante escoger entre la literatura de ficción o escribir sobre la realidad. Tenía un ensayo —*Annus horribilis*— a punto de llegar a las librerías y más ganas de interpretar que de contar. En realidad, estaba decidido a no escribir más novelas o relatos. Como décadas después, me importaba más el estilo que el género, la precisión, la observación imaginativa a la hora de interpretar, como ir en busca de una verdad inevitable que era de naturaleza inasequible, quizás por creer más en las estrategias estilísticas que en el aplomo de la abstracción.

Después de los primeros días en el Hotel Regente, Montse encontró un apartamento como domicilio transitorio en el apartotel de la calle Ganduxer. Se oían susurros de parejas, voces de actriz de doblaje y taconeos con poderío pero se veían pocas caras, como si en un orden secreto todos nos hubiésemos puesto de acuerdo para no coincidir en el ascensor. En los bajos del apartotel había una *trattoria* —Alberto's— con acceso desde el vestíbulo del bloque y eso nos abría mucho el apetito. Montse buscaba casa definitiva. Por las noches, bajábamos a la *trattoria* por el vestíbulo, saludábamos al *maître*, digno de un palacio afectuoso, e intercambiábamos partes de guerra, encuentros y reencuentros en la nueva ciudad, el caudal urbano que pocas veces se remansa y que cuando simula hacerlo por la noche es cuando resulta más incitante.

Comencé a tener contactos con editores, colegas, condiscípulos de la universidad, viejos conocidos. Algunos llevaban tanto tiempo tocando de oído que habían ensordecido. Era como para recordar que Musil murió haciendo gimnasia y que prácticamente nadie fue a su entierro. Más bien en una posición económica inestable, decidí que en esas citas para almorzar, lo mejor era invitar, dar apariencia de haber aterrizado en Barcelona sin carencias, algo así como un *bon vivant* que viene de Londres y no tiene que preocuparse para llegar a fin de mes o de año. Creo que funcionó. En estas ocasiones iba mucho al Racó d'en Cesc —en la calle Diputació— o a La Punyalada, que tenía un pedigrí marchito de tertulias y una carta muy sólida, que culminaba con los vasos de vodka arropados con hielo picado. Me di cuenta de que con quienes me veía había curiosidad por saber las razones de haber acampado en Barcelona. En algún caso, sentí que estaba de más, porque aquella Barcelona estaba muy parcelada, de modo que a quien me preguntaba lo mejor era darle una respuesta lo más intrigante posible.

Venían años de comer poco en casa y de beber en todas partes, aunque el corazón me dio algunos avisos. Fueron tiempos de largas sobremesas. Disfruté de nuevo los puros habanos, en una Barcelona que había sido de grandes y sabios fumadores de habanos. Una nueva generación pretendía tomar el relevo, con un trasiego de nuevos ricos que comparan vitolas, creen sentar escuela y cada día descubren la pólvora de Davidoff. Soy del parecer de que en estas cosas, como beber y fumar habanos, hay que mantener lealtades razonables pero sin poner obstáculos a las novedades. Así ocurre con los whiskies hasta que abandonas el escocés como quien se quita de encima una amante ya ajada y de aroma cansino y te pasas al malta. Cuando llegué a Barcelona, llevaba años fiel a la Casa de Montecristo. Se sabe que se llaman Montecristo porque, mientras los cubanos trabajaban en los talleres tabaqueros, un lector les leía en voz alta alguna gran novela. Según la leyenda, el entusiasmo por la historia de Montecristo llevó a los trabajadores a pedir perpetuar el personaje de Dumas en una vitola. Ramiro de Maeztu, en sus años cubanos, fue uno de esos lectores.

Al final alquilamos una casa para toda la vida, una planta baja por encima de Mitre, en la primera estribación del Putxet, parte de un bloque urbano heterogéneo, con distintas entradas y formatos, como las viviendas de la familia Salvatella, propietaria del edificio y de una añeja editorial de manuales escolares. La casa que alquilamos tenía en la planta baja un gran despacho forrado de madera y chimenea falsa y luego una sala comedor espaciosa. En el piso teníamos los dormitorios y los pasillos abarrotados de libros.

La sala tenía una especie de mirador con las esquinas truncadas que daba a un patio rectangular por el que toda la vivienda respiraba anímicamente. Allí pusimos la mesa del comedor. Dos escalones bajaban al patio, con unas tinajas con floraciones de color evanescente, varias macetas grandes con ciruelos jóvenes de hoja morada sin frutos y un ancho arriate de cañas de bambú. Las casas en las que vives a gusto tienen sus divinidades, su espíritu, y aquella casa lo tenía. El patio encajaba con una sucesión alineada de otros patios traseros. De forma casi ominosa, la parte trasera —sin ventanas ni balcones, de piedra sin remozar— de un edificio del que nunca fui a ver qué fachada tenía estaba cubierta por una hiedra común que arrancaba de nuestro patio, con troncos tan gruesos como los de *El libro de la selva*, predilectos para pájaros que anidan según los ciclos atmosféricos. Aquella hiedra tan dilatada cubría a modo de tapiz verde tupido los cinco o seis pisos del edificio que nos daba la espalda.

La más potente de la familia Salvatella era Rosa, con quien tuvimos muy buen trato. Ella era como la última matriarca del Putxet, una Barcelona enquistada entre las indecencias del crecimiento urbanístico. Rosa Salvatella tenía carácter, voluntad, sabía decidir, y por eso —y tal vez por razones patrimoniales— era la cabeza de familia, una matriarca a la que cada mañana veía leer el periódico con las piernas estiradas. Mentalmente era «la ben plantada», canosa, con mando, sobre todo con un sentido de la justicia que no se sometía a la conveniencia y a la medianía. Aquella mujer inteligente era la garantía de un orden natural ecuánime y de toda confianza.

En esa franja de patio dominaba el gato avieso y panzudo de unos vecinos. Marcaba su territorio sin reparos. Le llamamos Tigelino, en homenaje a la guardia pretoriana que en la antigua Roma ponía y quitaba emperadores como quien cambia de caballo. Con un espray de sustancias cítricas que repelían a los gatos evitábamos que Tigelino efectuase unas *razzias* que desquiciaban nuestro orden doméstico.

Hicimos la mudanza —no sería la última, dirigida por Montse con atinada logística— y de inmediato fuimos parte de aquella calle, con nuestros viejos muebles del piso de Palma, libros, cuadros, vajilla familiar; como el trasplante venturoso de un humus que nos vincula a la gran continuidad. Una vez más vivimos en una nueva casa como si hubiese sido siempre la nuestra.

Me gustaba pisar la acera desde una planta baja, sin tener que usar escaleras ni ascensor. Trabajaba a gusto en el gran despacho con chimenea y estantes de madera empotrados, un despacho como de notario o abogado con clientela adinerada. Mientras tanto hacía contactos, y ya me había puesto a escribir comentarios de política internacional para *ABC*. Sigo convencido de que el Putxet era entonces uno de los mejores lugares donde vivir. Todo quedaba a mano y tenía la sencilla nobleza de un mango de herramienta lustroso por el buen uso. Taxis en República Argentina, estación de metro en Lesseps, el sapiente quiosquero de la plaza, lugares razonables donde daban de comer y beber a buen precio al otro lado de Mitre, adonde cruzábamos por un puente estrecho como una pasarela, por encima del tráfico, día y noche. Después de cenar, regresábamos a casa, con toda la felicidad posible, rematando un buen puro antes de bajar la persiana de la noche con una última copa en la mano frente a la televisión. Por los cristales del pequeño mirador, un reflejo de luz sesgada daba lustre a la vieja hiedra espumosa. En la encrucijada de los patios se mecía una palmera a la que con el tiempo cotorras y pequeños papagayos se acogieron de modo tan estrepitoso que hubo que recurrir a un servicio municipal que los exterminaba, porque a veces podían ser agresivos.

La totalidad de los patios traseros se configuraba irregularmente, con esa suma de efectos asimétricos que tanto tiene que ver con los estadios evolutivos de una comunidad que crece orgánicamente. Algún perro, unos pocos niños, ciudadanos solitarios empeñados en mantener la vida de unas plantas sin mucha vida. Era una existencia casera, sin roces ni resquemores. Oías las voces de los vecinos como un eco. Volví a la infancia de patios observados desde el balcón de la cocina, ventanas indiscretas para un mundo seguro. En la calle Homero no había margen para un *voyeur*. A diferencia de las vecindades tan promiscuas que limitan la vida privada, en aquella intercomunicación de patios predominaba la discreción. Bendita discreción. Un rumor de mujeres afanándose en casa, como en las mañanas de mi infancia. Una niña que canta y probablemente juega sola.

En aquel despacho casi cuadrangular, con dos ventanas al exterior que siempre mantuve bajadas, y con su *boiserie* de empaque sin mampostería, pasé las horas leyendo y escribiendo. Por las ventanas oía pasar a los vecinos. Circulaban pocos coches. Se llegaba a casa por un atajo de Lesseps. Por las mañanas iba a comprar la prensa. Así comienzan las grandes rutinas, agregando partículas de un orden ancestral que los hombres, en sus talleres de carpintero o en sus laboratorios de bioquímica, mantienen vivo cada día para que esté ahí a la mañana siguiente rechazando el caos. Después de desayunar en alguna pequeña cafetería, desplegaba los periódicos en la mesa del comedor y me preparaba para mi dosis diaria de progreso en forma de evolución tipográfica. Me temo que Hegel pecó mortalmente al creer en la voluntad del espíritu universal —del progreso— cuando decía que la lectura de los diarios matutinos es como una especie de bendición realista de la mañana. Mientras tanto, en su terraza, Rosa Salvatella, con las piernas estiradas sobre una silla de tijera, leía su periódico en las antípodas de mi ansiedad y de un escepticismo histórico. Me agregué a la costumbre.

Lesseps era —y es— todo lo contrario del ágora. Le habían infligido asimetrías despiadadas, toda suerte de ocurrencias arquitectónicas cuyo agravio moral afectaba a la capacidad humana de ver y vivir. Algunas ciudades crecen como una desgracia, como una agregación vegetal que, erizada de arbustos silvestres, da la espalda a lo más noble de la plazuela, en la que verse cara a cara y hablar con confianza equivale precisamente a ser ciudad. Más allá, Barcelona se escalonaba irregularmente, hasta llegar a las estribaciones ladeadas del Tibidabo, que a partir de la avenida General Mitre acumulaba una expansión errabunda, como si lo urbano fuese cada vez más híbrido, la ciudad que avanza cubriendo viejos torrentes, hondonadas. De allí la ciudad ascendía hacia la Travessera y, luego, la Carretera de les Aigües, hasta que te dabas la vuelta y podías divisar una gran techumbre, como ciudad que se improvisa constantemente y no acabas de saber si su poso de sensualidad procede del crecimiento armónico o de la anarquía siempre recomenzada. Como patología urbanística, Lesseps era un rincón vergonzante de una Brasilia de rebajas.

Desde el Putxet, tenía a dos pasos a Joan Perucho y Carlos Pujol, en República Argentina. Desde que en los años setenta asistí a sus seminarios en la universidad, la relación con Carlos Pujol había sido una de las más fructíferas para mí. Leí sus libros de crítica literaria, sus traducciones y, *last but not least*, sus novelas, entonces más bien secretas, algo que para el autor era un deleite que interpreté como una forma muy inteligente de blindarse contra la indiferencia y no caer en la tentación del buen escritor que no se ve reconocido, postergado por los mimetismos, las modas ideológicas.

Había hablado con él de mi dilema —él lo veía como un falso problema— entre la literatura de ficción y la literatura de cosas vistas. A mediados de los setenta uno entraba en una de las aulas seminario de Filosofía y Letras y se presentaba un hombre alto, cargado de hombros, enjuto y huesudo, de voz grave y con la inteligencia de quien comprende y matiza sabiamente para dar sus lecciones sobre Proust con frases que aparecían construidas previamente, con la solidez de un lector de todo defendiendo en el foro romano la resistencia contra los bárbaros. Tenía ese punto de fatiga en las espaldas con la que el intelectual auténtico asume su deber de buscar la verdad, que para él, Carlos Pujol, era sobre todo la literatura. De literatura lo sabía todo. Están sus ensayos sobre Balzac, Saint-Simon, los victorianos, la novela francesa, Voltaire, incluso una amena historia de la literatura universal.

Entendía al hombre como incapaz de ser libre en un entorno distinto al que ofrece la familia como matriz de civilización. De esta historia secreta de las naciones y de la belleza de soñar se nutrían sus novelas, sutiles en su consideración del tiempo que se sobrepone a lo histórico y logra la pirueta de lo eterno, como fue su Roma, la Roma de una novela como *La sombra del tiempo*, la Roma del poema largo sobre Bernini. Fueron doce novelas de hierro, del París de *Los días frágiles* a *La noche más lejana*. Los poemas pasan por *La pared amarilla* y *Versos de Suabia*. ¿Hasta qué punto la literatura puede fundar una noción de piedad?

También era un mentor infatigable. Ayudó a un buen puñado de escritores en rodaje, quienes agradecían o no sus consejos, los encargos profesionales que procuraba, el ejemplo de una vocación que era todo orgullo y para nada vanidad. Formar parte de uno de los jurados literarios en los que ejercía su ecuanimidad con deliciosa malicia era un festín del espíritu. Él me integró en el jurado del Premio Ramon Llull —después de apoyarme para ganarlo— para comer y hablar con Pere Gimferrer, el profesor Vilanova o Gabriel Oliver, presididos por la gran dama María Teresa Bosch de Lara. Se decían cosas inolvidables. Carlos Pujol pasaba de su tortilla preceptiva al cigarrillo de humo denso y, con una sonrisa que venía de muy lejos para perdonarlo todo, alentaba esa dialéctica que los más jóvenes confunden con el dominio de la razón. Su memoria se remontaba a la poesía de Ausonio o a oscuros episodios de la épica medieval, discurriendo sobre Barrès o las memorias de Zorrilla, con un lugar especial para la leyenda de Sherlock Holmes. Era consejero literario de un mundo editorial que era su Planeta. El traductor iba de Chateaubriand a Stevenson. Carlos Pujol es uno de esos grandes mariscales secretos que toda la literatura tendría que tener. Hubiese sido un gran mandarín de la cultura. Una buena literatura necesita mandarines.

Su idea de la crítica al servicio del lector y no del crítico era constatable en el prólogo a su traducción de *Un amor de Swann*. Comenzaba hablando del señor Swann como si fuese alguien que ha visto pasar por la calle o con quien hubiese estado hablando de pintura en el salón de madame Verdurin. ¡Lo que hubiésemos pagado por estar en ese salón! Le ve como «un viejo amigo soñado», alguien que «vive por el placer de vivir». Es decir, Pujol escribe unas páginas magistrales sobre Swann, un ser de ficción que al aparecer en la novela se convierte en algo real.

No pocos, con solo la mitad de su obra narrativa o poética, se hubiesen creído con derecho vitalicio a una habitación con *jacuzzi* en el Parnaso, pero él seguía siendo Carlos Pujol, un escritor casi secreto, un maestro, un portento de *finesse*. Y, por decirlo así, *finesse oblige*. Si cometió algún exceso, fue de integridad. Todos, se diría que sin excepción, fuimos algo ingratos con Carlos Pujol.

Al prologar los aforismos de Joubert, Carlos Pujol recuerda que en 1799 dijo: «Hemos filosofado mal». He ahí toda la pesadilla, el desengaño y la amargura del fin de siglo. Al salir de una de sus clases a mediados de los años setenta, le pedí cuál era la mejor revista para seguir la literatura de aquella época, para estar al día. Sonrió: «No hay que estar al día, hay que estar al siglo. Al siglo XVII, a lo sumo». Estaba claro. Era, evidentemente, un criterio incorruptible. Vivir entre los hombres y participar en sus afanes, pero —como Joubert— sin identificarse con ellos.

Estrenábamos vecindad. Hablamos largo rato. Le faltaban unos años para cumplir los sesenta. A diferencia de los maestros que solo se escuchan a sí mismos, él escuchaba a sus interlocutores y aconsejaba si se lo pedían. Aquella tarde repitió su entendimiento de Henry James: «Para él la vida es la literatura, no lo heredado, sino lo que ha elegido, no lo que es, sino lo que escribe». Incluso se permitió ser más stendhaliano que pro-Balzac. Por un momento, el escritor sedentario que era parecía añorar la acción vital y por eso acierta con Stendhal: «Vivir como Fabricio, pero ser el conde Mosca; dominar el mundo desde las alturas de la inteligencia desengañada, pero incorporarse, al menos con la imaginación, al torbellino de las cosas». Me cogió de improviso porque le recordaba criticando que la novela hubiese despreciado los procedimientos de Balzac yéndose por caminos por los que la realidad se disuelve —había escrito— «en simulacros engañosos que siempre tienden a la paradoja y a la decepción». Insistió en la pérdida de confianza en el valor representativo de unas apariencias visibles, confianza propia de la gran novela del siglo XIX, algo anclado en la conciencia colectiva y que había pasado a ser lo que la literatura contemporánea tendía a olvidar de modo suicida. En otras palabras, Flaubert era —digo yo y no el fino Pujol— un perturbado del estilo. Carlos Pujol tenía el hábito de leer el *Kim* de Kipling todos los años. Revivía el Gran Juego. Kim —decía— compila el linaje Kipling. Él me iba hablando, sacudía la ceniza de su Ducados Negro. A lo que va de Stendhal a Houellebecq, ¿para qué darle descripción? Mientras tanto, siguen existiendo los fuegos fatuos y la trama de las galaxias. Salí contento por haber llegado a Barcelona para reanudar aquellos encuentros con Carlos Pujol. Bajaba hacia casa aún más convencido de que lo fundamental es escribir y no hacer de escritor.

Otra tarde subí por República Argentina hacia el piso de Joan Perucho. Pujol y él eran vecinos, amigos, cómplices. Perucho, a diferencia de Pujol, tenía el afán de un querubín por disfrutar del lugar privilegiado que le correspondía en la literatura catalana y que los pontífices del sociologismo nacionalista le habían negado. Le había tratado años antes al haber escrito sobre sus libros. Me advertía que en Barcelona fuese cauteloso a la hora de decir lo que pensaba porque, por su experiencia, eso acaba perjudicando. Ese era su caso: defender la literatura imaginativa en tiempos de realismo, escribir en catalán y castellano cuando eso seguía siendo un pecado para el resistencialismo, creer en Dios y en el diablo, anteponer el arte a la ideología. Entonces tenía setenta y tres años. Seguía en el punto preciso de exaltación cándida y serena de las cosas. Ronroneaba por el salón la gata *Russian blue*. Años después, contaba cómo una hoja de abedul se posó en su frente el día que fue a ver la tumba de Poe en el cementerio de Baltimore. Luego, a punto de embarcar, paró en una librería del aeropuerto y allí estaba el ensayo de Harold Bloom, con la mención a Perucho en su canon de los mejores. Era la bendición fantástica de Poe. Inventada o no, aquella historia iba perfeccionándose en el detalle, hasta el punto de que, con cada uno de sus ademanes elocuentes, Perucho nos hacía ver cada vez mejor cómo la hoja fue a posarse en su frente, enviada por el poeta que contempló el hundimiento trágico de la casa Usher.

En sus mejores páginas, deja una huella dactilar de entidad luminosa, como los ángeles y los arcángeles. La revista *Destino* le había acogido para que escribiera sobre cuanto le viniese en gana. Así sobrevivió para los lectores. La crítica le tenía por transgresor cuando en realidad iba en pos de lo sacro, del ritual del misterio, al otro lado del espejo. Curiosamente, me había hecho leer el diccionario diabólico de Collin de Plancy, pero aquella tarde reconoció que el miedo le llevaba a esconderse en la cocina cuando veía al personaje maléfico de un culebrón de TV3.

Aquella tarde, entre dos siglos, también me explicó hasta qué punto en su mundo imperaba el estilo católico, apostólico y romano, «pero con un gran sentido del misterio y de lo sobrenatural, y, naturalmente, en latín». Si yo estaba regresando a la fe de mis antepasados, con Perucho entendí *ipso facto* el vínculo entre la creencia y la liturgia. Eso me ayudaría a explorar mejor las corrientes subterráneas de la fe. Ahí resonaba el viejo gong de Constantinopla y no de Estambul.

Mientras Perucho no dejaba de escribir ni un solo día te dabas cuenta de hasta qué punto el mecanismo necrófilo de la cultura catalana es implacable y por eso se va quedando sin lectores. El novelista Joan Sales decía que ningún escritor está obligado a escribir en una lengua que los mismos que la hablan son los primeros en no leer. Anoto que Perucho tenía un notorio sentido práctico. Poco antes de los inicios de la crisis de Banca Catalana, retiró de caja su patrimonio, con gran prudencia. Decía que uno no puede fiarse de un banco que gasta el dinero de sus clientes pagando para que unos alpinistas pongan una bandera catalana en la cima del Everest. Esa era la otra cara de Perucho, sensato como el buen juez que fue hasta que se hartó de los reos de justicia y pudo dedicarse venturosamente a leer y escribir. De la angeología pasaba a las transparencias de la prosa de Muñoz Rojas. En el vestíbulo del piso te despedían los labios finísimos de una escultura de Casanovas.

La censura que mantenía a Joan Perucho apartado es algo que se pudo constatar en la reunión del jurado de uno de los premios nacionales —ensayo, poesía o novela— en la sede del Ministerio de Cultura. No importa en qué año. En los distintos jurados, éramos un buen número de miembros conjurados para nominar a Perucho para el Premio Nacional de las Letras. Son recomendaciones no vinculantes, pero creíamos que la unanimidad acordada podía influir a la hora de, finalmente, decidir el premiado. En el jurado del que yo era miembro, el nombre de Perucho turbó el sopor del representante del Institut d'Estudis Catalans. De forma fulminante se opuso a la nominación de Perucho, sin ningún argumento. Se limitó a rechazarlo de modo frontal, evidentemente porque Perucho había cometido el crimen de escribir en catalán y también en castellano. Luego propuso otro nombre que fue secundado por los miembros del jurado —las academias vasca, gallega y otros—, que acostumbran a votar en bloque, y algo parecido ocurrió en otros jurados, pero aquel otro candidato no obtuvo el premio, a diferencia de las posibilidades reales que hubiese tenido la candidatura de Perucho.

Al hombre del Institut d'Estudis Catalans, un historiador de la literatura catalana muy dotado para la mediocridad, le incomodaba participar en el reconocimiento de alguien como Perucho, escritor en catalán y en castellano. Luego hubo otras oportunidades para Perucho, pero la mezquindad deja poso.

Al adentrarse en la franja más allá de Mitre, el cauce parecía angostarse, bajando por calles imperfectamente paralelas hacia la pululación del barrio de Gracia o prolongándose hacia Horta, cruzando por el túnel de la Rovira, un trayecto más que venturoso cuando salíamos de casa con la ilusión de cenar gozosamente y luego, al regresar a casa, sentirnos como en un abrazo furtivo, casi adúltero. Allí estaba el restaurante Gaig, a la medida del *homme moyen sensuel*, reducto inexpugnable del buen comer, lograda conversión de la fonda para carreteros en restaurante de primera, con un jardincillo al fondo, camareros de primera división y sobremesas hechas para la indiscreción y ver pasar la sombra de los misterios de Barcelona. Un camarero providencial, con estatus de sumo sacerdote, nos proveía de dry martinis meteóricos, y después del postre aparecía Gaig, con una chaqueta blanca entre chef expeditivo y dentista de Hollywood, meciendo en sus brazos la pila de cajas de habanos —la más nutrida de la ciudad—, como uno de aquellos tres seres que se arrimaron al pesebre con oro, incienso y mirra. El oro era el tributo a la realeza del recién nacido; el incienso, símbolo divino; la mirra, bálsamo aromático para la santa sepultura. ¿Es irrespetuoso invocarlos al aparecer Gaig con los puros? Más bien, sería el gran respeto a la creación divina y al ser humano que secó las hojas de una planta tropical, las enrolló y les prendió fuego para que así catáramos aquel humo sagrado y nicotínico que en unos años iba a ser prohibido. La suerte de frecuentar Gaig en cuanto llegamos a Barcelona me evitó la nostalgia de las comidas precedidas de tres dry martinis o dosis oceánicas de bull shot, en los años de juventud caótica, en Palma.

Desde finales de los años sesenta del siglo pasado vengo escribiendo unos dietarios de los que he publicado varios volúmenes. En 2020, al considerar la edición de otra entrega, me atrajo la idea de darle forma de un volumen de memorias que abarcaría desde 1993 —el año en que regresé de Londres, donde había sido corresponsal del diario *ABC*, y nos instalamos en Barcelona— hasta 2006, cuando nos mudamos a Madrid. Como condición, me impuse explicar y relatar la secuencia de ese periodo sin involucrar lo ocurrido después, ese *a posteriori* que nos hace creer que así entendemos mejor el pasado. Si alguien te engaña o estafa eso es lo que ocurrió y solo posteriormente dedujiste que era un embustero. De modo que así, aposta, sin los recursos del futuro, amalgamé las notas de dietario de aquellos años y el caudal de la memoria —no siempre fiel, pero aquí sujeto a la secuencia de lo ya anotado— en el intento de dar forma a una pieza de memorialismo. La titulo *Dioses de época*.

De la literatura catalana, como de la castellana con Ortega o Azorín, seguía aprendiendo a escribir con Josep Pla y a la vez me seducía más y más la conciencia moral y la intensidad poética de Joan Maragall. Volví a sus poemas y artículos, a su mundo, a su Barcelona única. Me daba cuenta de que Maragall fue el intelectual decisivo de la Cataluña moderna, aunque sus libros de poemas tuviesen una difusión muy limitada y su influencia en la vida pública proviniera de sus artículos en el diario *Brusi*. Maragall es de una moderación luminosa, para nada cobarde sino valerosa. Sobre todas las cosas, deseaba una política del bien común, una transfusión constante de la moral a la política. En los años noventa del siglo XX, una de las pocas ideas claras era la urgencia de un retorno a la *civitas*. Maragall representó la idealidad ejemplar, que en sus mejores momentos es la que reúne las patrias en torno a su espíritu de siglos. No es menos cierto que los idealismos absolutos han podido generar más daño que algunas formas de cinismo porque todos los días constatamos que el mundo no es perfecto. Es la diferencia que hay entre creer que todo se puede mejorar y procurar que nada empeore.

Pasan las revoluciones, el terror, los nuevos imperios y más guerras europeas; luego Luis XVIII entra en París y hace decir misa allí mismo, donde estuvo el cadalso de Luis XVI. Instalados en Barcelona, iba a terminar el siglo XX y lo que se veía venir era muy indefinido. Ya en el nuevo siglo, cayeron las Torres Gemelas de Manhattan. Vi por televisión una filmación del 11-S. De entre el pavor del humo aparece un bombero o policía. Un cámara se acerca e intenta hacerle una pregunta. Él responde de forma desabrida y magistral: «*This isn't fucking Disneyland*».

II

Tifón Fred - Aquellos scooters de Taipéi - Formosa International Club - Una diosa de la misericordia - Mao o Chiang Kai-shek - Chips confucianos - Dormirse en la ópera - El lago Sun-Moon - Culpa o vergüenza - Pos guerra fría

El avión de China Airlines metía el hocico en el tifón, tanteaba el bloque de energía turbulenta, se echaba para atrás y al poco reintentaba penetrar por alguna rendija. El gran caparazón de la aeronave, osamenta de la técnica alada fulgente bajo la lluvia, buscaba su atajo entre fuertes vientos, titánicos. El piloto, sobre la mar tan encrespada, estaba tomando el pulso al corredor del tifón llamado Fred. La sombra de Conrad vio pasar el tifón desde la veranda de una residencia de pilotos que lord Jim frecuentaba en sus días de honor naufragado.

Era el final de nueve mil kilómetros de viaje para diez días en Taiwán. Con tramos de vuelo de noche, como un Mercurio tecnológico entre nubes y la gran oscuridad, cruzamos paralelos, la longitud sin fin, vimos los ríos de meandros compactos de la India después de Estambul o tierras sin lindes entre Teherán y Bangkok, una cartografía de anchos deltas, bordeando la bahía de Bengala. Sobrevolamos las Bocas del Irrawaddy. Europa quedaba atrás, en el olvido, y con una cierta inanidad. El mundo palpitaba allí abajo. ¿Qué estaba ocurriendo en aquella franja del planeta y en qué medida los seres humanos podían ser responsables de un acontecer trágico o todo era un complot de la naturaleza? Allá abajo, al borde de las fronteras o en el corazón de las alianzas, la política era solo un hormigueo mientras Asia iba tomando posesión de la Tierra. Habíamos sobrevolado viejos siglos del sudeste asiático, con sus ídolos gigantescos dormitando en lo más hondo de las selvas, y mientras tanto no había orden alguno que anulase definitivamente la lucha por el poder entre las naciones, porque la debilidad se paga cara, al igual que se paga la prepotencia mal calculada. Dios hizo los cielos y la tierra para que Tucídides pudiera decir que la naturaleza de las cosas consiste en crecer y también en declinar.

Al aterrizar supimos que el tifón Fred había hundido varios barcos en las costas de Taiwán y dejado sin vida a un puñado de pescadores en las costas de la China comunista, al otro lado del estrecho. Por las ventanillas de la furgoneta que nos llevaba a la terminal la cortina de agua no dejaba ver ni el asfalto de las pistas de aterrizaje. Como en la semivacía *business class* de China Airlines, con sus azafatas tan ceremoniosas y una provisión constante de champán, constaté que en tierra también iba a tener un tratamiento especial. Un joven diplomático llamado Armando Cheng y una limusina con chófer corpulento me esperaban para ir a Taipéi cruzando espesísimas rachas de lluvia. Cheng era un diplomático eficaz, guía e intérprete con voluntarioso acento bonaerense. Me informó de que mi llegada coincidía con el mes de los malos espíritus. Había que quemar enseres y papel en la calle. No convenía ir a nadar porque un mal espíritu podía estirarte de un pie, llevarte al fondo y sustituirte. «Es una superstición taoísta», dijo Cheng. Se lo creía o no. Cheng me dio también la estadística de templos taoístas, confucianos y budistas en la isla. Me hizo saber, subrayándolo, que el coche ministerial que nos llevaría de aquí para allá era un Dodge Dinasty.

A la puerta del Gran Hotel Sheraton, intento salir a la calle y el portero me dice: «*It's typhoon day!*». Me deja un paraguas que devuelvo descuajeringado. Cheng sonríe y dice: «Un 60 por ciento de los paraguas del mundo se fabrican en Taiwán». Para eso estamos. Tal vez la diplomacia de las estadísticas había sido una de las claves para los prósperos tigres asiáticos, inspirados por el muy sabio Lee Kuan Yew de Singapur.

En la mesilla de noche, el Nuevo Testamento en chino y en inglés, junto con *La enseñanza de Buda*. Por fin un hotel con sus *bell boys* dando voces por el vestíbulo, con nombres de huéspedes en sus carteles. Así llegaríamos a las mañanas de humedad asfixiante, solo a salvo en la burbuja de aire refrigerado de las limusinas, entre los miles de motocicletas de Taipéi, los motoristas con mascarilla, las mujeres con sombrilla blanca que caminan grácilmente bajo el sol bochornoso. A la espera de otro tifón, un mar de taxis amarillos fluía en una ciudad a la americana, a la vez que tras la esquina sobrevivían las calles secundarias con la vieja herbolaria sentada ante el mostrador, estrechos talleres de reparación de motocicletas, en un bullicio humano hiperactivo entre bajos comerciales con bloques de pequeñas viviendas con dos o tres macetas, todo desbordado por la humanidad que invadía la calle y esperaba algo en las aceras hasta que de repente, de quién sabe dónde, sale un scooter azul celeste, con una china de paquete que lleva la falda hasta medio muslo.

Taiwán estaba intentando recuperar posiciones en la ONU después de que, tras años de ocupar un asiento amparado por el *lobby* chino, Nixon hiciera la gran jugada de abrirse a China y aislar a la Unión Soviética. Pocos países reconocían el Taiwán de la República de China y por eso instrumentaba diplomáticamente sus oficinas comerciales. Y era la oficina comercial de Taiwán en Madrid la que me había invitado con la intención de que la prensa internacional reflejase sus aspiraciones en la ONU. El Taiwán al que llegué, traspasada la brecha del tifón Fred, tenía las mayores reservas de divisas del mundo y un PNB per cápita de más de diez mil dólares. Como siempre, hay quien pone en duda la distinción entre sistemas totalitarios y autoritarios; ahí estaba Taiwán, hecha ya la transición de la autocracia de Chiang Kai-shek a la democracia, entre otras cosas porque los sistemas autoritarios —con toda su carga antidemoliberal— acostumbran a no desdeñar la economía de mercado y generar riqueza, aunque no libertad política, si bien la confluencia no es imposible. Finalmente, Taiwán era una democracia formal y una turbodinamo de la economía de mercado, potenciada por la *high tech*, el continente que emergía con sus chips y sus Sillicon Valleys en versión confuciana, con toda la parafernalia *cool* de circuitos integrados, optoelectrónica y biotecnología, con sus cotas de poder en la camada de tigres asiáticos hasta que llegase el *big bang* chino.

Para los afortunados que le hayan cogido el gusto a la cocina china, estar en un hotel con restaurantes de todas las variantes regionales —además de la tailandesa y japonesa— es un pecaminoso *embarras du choix*. La primera noche cené ocho o nueve platos de la cocina Huhan, no tan picante como suponía. Un cliente japonés, cada vez que le llevaban un plato, se levantaba, enfocaba con su cámara y le sacaba una fotografía. Su mujer hablaba incesantemente con los trinos silvestres de un jilguero y era como si rascase con el pico los barrotes de la jaula. Ni él la escuchaba ni a ella le importaba. También había unos españoles jaraneros en quimono. Reservé para otra noche cena en el restaurante The Dragon, de cocina cantonesa. La cocción, el arte y el enigma tenían poco que ver con los de los chinos en los que había comido en España. Quizás los del Soho estaban a la altura.

Luego salí a ver la vida tan húmeda de aquella ciudad que se adentraba en la noche, con una oscuridad como a ras de tierra, de crepúsculo que de repente madura en exceso y retrocede algunos siglos. Abrumaba la densidad acuosa de Taipéi por la noche, más allá de los rascacielos, los grandes almacenes y las barras atestadas de ejecutivos que salían a la calle tambaleándose impetuosos, impelidos por el brandy francés, que era la última moda. En la noche, los rótulos horizontales flanqueaban las calles con las luces de neón rosadas o blancas, columnas de ideogramas que sostenían el insomnio ancestral de un anciano ajeno a todo, en cuclillas, el cuerpo enjuto, la frente inteligente y arrugada, su cuenco de arroz y siglos de historia y mito a sus espaldas.

La primera noche, el taxi me dejó frente al templo de Lungshan. El viejo Taipéi era una permanente ebullición de gentes que parecían no tener necesidad de dormir, viejas que no parpadeaban, con una impasibilidad capaz de vencer al tiempo. Los scooters circulaban trazando las elipses de su propio orden espontáneo. Los mercadillos regían una vorágine de intercambios humanos. Una joven con rostro de porcelana vendía remedios contra la impotencia. Había carritos con comida rodeados de viejas putas del brazo de chinos antediluvianos, sin ningún occidental a la vista. Goteaba una lluvia pasajera de los aparatos de aire acondicionado, en una mixtura loca de olores y sonidos. Me sentí en el corazón del sudeste asiático, con sus masajistas de cráneo, casitas de tiro al blanco, ristras de intestinos para tanto chino glotón, la calma de una farmacia en un callejón tapizado de espinas de pescado, máquinas de juegos inimaginables en manos de chinos ávidos apurando el pitillo hasta el límite. Todos a lo suyo. *Barbershops* de acogida erótica con el macarra a la puerta, brazos cruzados. Un niño me tiró de la mano: «*How are you? America!*». La noche se agitaba imparable en los mercados de Taipéi, con sus reconstituyentes de sangre de reptil y sus vendedores de Rolex de imitación o pescado frito, echadoras de cartas, jaulas de mimbre con pájaros exóticos, rumores chillones de regateos ante un puesto de pequeños cuadrúpedos desollados.

Otra de aquellas noches, con unos empresarios españoles satisfechos con sus transacciones asiáticas, tomamos unas copas en los vestíbulos fastuosos del Gran Hotel inmerso en laca roja, sugerido como emblema de *grandeur* oriental por madame Chiang Kai-shek. Luego estuvimos en una sesión de karaoke que era un tumulto de embriaguez agresiva. De camino, me atrajo más la figura del vetusto acupuntor que aguardaba en silencio para curar todos los males del viajero. Sobre todo, me había atraído mucho más el templo a la diosa de la misericordia, Kuan Yin. Ese era el viejo Oriente con sus poderes hipnóticos.

Desde el primer día de los diez que iba a pasar en Taiwán, todo fue como un yincana, quemando etapas del programa con toda puntualidad. Me acostumbré a hacer reverencias de saludo y al intercambio de tarjetas profesionales entregadas con las dos manos. Advertido, me había hecho unas tarjetas en inglés como comentarista de política internacional. En la visita, muy rutinaria, al Departamento de Información del Gobierno, tuve una primera sesión de vídeo informativo y luego el itinerario prosiguió con un almuerzo en el Formosa Internacional Club, en el que el Ministerio de Exteriores reunió a una docena de diplomáticos y profesores hispanistas en un comedor reservado de la planta veinte del soberbio hotel Grand Formosa Regent. De aquellos reservados entraban y salían personajes con aura de poder y la prestancia de magnates o guerreros que saben serlo, en las antípodas del nuevo rico. En el almuerzo de bienvenida, ofició como anfitrión un alto funcionario —¿por qué no llamarle mandarín?— de edad avanzada, con empaque de Estado, de temple astuto, con tanta mano izquierda que supo presentarme a todos los comensales en un solo circunloquio y sin decir nada. Explicó con monotonía casi musical la situación internacional de Taiwán. Añadió que la posición británica en Hong Kong era muy, muy débil. El fracaso de la operación de Pekín en Hong Kong no era totalmente beneficiosa para la República de China. Quizás le trasladaba a Taiwán poder como centro financiero pero ponía en peligro muchas inversiones. Me impresionó cómo la inteligencia china aborda la complejidad y, especialmente, urde el tejido de los intereses económicos.

Los múltiples brindis nos avituallaron de simpatía y humor ceremonioso. Puesto que la costumbre no acepta beber solo, si tienes sed, es obligado brindar con alguien. Creo que en aquella mesa todos teníamos sed porque brindamos en abundancia. Uno levanta el vaso —tal vez fuera un aguardiente de sorgo y al final coñac francés— con las dos manos y lo dirige hacia aquel con quien se desea brindar. Recuerdo dos brindis: «Por este plato» y «Por el plato que viene». Después de beber se hace un nuevo gesto de brindis y dejas ya la copa en la mesa. Con la máxima formalidad, en aquel almuerzo la reciprocidad del brindis se hizo exponencial. Una dama de edad indefinida —profesora de algo— miraba hacia el techo con un velo de alcohol e intriga de Fu Manchú en la mirada. El anfitrión relató con jocosidad ceremonial el caso de un loco que se ofrecía para hacer el amor en plena calle. Al ser multado, se fue a los Estados Unidos y en Nueva York acabó en la cárcel. De regreso había dicho que había más libertad en Taiwán que en Nueva York. Un funcionario del departamento latinoamericano sugirió que no hay que confundir la libertad con el libertinaje porque una sociedad civilizada no puede aceptar conductas incivilizadas. Periódicamente, como es usual, los comensales se componían el cabello con el peine. Terminó el almuerzo. Al salir del hotel, uno de los altos funcionarios me dijo con orgullo: «Taipéi ya es una ciudad con la polución oportuna». Tenía el rostro arrebolado y andaba pausadamente entre limusinas con banderas de misiones comerciales.

Cheng y su chófer seguían con gran precisión el itinerario estipulado: periodismo, política, gastronomía, arte e historia. Por ejemplo, el imperio del diario popular *China Times*. Vendía un millón de ejemplares al día, con un 40 por ciento de publicidad, 80 por ciento de suscriptores. Además, un vespertino y tres revistas semanales. En la sala de juntas, nos ilustró el *assistant general manager*, que a la vez era crítico de cine. Camiones de distribución propios, tres puntos de impresión en la isla, temprano uso del color, reducido a tres páginas en los largos años de la ley marcial. Las rotativas: el propietario vivía en uno de los edificios del periódico y sus enemigos internos quisieron alejarlo del despacho, que se fuera a vivir más lejos con la excusa de evitarle el fragor de la impresión, y él dijo: «Al contrario, si oigo que las rotativas se paran, me despierto».

Los dos grandes partidos de Taiwán habían llegado a consensuar, en contradicción con la imagen tantas veces televisada para todo el mundo de sesiones parlamentarias con bofetadas y agarrones, una estrategia para recuperar un lugar en las Naciones Unidas, después de que los reveses de la guerra fría llevasen a los Estados Unidos a abrir relaciones con Pekín —con escenografía de campeonatos de ping-pong y destrezas de Kissinger—, dejando a Taipéi postergado en la ONU.

Mi joven diplomático Cheng estaba en la franja generacional que prefería olvidarse del pasado de Taiwán con el general Chiang Kai-shek. Es más: esa parecía ser la actitud general de la sociedad taiwanesa. Incluso la cúpula de poder del Kuomintang que Chiang había liderado tantos años prefería otro lenguaje. En la sede del Kuomintang —el partido más rico del mundo no comunista— las formas expresivas eran cautelosas. Una derrota electoral sería una pérdida catastrófica de hegemonía para el Kuomintang *new look*, perder el poder en el momento del paso decisivo entre siglos, tan remoto el mundo consumado, perfeccionista, de intriga kilométrica, más bien increíble, en la que Chiang fue un maestro pero Mao le pudo. Más corruptor público que corrupto privado, comparar a Chiang con la corrupción del maoísmo le dejaba como un chico del coro. En fin, aquel Kuomintang fundado en Honolulu por un puñado de nacionalistas chinos fue lo que fue. Y en 1994 era lo que era: un partido con mucho arraigo electoral aunque envejecido, con una oposición más bien novata y ligera. Habían pasado siglos, como en el turbulento imperio del Centro, desde que con Chiang Kai-shek el Kuomintang dominó a su antojo la República de China hasta que perdió la guerra civil en 1949 y, acosado férreamente por Mao Tse Tung, se trasladó con armas y bagajes a la isla de Taiwán, la Formosa de los portugueses.

En la sede del partido de la oposición, el PPD, escuché a la señora Yang. Era una mujer hierática y con un tic en la lengua o de salivación. La posición del PPD era la de un Taiwán en el que Chiang Kai-shek nunca hubiese existido. No hablaba de República de China, sino de Taiwán. Usó las siglas todo el tiempo, eludiendo cualquier pregunta sobre Hong Kong o Corea del Norte, como es propio de un partido que nunca ha gobernado. Esto es: el poder económico del Kuomintang carecía de transparencia. EL PPD estaba en el 40 por ciento del voto, y para las elecciones locales esperaban el 50. En las legislativas, a finales de 1995, serían inevitables para un Gobierno de coalición. ¿Por qué no con el Kuomintang? Eso me sorprendió, y supuse que la señora Yang contaba poco en su partido. La debían de haber sacado de algún despacho para atender a un analista español. Pero, en fin, entre tanta vaguedad estaba claro que el PPD no quería arriesgar el estatus de Taiwán, la plena soberanía, por lo que la reunificación atentaría contra ese *statu quo*. Era una izquierda *soi disant* incubada para mermar un Kuomintang que era como el PRI mexicano.

En la larga y sangrienta guerra civil contra los comunistas de Mao, Chiang solo pudo evitar la derrota total cruzando el estrecho y refugiándose en el Taiwán que había estado en manos de Japón —vencido, después de Hiroshima y Nagasaki— durante cincuenta años. Su dictadura duró veintiséis. Con los tesoros de la China milenaria y sus reservas de oro, Chiang —protegido por Washington— también se quedó con el asiento permanente en el Consejo de Seguridad de la ONU. Le apoyó el *lobby* anticomunista hasta que, con el *volteface* norteamericano, en 1971 Pekín suplantó a Taiwán. Chang murió cuatro años más tarde. Así la guerra fría cerraba uno de sus últimos capítulos. Su hijo y su sucesor, Lee Teng-hui, iban a convertir la isla en un milagro económico y una gradual democracia. De familia de abolengo, madame Chiang

Kai-shek, uno de los personajes más intrigantes e influyentes del *lobby* pro-Taiwán, había tenido Nueva York y Washington en la palma de la mano. ¿Qué habría sido del general Chiang Kai-shek sin la esposa manipuladora, seductora, sibilina, despiadada, propagandista de primera y educada en los Estados Unidos? Tras la muerte de su marido, en 1975 se había ido a vivir a los Estados Unidos. En los días en que estuve en Taiwán acababa de visitar, con noventa y tres años, a un familiar enfermo y había regresado a su retiro en Long Beach.

«Los chips y muchas piezas de IBM se hacen en Taiwán», explicó Cheng en el ir y venir entre parques ultratecnológicos. En una gran empresa *export-import*, los ejecutivos hablaron sin parar de millones de dólares. Recorrí fatigosamente vastos *showrooms* con modelos de ventilador o muebles de jardín. «¿No hay playas en España?» Le dije que sí. «Entonces estos muebles se van a vender bien.» Así comenzó la conquista de mercados. En general, Europa les quedaba lejos, pero todo era un gran mercado. Tal vez su estrategia comercial había logrado una fórmula secreta entre el optimismo tecnológico, la tenacidad y el respeto a la tradición. En la envergadura faraónica del World Trade Center, la mecánica económica de Taiwán abrumaba. Me olvidaba al instante de las estadísticas y retenía los gestos. Entre dos vídeos de presentación le dije a Cheng: «Ayer estuve leyendo a Confucio en la cama». Me miró asombrado: «Nosotros teníamos que aprenderlo de memoria en la escuela».

Como había solicitado al Ministerio de Exteriores, estuve en el edificio de la Liga Mundial para la Democracia y la Libertad, lo que fuera la Liga Anticomunista Mundial, fundada por Chiang Kai-shek. Al final de la guerra fría, ¿qué sentido tenía? Ninguno, tal vez, para muchos era una reliquia digna de olvido, pero Corea seguía dividida, los cubanos pasaban hambre y al mundo no le faltaban apagones de libertad. Con la escenificación habitual de los asientos en paralelo y en medio la mesita para el té, hablé con el doctor Tze-Chi Chan, presidente de la Liga. Me explicó cómo Taiwán y Corea del Sur habían financiado las campañas anticomunistas cuando el Congreso por la Libertad de la Cultura —de origen atlantista— fue desprestigiado por la Unión Soviética al tener algún vínculo con la CIA. «Pero, ahora, nuestros objetivos ya no están tan claros. ¿Qué podríamos hacer?» Le respondí que, según se comentaba en algunos *think tanks* europeos, podía existir un peligro islamista, pero eso no le interesó. Le flanqueaba con una sonrisa impetuosa su jefe de relaciones públicas, todo un personaje, orondo y entusiástico, que había sido el primer piloto en desertar de la China comunista. Luego fui sometido al vídeo inevitable, con mapas animados y esquemas explicativos de la guerra fría. Todo parecía muy remoto, por inmediata que fuese la vigencia comunista. ¿Qué podía hacer la Liga en España? ¿Querría representarles allí? Todo fue muy ceremonioso e indudablemente inútil. Luego me di cuenta de que aquella conversación había desagradado a Cheng como parte de un pasado que su generación quería orillar. En todo caso, con o sin guerra fría, aquel doctor Tze-Chi Chan era un perfecto mandarín de la China perenne.

Un Taiwán fortificado para contener en su día el desembarco comunista, a finales de aquel siglo, por hostiles y formalmente inexistentes que fuesen sus relaciones con Pekín, con una extensión como la de Holanda y veintiún millones de habitantes, invertía de modo pasmoso en la China comunista, vía Hong Kong, que por su parte —y afortunadamente— seguía siendo colonia británica, aunque con fecha de caducidad. Quiero decir que, si bien la apariencia era de confrontación de dos *statu quo*, existía una fluidez financiera y comercial circulando por canales subterráneos. Nada era lo que parecía, y Hong Kong actuaba como el mecanismo de sifón que, en su versión más imaginativa, consigue que un líquido pase por un obstáculo situado a mayor altura que la superficie del mismo. Solo para entender eso valía la pena el viaje a Taiwán. Según las enciclopedias, el sistema de sifón fue inventado por los romanos, pero yo apostaría a que desde mucho tiempo antes ya operaba en alguna fase estable de la China imperial. El gran espectáculo era que desde Taiwán uno podía hacerse una idea de cómo sería la China continental con una mutación de su renta per cápita.

Volví varias noches al templo de Lungshan. Me adentré en la penumbra olorosa del patio con hombres que parecían gárgolas o sombras amenazantes. Como llevado por la música religiosa que llegaba desde el interior, penetré en una neblina de incienso. En una esquina, una vieja desgranaba su rosario. Dejé atrás cubículos donde mujeres vestidas de negro leían libros inmensos. Una desmesurada y vieja densidad de superstición y culto me abrumó. Era una oscuridad elusiva, un misterio sin expresión, con los cánticos monótonos más allá del límite permitido al público. Frente al cuerpo central del templo, unos monjes rapados, de rodillas, parloteaban. Me sentí un intruso, merecedor de un castigo. Todo giraba en torno a Kuan Yin, la diosa de la misericordia, la más popular de Taiwán, tal vez la más universal para la humanidad doliente. El templo había sido reconstruido después de un bombardeo norteamericano contra las tropas japonesas. Kuan Yin, especialmente reverenciada por las mujeres chinas, ampara el sufrimiento. Dos jóvenes hacían su ofrenda de varillas de incienso, afligidas tal vez por una ausencia, un mal de amor, el dolor de un padre agónico. Sentí algo como una devoción ardiente frente a la desesperanza. Sonaba el gong marcando pausas en la melopea de las letanías. No creo que los chinos abandonen nunca ese hervor de plegaria ante los dioses intermediarios. Suele considerarse irracional o supersticioso desear la protección de instancias divinas. Yo me pregunto: ¿y qué? Por una brecha de mi infancia me veo de la mano de mi madre, rezando ante la efigie de Nuestra Señora de la Salud.

Una de las jornadas fue museística y militar. En el Museo Nacional del Palacio —que cuenta con la colección china más completa, superior a la del museo de la ciudad prohibida en Pekín—, las guías tenían algo de mariposa con vuelo de seda, indicando con su gesto grácil la sucesión de dinastías, cerámicas, jades, prodigios caligráficos y una estela de perfección articulada entre jarrones y vasos de bronce. ¿Debería uno prepararse a fondo para ingresar en el partido de los mandarines aunque ya no exista? Me preguntaba hasta qué punto los ideogramas chinos determinan un modo de pensar y ver el mundo de forma tan impermeable como postulan algunas tesis lingüísticas, considerándolo un hecho diferenciador irreductible. En parte de aquel trayecto al galope nos acompañó una de las jóvenes curadoras del museo, dotada de un gran saber, que se refugiaba detrás de unas gafas impersonales y una dulce cortesía. Me salvó del remolino que da la maraña de las dinastías chinas con la soltura del respeto y la no familiaridad de convivir a todas horas con los siglos de tu nación. Me sorprendió comentándome lo útil que sería para su museo tener un libro como *Tres horas en el Museo del Prado* de Eugenio d'Ors. Había como para como enamorarse. Era didáctica y suave, pero de una inteligencia de acero. Habló de un ritmo central de China: en primer lugar, el príncipe mantiene el imperio de la ley contra el desorden digamos originario; con la premonición de estallidos de revuelta, el principio de armonía retira su sustento y reaparece la anarquía hasta que un puñado de guerreros —y eso me recordó a Spengler— restauran el orden. Digamos que la armonía toma el timón de nuevo. Es decir: las dinastías surgen con la energía necesaria para mantener la ley, pero esa energía se dispersa y corrompe, y China vuelve a la anarquía. Ese era —dijo la curadora— el esquema ya detectado por los historiadores un siglo antes de Cristo, ¿y por qué no pensar que seguía vigente? Al despedirse entre enigmas de jade, me preguntó que quién sabía más de arte y del Prado, D'Ors u Ortega —«míster Ortegaset», dijo. No respondí porque estaba claro que ella lo sabía mejor que yo. El mandarinato de las sabias chinas que disimulan su belleza puede derribar murallas y reconstruirlas. Qué glosa hubiese escrito D'Ors —y Ortega, ¡qué páginas de *El espectador*!— en aquella sala, entre tanta belleza en la que no vi huella o influjo de ninguna civilización ajena.

En el Museo Nacional del Palacio, deslumbran los vasos de laca de épocas convulsas y abanicos de tiempos de erotismo codificado, y como piezas capitales, una col de jade con saltamontes —precisa, a mi modo de ver, hasta una mímesis de escalofrío, como un cebo o un conjuro—, el jaspe en imitación de la carne animal, cinco mil años de artificio, de sublimación y oficio insuperable, de la cerámica elemental al jade translúcido, conchas de tortuga grabadas con mensajes de oráculo, leones esmaltados, los logros caligráficos de la Era del Bronce, el paisajismo como comunión entre la figura humana y la naturaleza enaltecida por el arte más sutil, odas ancestrales en ideograma, sellos de dinastías magnificentes, tapicería de seda inconsútil y contrapuesta al paso del tiempo, retratos de emperatrices y emperadores dueños de la ira sobrecogedora o la astucia magna.

Aquel patrimonio artístico, que durante años había sido considerado un acto de rapiña de Chiang Kai-shek, ¿dónde habría acabado cuando en la China continental Mao decretó la Revolución Cultural de los guardias rojos? A paso de carga, estuve unas horas en el museo, subiendo y bajando por las escalinatas de siglos y dinastías, ubicado en el tiempo pasado como en un experimento conductista que me llevaba de los cuencos de bronce a la evolución del jade de camino hacia aquella perfección inhumana.

En el Panteón de los Mártires de Taiwán era constatable cómo una república de nuevo cuño —o demediada—, como la fundada por Chiang Kai-shek, se dota de su propia marcialidad y de su lenguaje bélico. En el cambio de guardia los dos soldados impertérritos con la bayoneta calada actuaban con una exactitud que tenía boquiabiertos a los espectadores. Podían ser la figuración simbólica de una soberanía tan peculiar como indiscutible precisamente porque Pekín no dejaba de considerar Taiwán como una provincia, aunque díscola. Tantas otras guerras civiles han quebrado países que se dan la espalda pese a tener las mismas raíces. De las grandes civilizaciones antiguas, solo China ha sobrevivido hasta hoy, más allá de cataclismos, sequías e inundaciones, ejecuciones sumarias y sociedades secretas, hambrunas, leyes sabias y traiciones sin fin, envenenamientos palaciegos, emperadores podridos, encenagamientos y destellos de belleza.

Por la tarde fuimos a la ópera o, mejor dicho, a una

escuela de ópera. En un edificio que recuerdo anodino y que tal vez fuera una sala de ensayos, di unas cabezadas mientras en el escenario se representaban escenas de una ópera milenaria, con soberanos omnipotentes cubiertos con máscaras propias de un terror cósmico. Fulgían los relámpagos y retumbaban los truenos. Entendía que se trataba de una escenificación de la gran injusticia como única justicia asequible a los humanos, según el reparto que hacían dioses perversos, aniquiladores. Rostros de porcelana de muchachas torturadas, mucho maquillaje bisexual. Era un teatro excesivo que la monotonía musical dejaba flotando al modo de una intriga de pesadilla.

Con la alerta de un tifón, Cheng me indicó que eso haría subir el precio de las verduras. Pasó un anciano que pedaleaba un triciclo y llevaba un sombrero de paja. Con media cerveza, la cara de Cheng se arrebolaba. Por las noches, al regresar al hotel, tomaba notas sobre la jornada y leía a Confucio. De Confucio prácticamente solo se sabe la fecha de su nacimiento y de su muerte (551-479 a. C.). Sus lecciones también son parcas en ideas y en novedad. No funda un sistema sino más bien un método, según se deduce de su legado, directo o refractado por sus discípulos. Consiste en oponer los ritos al caos. Al irle leyendo, era como si hubiese mantenido la luz allá donde era conveniente y dejado a oscuras lo que de por sí quedaba mejor así, sin darle mucha importancia —salvo formal— a la práctica de la bondad. Lo define él mismo: «Transmito; no innovo. Tengo fe en la antigüedad y la amo». Lo que hace Confucio es enseñar a conformarnos —y no es poco— con mantener la cordura en un mundo de dinastías que se destrozan entre sí o se autodestruyen. La perfección ni se considera; solo las posibilidades —a menudo remotas— de un orden justo. Es una doctrina plana. Su concepto de armonía era una forma de orden para oponerse a la violencia omnipresente, finalidad encomiable de los «hombres de calidad». Ese hombre confuciano busca dar seguridad a sus semejantes en un mundo de siglos e imperios convulsos. Con una adaptación accidentalista en política, los chinos son mentes de cálculo y maquinación perfeccionada por el paso de los siglos, con el corazón también cronometrado para implorar misericordia y rendir tributo a los antepasados. Un pueblo goloso que ha pasado mucha hambre. Lo que cuenta es la vergüenza y no la culpa. En el trato casi permanente con Cheng y el chófer, me pude dar cuenta de que lo más ofensivo para un chino es que crea que le levantas la voz. Le turba el extranjero que incumple esos modos más elementales de formalidad que permiten salvar la cara. Tal vez fuese un rastro del miedo al caos social, a la discordia que tan fácilmente se convertía en guerra civil vesiánica. Ahí la psicología de bolsillo del viajero no sirve para nada. Suelten por allí el fantasma de Freud y algún nostálgico de los señores de la guerra les cortará la lengua y las yemas de los dedos.

Una de aquellas noches al regresar al hotel coincidí con dos jóvenes empresarios españoles —*high tech*, pasión, *masters*, inglés fluido, mucha confianza en sí mismos— que estaban de paso por Taiwán en la fase final de un viaje —con buenos resultados empresariales— por los tigres asiáticos. Abrían mercados, dijeron. Los vi deslumbrados, ya en la cresta de la tercera o cuarta ola. Uno de ellos era aragonés y el otro, de Vigo. Empresarialmente, tenían ya un *pied à terre* en el gran Madrid. Eran jóvenes de gimnasio, deseosos de saltar de un avión a otro. El ideal era crear un Sillicon Valley. Lo tenían todo *in mente*, trabajando en una gran maqueta que describían con mucho detalle. Cenamos pato lacado, después de unos gloriosos buñuelos de cangrejo, setas perfumadas. Manejaban los palillos como los tres mosqueteros —cuatro, claro— y defendían al rey del acoso de Richelieu con su esgrima infalible. Seguimos con whisky hasta que cerraron el bar.

Visité laboratorios y fábricas de ordenadores. Hablé con algunos genios taiwaneses del chip sin entenderles mucho a pesar de los vídeos preceptivos. Toda una generación ya hablaba en siglas *high tech*. Creían en las soluciones tecnológicas para todo y no en la política. Si la democracia y el Gobierno tenían que estar en manos de las élites, «un hombre, un voto» era algo absurdo. Sobre todo, ¿qué pasaba cuando los costes laborales aumentaban y la productividad disminuía? Nos acercamos a pequeñas ciudades con río y templo taoísta envuelto de aglomeración humana y vendedores de comida, bajo el sol espeso del mediodía. Los fieles lanzaban al aire sus varillas del destino entre vahos de incienso. Cheng me explicó que cuanto más oscuras eran las figuras, más intensa era la adoración del emperador santo. En los templos nuevos, de colores estridentes y tejados en cola de dragón, unos bustos de Buda, más grotescos que espirituales, daban confianza a las familias en busca de bendición y dignidad. Imperaba la mano sabia y artrítica que como puede transmite para el futuro los caracteres más recónditos de la lengua china y noches de incensarios.

Adicto a la cocina china desde los años de juventud, compartía la satisfacción expansiva de esas familias chinas que tienen su hora de glotonería natural en los restaurantes de toda graduación. Tuvimos un almuerzo inolvidable de largas horas en el Gran Hotel, pero lo que más recuerdo es un chiringuito junto a un arroyo. Después del vídeo y disertación en una empresa en las afueras de Taipéi, un mediodía salimos con el coche por un desvío agreste. Al final, paramos en un chiringuito perdido entre arboledas que parecían sombreadas por un pincel de la dinastía Ming. Nos sentamos a una mesa junto a un riachuelo cantarín, límpido. Bebimos cerveza taiwanesa mientras una vieja de párpados infinitos y sagrados, en cuclillas, con un gambarón cuadrangular y de red finísima, recogía bandadas de pequeños langostinos y los echaba al wok, salteándolos. Tardaron un rato en encontrar un tenedor de plástico que más bien parecía un fósil. Fue un día muy feliz. Cheng, insólitamente tradicionalista, me explicó que Lao Tse comparaba el arte de gobernar el Imperio chino con el de freír pescadito. En verdad, la dilatada paciencia de la cocina china explica cómo sobrevivir a lo largo de siglos. A falta de madera para cocinar, aprendieron a cortar todos los alimentos al máximo y hacer la cocción más rápida. Y así nació una gran cocina. Del mismo modo, sin materias primas, Taiwán fabricaba los diminutos chips. Nos tumbamos en la hierba para la siesta. Bandadas de pájaros en migración simétrica sobrevolaban el riachuelo y la arboleda.

A la noche, me iba al templo de Lungshan. Recuerdo un taxista tropical. Llevaba una camisa conjuntada con la tapicería del taxi. Masticaba frutos secos como una hormigonera. Me dejó frente a la verja del templo, entre corros de ancianos y algún tullido a la espera de un mundo más misericordioso. ¿Eran monjas aquellas mujeres vestidas de negro que cantaban en una sala angosta? Barras de incienso, un rosario en la mano. Una pareja ofrecía platos de fruta. Esperanzas desgajadas, cánticos monótonos transmitidos por los micrófonos. Al salir, observaba a los vendedores de vídeos, rodeados de gente boquiabierta, con un vídeo en marcha. En un taller, toda la familia mirando su vídeo, menos el viejo peinado con raya, sentado en un banco de madera con los pies encima y la mirada remota entre los dedos de los pies. En los teléfonos públicos colgados de la pared siempre había alguien que gritaba muy alto y unas chicas de mirada absorta esperando turno. Masajistas ciegos quejándose de la competencia de las putas. Niños intrigados por mi presencia de barba cana y el vello de los brazos. Uno, otro, se acercan y me tocan el brazo. Sonríen.

Fuimos en avión hasta Kaohsiung. «Tercer puerto del mundo en carga», informó Cheng. Junto a una playa desierta, con algunos ancianos ensimismados frente al mar, íbamos a la Universidad Sun Yat-sen, en nombre del fundador del socialismo neutro. Un joven profesor, cargado de espaldas, apasionado, enseñaba política naval. «En Taipéi hablan y aquí trabajamos», dice, circunspecto, el profesor. «El mundo no sabe cómo tratar una circunstancia como las dos Chinas.» Él creía que hay que esperar diez años para ver qué hace la nueva generación, ya sea preservar la soberanía de Taiwán o arrimarse a la China continental. Le dije que, dado el ritmo de la actualidad, ¿una generación no era esperar mucho? «No, no habría caos; y en cuanto a esperar, los chinos estamos acostumbrados.» El líder natural de Asia es China; Japón solo intenta ganar tiempo. Asia, sin marco de seguridad, tal vez sí comercial. La disidencia china no tenía líderes significativos. El exilio.

Por los ventanales del comedor del hotel Ambassador de Kaohsiung, me impresionó la bocana del gran puerto ya entrado el atardecer, los reflejos fluviales, la cercanía del mar, las luces de ciudad bulliciosa. Al fondo, la montaña de la Longevidad. Por la mañana, embarcamos en la lancha del comodoro del puerto, con bufé y bar. Coca-Cola tibia. El comodoro elogia las proezas del Barça. En Barcelona visitó la Sagrada Familia y en Mallorca, la casa de Miró. Es un hombre muy nervioso, tose secamente y saliva sin distancia. Inevitable vídeo y lección portuaria del comodoro con un puntero. El mundo es de los contenedores. Es el punto neurálgico del estrecho de Taiwán. Silos espectaculares, remolcadores de extrema potencia, grúas de la guerra de los mundos. ¿Dónde estaba la industria pesada de Taiwán? ¿Ya no cuenta? En plena conversación, un notorio eructo del comodoro jefe. «Un eructo de Coca-Cola tibia», diría Cheng. Vamos a unos grandes almacenes, imitación de Harrod's, con finas ascensoristas que cantan los pisos y llevan guantes de encaje fantasioso. Frente al hotel, en un pequeño jardín, un anciano, con la bicicleta apoyada en un árbol, lee y medita con las piernas cruzadas. Antes de irnos a la cama, Cheng me recordó que el 40 por ciento de las raquetas de tenis del mundo son de Taiwán.

No más que Mao, el generalísimo Chiang había sido cruel, rapaz y arrogante, pero a la vez se había enfrentado al Japón invasor y luego al comunismo hasta tener que refugiarse en Taiwán, donde actuó como un señor feudal chino y gobernó con autocracia policial, pero a la vez evitó el dominio maoísta y, al morir, la antigua isla de Formosa pudo conjugar la economía de mercado exportadora y el sistema demoliberal. ¿Qué hubiera ocurrido si con la derrota de Japón tras la bomba atómica Chiang hubiese sabido o podido hacerse con el poder en China, arrumbando al comunismo? ¿Hubiera conseguido dirigir el país más poblado del mundo? Me preguntaba la razón por la que, mientras los horrores del totalitarismo soviético, desde Souvarin a Soljenitsin, habían ido siendo denunciados, con China no había pasado lo mismo, de forma que Mao había implantado un despotismo homicida sin que Occidente dijera nada. Malraux escribe contra el nacionalismo del Kuomintang, pero pone a Mao en un pedestal. Ya desenmascarado el comunismo soviético, el maoísmo se puso de moda. Cosas de París. En Londres tuve noticia de que el movimiento Free China tenía presencia en la Universidad de Oxford. Hice el contacto y fui a verlos. Era un día muy lluvioso, y aquella Free China resultó ser un núcleo de unos pocos amigos vagamente idealistas y flagrantemente desconectados de la realidad. De hecho, no había en Europa un estado de opinión crítico con el maoísmo: seguía, aunque alicaída, la admiración de los años sesenta por el Gran Timonel.

Al final pasé dos noches espléndidas a orillas del lago Sun-Moon. Desde el primer momento ya pensé en regresar lo antes posible a aquel hotel, a la habitación 501 del Yangs Wood, solo para escribir, en estancias muy largas. A pesar del turismo y de las parejas de recién casados, la zona es un espejo de calma. Navegando en la gran lancha del hotel, se divisaban cúpulas de pagodas y casas señoriales entre la arboleda y franjas geométricas de cultivo en terrazas escalonadas. Flotaban en el lago pontones y almadías abarrotadas de familias de pescadores o quizás de vacaciones. Un niño corre hasta la punta del amarradero y saluda a esa lancha que pasa con un tipo con barba acodado en la barandilla de cubierta. Sombras musgosas del atardecer, con suaves oleajes de bambú, el eco de un gong lejano. En los pebeteros, varillas de incienso entrecruzadas mantenían el espíritu de la gran China. En el lago, los atardeceres parecían pintados con pincel, de un azul tenue que se iba deslizando, merced a brisas imperceptibles, por las aguas turquesa hacia la noche.

Hablé con un anciano jesuita vasco, acompañado de

una sobrina muy arisca, que cada año viajaba desde Bilbao al lago Sun-Moon. Quizás —me dijo— aquel fuese su último viaje al Taiwán al que había dado tanto de su vida. El padre Marchena procedía de un mundo que había pretendido la fusión entre el cristianismo y un eclecticismo de Oriente, entre el templo taoísta y el altar consagrado. El vetusto Marchena ya no sabía muy bien en qué época vivía, pero su inteligencia le permitía todos los triples saltos mortales. ¿En qué creía el padre Marchena? «Mire, Puig. Déjese de Marx o Wall Street, de Mao o el capitalismo. Todo eso es como jugar al parchís. Lo que cuenta es un Dios, saber que el progreso no preserva del mal y, créame que lo sé por experiencia, es muy arriesgado sumar religiones.» Era un hombre enfebrecido, anguloso, alguien que regresaba como de una larga estancia en una leprosería o como capellán de un penal. No encajaba con la sutileza del jesuita capaz de acomodar sus impresiones al movimiento de un ideograma. Le vi como un ser pascaliano, opuesto a los tiempos que vivíamos y a la espera de un severo juicio final.

Si el mundo de Chiang Kai-shek se supeditaba a las formas de veneración a los antepasados, su imperio no pudo ser real y a menudo era atenazado por las intrigas más vesiánicas y las rutinas del despiadado Gobierno. Así compitieron Chiang y Mao, a la manera de escorpiones infatigables. La política se hacía con las redes del nepotismo. Chiang me intrigaba como peón activo de la guerra fría, belicoso a la hora de modernizar la azarosa unidad de su país, también actor fallido de la gran China a la vez que marido de la bella madame Chiang. En sus últimos años, a pesar de que el muro de Berlín estaba en pie, Chiang mantuvo siempre que el marxismo había fracasado.

Ya se acababa aquella estancia en Taiwán. Había sido

invitado para conocer el afán de presencia internacional de un país y me había visto convertido en un tipo exótico de barba entrecana al que los niños se acercaban reverentemente en las calles de las pequeñas ciudades para acariciarle el vello de los antebrazos. Eran los niños más formales y de mirada más inteligente que vería en toda mi vida. Eran rostros de una redondez un punto luminosa y de luna llena, sabios, con un sentido innato del orden y el respeto, con una sonrisa capaz de convertir a Herodes en Walt Disney.

En el avión fui terminando de leer a Confucio. Asombra su lucidez plana, su filosofía de almanaque, su ausencia de misterio. Según la leyenda, deambuló catorce años en busca del príncipe que, inspirado por las máximas virtudes, le encargase la organización de un imperio justo. Con Confucio volé de regreso, dormitando entre dos siglos, ni oscuros ni heroicos. Si antes había creído vagamente que Confucio era algo grande, entendí que uno de sus rasgos, quizás por suerte, es la falta de grandeza. Por debajo de la especulación filosófica sobre Confucio, lo que hay es una afirmación de la estabilidad y de la rectitud como sustento del orden en una China por siglos conmocionada y que podía verse en la perplejidad de ser poderosa y ya no saber cómo. La escueta fe de Confucio inculcaba el método del ábaco para luchar contra la anarquía.

III

Las cenizas de Turandot - Don Tío Pepe - Padres y tumbas - Cómo cumplir ochenta - «Familias, os añoro» - Odio y prejuicio - *Happy hour* del Palace - Mala leche y carácter - Tergiversar a Puccini

Una mañana, a finales de enero de 1994, el quiosquero de Lesseps, compungido y solemne, me dijo: «¡El Liceo se acabó! ¿Lo sabe?». Alcé la mirada y fue como si viera en el cielo hilachas de los viejos terciopelos del Liceo ardiendo. Lo que el viento se llevó: la memoria de *La febre d'or*, el monopolio del textil en Cuba, la crónica privada de los *fumoirs*, la *Mariona Rebull* de Ignacio Agustí, los nuevos ricos de siempre y los últimos señores de Barcelona, la gran gala, el consorcio del algodón, toda la historia del *bel canto*, el wagnerianismo con chalina, Primo de Rivera, la lenta posguerra y sus estraperlistas, los melómanos circunspectos, la Caballé y los jóvenes *enragés* de Mayo de 1968 y de la Joven Guardia Roja de Mao acodados en un palco con el aplomo del poder institucional. Calle Balmes abajo, un taxista me dijo con hipérbole: «Solo han quedado las paredes».

Con la era industrial, Barcelona, tan a menudo distante de las formas del Estado, sin Corte ni tradiciones de salón, con unos títulos nobiliarios a lo mucho de cuño isabelino, había echado mano del arte filarmónico, mientras los viejos linajes practicaban el mestizaje con el dinero fresco. Antepalcos, vislumbres granate, músicas y grandes voces, escenografías titánicas: todo ardía. Mucho antes, en 1893, cuando el Liceo no vivía de subvenciones públicas, el entreacto con las dos bombas del anarquista Santiago Salvador, en pleno segundo acto del *Guillermo Tell* de Rossini, dejó veinte cuerpos sin vida, como Mariona Rebull, con las perlas de su collar rodando entre la desolación humeante.

El día del incendio, mientras los espontáneos lloraban en la calle, el barcelonismo de siempre ya divagaba sobre cómo reconstruir el Liceo sin que perdiera ese viejo olor tan distintivo que los liceístas mitómanos de siempre habían aspirado como cocaína socialmelómana. Sospeché que la tesis de la tradición iba a ser sobrepasada por la idea de un artefacto monstruoso como la Ópera de la Bastilla. Lo que el anarquismo y el fuego no habían podido abolir, los arquitectos posolímpicos lo iban a toquetear, un simple magreo, un *flirt* que acabaría con cierto sentido de la historia. Escotes generosos, dandis en imitación de *La dama de las camelias*, petacas con alcohol del mejor para trasegar en el *fumoir* y el poeta Sagarra, con su flor en el ojal, dedicando poemas atrevidos a la amante de un industrial con frac recién estrenado y pajarita blanca. No se es príncipe de Salina solo con dinero. Tras los años entre las dos guerras mundiales, época dorada para la burguesía de Barcelona, los treinta atraen al galope a las bestias del Apocalipsis. Con la Barcelona posolímpica, los advenedizos se habían tomado una copa de cava en el *foyer*. Ya no hacía falta llevar corbata. Cayeron en llamas los plafones alegóricos.

Lo mejor de comenzar a vivir en Barcelona seguía siendo, al mediodía, pasar el túnel de la Rovira, llegar a Horta y bajarse del taxi ante la entrada discreta, casi subrepticia, del restaurante Gaig. Aquel mediodía, en la mesa del fondo, junto al panel de cristal que dejaba ver un pequeño patio con macetas, ya estaban Xavier Domingo y Lluís Prenafeta. Entre ellos había mucha complicidad. Prenafeta tenía en consideración al Domingo escritor gastronómico y periodista con mucho filo. Domingo, al menos así quería aparentarlo, no tenía en consideración a nadie, pero de Prenafeta le gustaban el sentido sensualista del poder y los favores humanos. Domingo había compartido los viajes rusos de Prenafeta, cuyo relato ilustraba mejor que las tesis ideológicas el vacío posterior al desplome comunista. Yeltsin, invitado a TV3, llegó a Barcelona enfermo y quedó postrado en la cama a causa de una hernia discal. No quiso irse a casa. Prefirió ser operado en Barcelona. Prenafeta había intervenido. Todo salió bien, con Yeltsin agradecido por el trato, como demostró una vez en el poder al facilitarle a Prenafeta el intento de convertirse en un magnate con el petróleo ruso. Era tanta la corrupción en Rusia que el intento no pudo salir bien, como no les salió bien a algunas grandes empresas catalanas inducidas por Prenafeta.

Como aperitivo, nos dedicamos a la reciente conferencia internacional del Cairo sobre población y desarrollo. Dábamos por supuesto que estas conferencias sirven de poco. Era en pleno *remake* de supersticiones malthusianas, cuando realmente los recursos eran cada vez más accesibles y no más escasos, gracias a la tecnología y a la revolución verde, de la que los catastrofistas ecológicos preferían no hablar. Las tasas de mortalidad bajaban, sin que el crecimiento de la población fuese un impedimento para el empuje económico. Pero Malthus siempre tiene buena prensa, aunque sea en un mundo con cinco mil millones, con más salud que nunca y epidemias menguantes.

Prenafeta ya había tenido que dejar el cargo de secretario general de la Generalitat y llevaba un tiempo en otras labores. Estaba apartado formalmente del poder, donde había administrado los arcanos secretos de la institución de forma no siempre restringente. Muy presente en la fundación de TV3, no se echaron en falta extremos de alegalidad, con una explícita fricción con la cobertura de TVE, tanto con UCD como con el PSOE. La osadía de Prenafeta había sido determinante para que la Generalitat se saltase todos aquellos obstáculos. Era más partidario de los hechos consumados que de la norma.

Se le atribuían broncas a los periodistas. Siendo abuso de poder, no es inusual que haya periodistas que —al modo de los parásitos comensalistas— saquen sus migajas de cada bronca. Es obvio que sin el incesto entre el poder y el periodismo habría menos migajas y menos parásitos. Él procedía de la industria peletera. Fue respaldado por Marta Ferrusola y así llegó a su despacho de la Generalitat. Fue entonces, en 1980, cuando al entrar solos en la sede de la Generalitat, Pujol le dijo: «La Generalitat somos tú y yo». Desde entonces, Prenafeta actuó según este precedente. Se le atribuyó el liderato del «sector negocios», aunque estas cosas no existen si no hay vasos comunicantes. Al dejar el poder por una actuación de la fiscalía, decidió fundar un periódico convergente en castellano, *El Observador*, como contraposición a *La Vanguardia*. En 1993 *El Observador* dejó de aparecer.

Ya le había oído una vez criticar acerbamente a Tarradellas. Era una actitud común en el pujolismo, del mismo modo que los democristianos de Unió Democràtica solían ser pugnaces al criticar a la familia Pujol. «Nos llegó la propuesta de adquirir una colección documental de Tarradellas. Pedían mucho. Pujol me dijo: "Paga lo que piden y deja esos papeles en un armario, para siempre". Así se hizo. Cuando me fui de la Generalitat tuve el capricho de abrir la famosa maleta. Solo eran recortes de papeles.» Era una historia, verdad o leyenda, que producía efecto. Lo cierto es que todo el archivo Tarradellas —según quiso él— está depositado en el monasterio de Poblet. Tarradellas, como Pla, se situaba a favor de Poblet y explícitamente en contra de Montserrat, por lo que llamaba «conspiración montserratina», de la que Pujol venía a ser un forúnculo prominente. Aquel día, Domingo estuvo comedido. Se limitó a insistir en que una famosa dama del pujolismo siempre iba vestida y aderezada como un árbol de Navidad. Luego sorbió su plato de sopa mirándonos per encima de las gafas y riendo con un cacareo desafinado alguna de sus ocurrencias maliciosas. Era un conspirador barojiano, un gran cronista que no vacilaba a la hora de hacer más sugestivas sus crónicas con una pincelada de ficción. En uno de sus momentos más pujolistas había logrado que la Cofradía del Vino de Oporto —algo serio— hiciera a Pujol miembro de honor. Luego se pasó a la crítica sin piedad.

Con los brazos cruzados y una mano en la barbilla, Prenafeta escuchaba la conversación como un bonzo catalán, descreído, conocedor de las flaquezas humanas, comenzando por las suyas. Era el Prenafeta fundamentalmente actor. Había pisado las tablas con un grupo de teatro de aficionados, había hecho cursos en el Instituto del Teatro. Iba peinado con esmero, el cutis atezado, una mirada azul clara, cejas abundantes y rasgos finos, más allá de la garganta pletórica, de estatura inferior a la media y figura sin cintura. Abundaba en corbatas de seda —nostalgia, quién sabe si real o impostada—, de sastrería italiana. Almorzaba siempre fuera de casa —y no tan solo por negocios y política—, dejando pasar las horas con placer, cierta sensualidad de las sobremesas, y al salir del restaurante lanzaba una mirada que pretendía estar de vuelta de todo. Fue a los postres cuando Prenafeta habló de su idea de sumar la idea liberal y el catalanismo.

Domingo y yo habíamos hecho un viaje muy fugaz a Marbella hacía un par de años. Me llamó a Londres y me preguntó si podía pasar unos días en Barcelona. Lo arreglé con *ABC*, fui a Barcelona y en la recepción del hotel Majestic me dieron un sobre con el importe de los billetes de avión. Aquella noche cenamos en Vía Véneto y, de forma inesperada, Domingo me dijo que a la mañana siguiente volábamos a Marbella a vernos con Lluís Prenafeta, que estaba en unas sesiones de adelgazamiento en la clínica Buchinger. Luego tomamos unas copas en Il Giardinetto, con la barra augusta abarrotada de escritores que nunca escribirían aunque publicasen mucho.

En Marbella, nos quedamos en la terraza del hotel Don Pepe. Prenafeta me interrogó sin mucho detalle. Me proponía, cuando llegase el momento, instalarme en Barcelona y dirigir la opinión de *El Observador*. En una segunda fase, pasaría a dirigir el periódico. Me dijo que no me preocupase por el dinero porque me haría un contrato «blindado». Al decir «blindado» hizo el gesto de quien envuelve algo con mimo. Le dejamos en la clínica para que perdiera unos kilos. Domingo llamó a un amigo francés que tenía un restaurante en un patio andaluz con arcos, en lo alto de una pequeña colina, y ya no hablamos más de *El Observador*. A Domingo le asombraba la audacia de Prenafeta, su valedor en Barcelona, al que respetaba más como hombre de acción que como político. Y ya no supe más de *El Observador* ni de Prenafeta.

Teniendo unas horas por delante, Domingo propuso pararnos en un hotel y dormir la siesta. Era inevitable que en recepción nos tomasen por homosexuales urgidos de una penetración de sobremesa a pesar de que cogimos dos habitaciones. Después, antes de salir hacia al aeropuerto, fui a los servicios del vestíbulo del hotel. Allí estaba Domingo ante un mingitorio, con la frente apoyada en la pared. Llevaba tiempo viéndole tan cansado y llevado por los demonios que su quietud me espantó. Di por hecho que estaba muerto, en pie, como los viejos corceles a los que se les para el corazón. Se me hizo interminable. Inopinadamente, suspiró, se subió la cremallera de los pantalones y, sin advertir que yo estaba a su lado, salió al vestíbulo de aquel hotel para árabes traficantes de armas.

Cuando nos mudamos a Barcelona, vi a Domingo a menudo. Estaba quisquilloso y harto del pujolismo, con aquella risa sardónica con la que venía a decir que contaba contigo pero sin sentimiento ni vínculo. Esa fue su risa hasta que murió. Algo le había fallado en su paso de Madrid a Barcelona, a una edad en la que no se puede perder tiempo pensando jugadas. La primera vez que comimos los tres, Prenafeta me dijo que el cierre de *El Observador* no le había afectado. Pensé que se había olvidado del encuentro en Marbella, pero, ya levantados de la mesa, me hizo un aparte y me dijo que lo sentía, que las cosas no habían salido bien.

Después del almuerzo poco ecologista en Gaig coincidí con Prenafeta en la librería Herder. Miraba los estantes de filosofía política, con sus gafas de media luna, aupándose en la punta de los pies. Me dijo que estaba más convencido que nunca de que el futuro del catalanismo pasaba por asumir de lleno las ideas liberales. ¿Le podía sugerir algunas lecturas? Quería constituir una fundación.

Al poco tiempo, fui con Montse a Palma para celebrar los ochenta años de tía Rosita Mas. Antes del almuerzo pasamos por la tumba de mis padres. Cuando viví en Irlanda del Norte, al pasar por los pequeños cementerios con cruces célticas, había sentido la premonición de la fosa cavada en la tierra, ante la costa atlántica, en una de tantas pequeñas iglesias con su cementerio anexo, entre cruces de piedra ennegrecida y con motivos bíblicos, su césped y los muertos allí enterrados fundiéndose en la madre tierra hasta la simbiosis ultraterrena mientras los grajos merodeaban entre lápidas. Fosforescencias de viejo camposanto, fusión pagana y sacra de homenaje a los antepasados muertos, almas exhaladas desde un pasado que —paradoja venerable— era intemporal.

No pasa día sin que piense en mis padres y confío en que ellos se acuerden de mí. Están en la tumba de la familia, en el cementerio de Palma, junto a un ancho baobab y voy a verlos cuando paso por Palma. Voy a verlos, aunque su alma ya no esté. Rezo lo que sé rezar. Creo que no respetar a los muertos es de las pocas infracciones humanas que no pueden perdonarse. Una mañana de luz restallante, fatigosa, de un calor de verano precoz, contemplé la extensión del cementerio y no vi a nadie más. Pensé: «Aquí no queda ni un alma». Ni un alma, pero el espíritu de los muertos velaba por todos nosotros frente al príncipe de las tinieblas. Era como tenía que ser porque las almas de los muertos habían emigrado, al poco de la muerte, hacia su más allá. Al hablar de la perversidad de alguien decimos que no tiene alma, pero todos tenemos —o hemos tenido— un alma. Somos iguales ante Dios, para corrompernos o para agradecerle todo.

Así seguía regresando a la fe de mis padres. No fue un proceso intelectual sino una sedimentación espiritual nutrida de sentimientos y memoria. Por eso y por una carencia de conocimientos teológicos y de historia del cristianismo, me considero un hombre que es católico y que escribe; no un escritor católico. Por la misma razón, aprendo más leyendo una página de Bernanos que intentando sacar algo en claro de un manual de teología. Siempre te ilumina mejor el camino la penumbra trágica que las arquitecturas de la abstracción. Me retrotraía a las visitas en familia el día de los Santos Difuntos y a cuando acompañaba a mi madre, devota pero no beata, y recorríamos el camposanto para rendir tributo a familiares remotos, a antiguas amistades y, especialmente, a las dos maestras que yo había tenido en la escuela Jacquotot y a las que mi madre adoraba.

Cada vez que iba a Mallorca, mi perspectiva predilecta era —y es— cuando, al ir descendiendo sobre la isla, el avión entra por el norte y traza el *travelling* de un paisaje que siempre me ha sido la pequeña patria desde Formentor a Palma y de costa a costa. Pasa al lado de la cordillera que protege la isla de la tramontana. Sobrevuelas colinas, cultivos espumeantes, flancos desarbolados, piscinas ilegales, molinos de viento, caminos vecinales que serpentean entre la propiedad agrícola fragmentada, albercas que reflejan el sol, viejas casas señoriales con su palmera y su entrada entre cipreses, y es como si el avión esquivase las poblaciones del centro para aterrizar en el aeropuerto de Palma, junto a la bahía. En aquellos años, un buen día creí darme cuenta de que solo regresaba a Mallorca para ir al notario o a un funeral. No era así, porque di algunas conferencias, presenté libros, formé parte de algún jurado literario y, sobre todo, visitaba la tumba de mis padres.

En Palma celebramos los ochenta años de tía Rosita Mas, hermana de mi madre. Habían estado muy unidas. Casada con Miquel Pons, un emprendedor pugnaz, la tía

Rosita y mis dos primas Pons Mas eran parte inmediata del tronco familiar. La comida con tía Rosita fue en una terraza cubierta del Club Náutico, frente al molino de Jack el Negro —antiguo cabaret, una leyenda de perversión para mi niñez—, la catedral magnificente a la derecha y la mole dorada del castillo de Bellver a la izquierda, en el frente del paseo Marítimo que algunos vimos construir de niños. Creo que fue en aquella misma terraza comedor donde celebramos mi primera comunión, con el traje de marino que luego vestí cada año para ver pasar la procesión del Corpus.

Rayos de sol sesgaban el comedor y, unidos en torno a tía Rosita, radiante y con su mirada despierta, comenzó el almuerzo. Hablábamos de lo que se habla en estos casos, anodino y a la vez con ganas, porque lo fundamental es estar juntos. Lo recuerdo igual que si fuera el día que celebramos mi primera comunión. Sentados en torno a la mesa, distintas raíces sustentaban el gran árbol, con sus ramas supervivientes de los desastres —máximos o mínimos— del tiempo, con sus bautizos, primeras comuniones, noviazgos y bodas, extremaunciones y entierros, velatorios y fiestas de cumpleaños, algún escándalo recatado y una cierta predisposición a ayudarse por ser familia, sin cuestionarla, como en aquella jornada que, celebrando unos ochenta años, representaba una tregua entre todos y con uno mismo. Estaban los Mas, los Pons, los Mesquida, los Salas, los Comas, los Puig —mi hermana Antonia y yo—, distribuidos en tres generaciones. Otras generaciones llevaban tiempo en los panteones de cada linaje, como los Falconer, que eran una rama con leyenda, un tema destacado en las veladas familiares. Algunos ramales procedían del comercio, otros tenían por origen la marina mercante o cualquiera de las emigraciones que en el pasado, en una Mallorca atávica y prácticamente autárquica, sin horizontes económicos, habían dejado atrás la isla, principalmente hacia Venezuela o la Argentina, para volver con fortuna. Mi infancia había transcurrido, con sus larguísimos veranos, *côté* Puig en Sòller y *côté* Mas —o mejor dicho, Pons Mas— en Camp de Mar. Los Mas eran comerciantes al por mayor con almacén y colmados contiguos al mercado que luego, trasladado a la plaza del Olivar, dio lugar a que se construyeran los pórticos de la plaza Mayor. El abuelo Mas se había retirado muy joven, cuando quedó viudo, para vivir como rentista, ese estado del espíritu y del Registro de la Propiedad que ya controlan los fondos de pensiones de Nueva Zelanda, pero para los tiempos de mis abuelos retirarse pronto de la vida activa era un sello imborrable de éxito, casi como ser considerado un caballero por las tanguistas.

Impelidas por la halitosis finisecular, las costumbres iban cambiando a la velocidad del láser. De paso hacia el Club Náutico, por los mismos muelles por los que mi padre me había llevado de la mano, junto a la Lonja del pescado vi a unos jóvenes góticos —«cuervos» o «siniestros», según la tipología cambiante— que llevaban las uñas negras y el cabello como escarpines. Vestían gasa negra de melancolía y un marchamo de desesperanza pendiendo del cuello en forma de abalorio fúnebre. Su postulado era —según y cómo— no esperar nada sino la muerte. Era inmensurable el tiempo desde la fiesta de la primera comunión en el Club Náutico de Palma y aquel fin de siglo. A la mesa, frente a los amarres de cien veleros, sobre todo pensé en mi madre. Tía Rosita mantenía toda su vivacidad, entre risas y parabienes. «Familias, os odio», dijo un escritor bastante olvidado. Siempre con retraso, yo diría: «Familias, ¡os añoro!».

Aunque creas que entonces eras feliz, es difícil no ser

injusto con la ciudad en la que fuiste niño, adolescente y joven, mientras todo se enturbiaba, desaparecían los tranvías, llegaba el turismo masivo, las costumbres llevaban al vértigo, te veías inmerso en noches de caos, insumisas a la decepción del amanecer. Luego me fui por largos años y en los regresos esporádicos revivía en aquella ciudad como una forma de la memoria y no como la supervivencia plácida de las viejas afueras menestrales que se iban urbanizando, con una absurda nostalgia historicista por las murallas que habían caído, el cauce tan escuálido de la riera, los bares desaparecidos. Aunque los libros me resguardaron de la intemperie provinciana, la adolescencia fue abrupta, como todas, sin entender lo que es una familia, ignorando el poder de los afectos, toda la protección que las ciudades pequeñas, crecidas orgánicamente a la sombra de una catedral y con horizonte mediterráneo, conceden a tu erupción biológica, como una acuarela, sentimental y sin firmar.

En aquella Palma finisecular, se hablaba mucho de indicios de corrupción en la vida pública. Habían comenzado las investigaciones judiciales sobre varios casos de envergadura. Lo había supuesto antes de irnos unos años a Londres pero nunca pensé que sería una corrupción tan penetrante que empaparía toda la red institucional y dejaría maltrecha y perpleja a una sociedad siempre poco articulada. No es una entelequia que un declive finisecular de la *pietàs* repercuta poderosamente en su vínculo con la familia. Es más: ni una gran nación ni un Estado podrían pervivir entre tantos despojos sin una honda vinculación de la familia con la piedad que la une. Familia y piedad han ido chocando con la expansión de la ingratitud de los hijos respecto a sus padres o sus maestros, de los ciudadanos respecto a la patria o a todo lo que le deben al decurso de las generaciones anteriores.

Sin una idea del bien común, la ingratitud queda legitimada y a la vez la corrupción.

Fue casual, pero en aquellos años, como una presión dictada por la intemperie entre siglos, comencé a leer a Tácito. Creo que fue Napoleón quien dijo que Tácito había escrito novelas y que para desentrañar la Historia era de más ayuda Maquiavelo. Ahora bien, si Tácito escribe novelas, las suyas son de las mejores. ¿Es cierto que solo ve en la Historia una larga tiniebla que impide reconocer sus treguas y lapsos luminosos? Tal vez Tácito sabía que toda tregua es transitoria y que, al contar el pasado, las luces son siempre engañosas. Sin duda eso es un homenaje barroco a la muerte, la Historia como tragedia, y al observar las cosas nuevas tanto más se le representaba ante los ojos «la locura y vanidad de los mortales en cualquier cosa que sea», como dicen los *Anales*. Sigo pensando que la Historia no marca la ruta de la salvación como no significa la marcha del progreso. Incluso así, cada vez que iba a Palma, camino del aeropuerto después de visitar la tumba de mis padres, si echaba la vista atrás, los veía como un espejismo próximo porque a cada momento tendríamos el Capitolio incendiado, en el intento imposible de la gloria trágica. No importaba pues el olvido ni lo que constase en las páginas de los anales importaba más que lo no escrito.

Al levantarnos de la mesa y ponernos con los besos y abrazos de la despedida, hablé con Pau Comas un rato, mirando hacia los veleros amarrados. Muy buen primo de mi madre, Pau Comas era, implícitamente, el cabeza de familia en toda aquella congregación y un padre ejemplar. Su padre había sido oficial maquinista de la marina mercante y, de oír tantas de sus historias de navegación, tuve yo unos años la quimera de ver tempestades desde el puente de mando o contrarrestarlas desde la sala de máquinas de un buen buque. Mi tío Pau era un hombre de bondad y humor, de palabra, sin otra ambición que servir a los demás, algo que no hacía como quien cumple con un deber sino como una dimanación natural del existir como familia.

Me habló de la Palma que no fue, de cómo las familias nacen y perecen. «Queda poco. Tu padre se fue, tan pronto. El mío lleva tanto tiempo en su nicho de nuestro panteón. Nunca estuve en el cabaret de Jack el Negro. Todo ha cambiado demasiado. Sí, queda la familia. Estoy orgulloso de mis hijos. Las viejas generaciones estamos hoy aquí. Rosita es una mujer resistente. Le quedan años por delante. ¿Qué tiene que ver este puerto con aquella época en la que mi padre navegó por todo el mundo? No queda casi nada de aquella Palma en la que fui niño. Las familias hemos de estar unidas aunque en algunos momentos solo sea en apariencia. Unos antepasados se fueron a América; otros han vivido siempre en la misma calle y en la misma casa.» Pau hubiera podido custodiar, hombre justo entre los justos, las llaves del Reino. Con cierto enigma, concluyó la conversación. «Las familias son un misterio, algo grave, con sus pleitos, sus amores y sacrificios, sus guerras calladas. Mira, me temo que no hay grandes familias. Hay familias con voluntad de serlo y familias que no lo son.» Esas cosas, hasta ya hace demasiado tiempo, las sabía un buen cabeza de familia. Para terminar la celebración del cumpleaños de tía Rosita solo faltó que el *maître* y los camareros, con guitarras y mandolinas, cantasen una canción napolitana.

Con los años dejé de ir a comuniones, bodas y bautizos en Mallorca, pero estuve siempre que pude en aquellas mañanas de luz que tantea el cielo, a la hora de enterrar a un familiar. Esperábamos frente a la tumba hasta que llegaban los operarios del ayuntamiento con el ataúd. La nuestra era la de los Mas, en la que mis padres estaban enterrados. Hablábamos en voz baja, con gravedad pero sin eludir los comentarios sobre otros entierros, comparar circunstancias, hablar de los muertos que recordábamos. Las horas luctuosas no carecen de anécdotas.

Desde la llegada a Barcelona tuve la suerte de que el periodismo *free lance* me fuese provechoso. Seguí con los análisis de política internacional para *ABC*, me pedían artículos para *El Correo* y *Diario de Mallorca*; en catalán escribía para el semanario *El Temps* y el diario *Avui*. Incluso publiqué un par de artículos en el *Wall Street Journal* y, sobre todo, comencé a ir a la radio —Catalunya Ràdio— y la televisión —TV3—. Siempre me he sentido más a gusto en la radio que en la televisión. Con la radio, además de que no ves tu jeta —ni la ven los que escuchan—, se da un sentido más integral de la palabra. La gran diferencia es que si sales en televisión todo el mundo te ha visto, aunque no sepa qué has dicho. La televisión, especialmente la mala, es asequible desde la máxima pasividad. El género al alza eran las tertulias, que me fueron disgustando de cada vez más, porque se daba cierta predominancia a decir lo que convenía y no lo que se pensaba. Siendo TV3 una televisión pública, en las tertulias se aplicaba un sistema de cuotas de partidos y, para mayor anacronismo antropológico, de cuotas de pancatalanismo. En las tertulias el humor estaba mal considerado, tanto como saber de lo que se hablaba. Con excepciones, la clave era operar como una veleta.

Mi maestro y amigo Carlos Pujol me había propuesto escribir un libro sobre la batalla de Waterloo para una colección de divulgación histórica que editaba Planeta. Fui a Bruselas a visitar los lugares de la batalla en la que Napoleón mordió el polvo para que Victor Hugo escribiera un poema hipnótico. La víspera de la batalla, la cuenta Thackeray en *La feria de las vanidades* con una soltura y ritmo prodigiosos. No escribí el libro sobre Waterloo, ya que el encargo pasó a ser una biografía divulgativa de Cromwell para una colección en la que ya había escrito con mucho gusto sobre lady Hamilton. A Carlos Pujol le atraía mucho la lady Hamilton de la película de Alexander Korda, con Vivien Leigh, y Laurence Olivier como lord Nelson, pero al ir leyendo sobre Emma —y sobre Hamilton—, me di cuenta de que el personaje —con su madre como inspiradora de la contraprestación carnal— era un putón callejero. Se lo dije a Carlos Pujol y, con su generosidad de caballero cristiano, me respondió que si lo veía así, así tenía que escribirlo. Luego, el encargo sobre Cromwell pasó a ser un libro sobre cómo sería España cuando el entonces príncipe de Asturias fuese Felipe VI. El título iba a ser *Cuando sea rey*. Mientras, disfrutábamos en la casa del Putxet y Montse se abría camino profesionalmente como fotógrafa de interiores.

Al terminar la jornada, dejaba el ordenador y pasaba largos ratos viendo el muro de hiedra, el cimbrearse de la palmera, los gatos, los conatos de jardín en el patio trasero. Quizás porque en mi infancia mi padre, con la mirada o la palabra, me hizo amar los paisajes de Mallorca como pedazos del alma, a lo largo de los años, ni en los momentos más caóticos de la vida —por urbana que fuese mi medida de las cosas— he dejado de venerar la naturaleza, a sabiendas de que nunca prescinde de ser despiadada, ajena al bien y al mal, destructiva y todopoderosa, siempre capaz de atacar a los hombres con erupciones volcánicas, terremotos, plagas e inundaciones. Todas las sumas positivas de tu vida las has hecho durante tu infancia, cuando afectos y admiraciones tenían la fuerza con que los exploradores han descubierto las fuentes de un gran río o el valle que habitaron los primeros homínidos. No le pregunto al saltamontes cuántas patas tiene, ni qué simetrías exponen los macizos de flores en el setiembre húmedo, cuando ya no sabes si los días se acortan o se prologan y una naturaleza domesticada exalta la belleza con toda la mesura otoñal. Uno no quiere escrutar con lupa los nervios de una hoja perenne, ni contar los pasos que llevan a la fuente tradicionalmente sagrada: estar en el mundo consiste en intuir —en apariencia, siendo la naturaleza tan injusta y cruel— aquella justa proporción que para la voluntad estética del hombre ha llevado siglos de cánones de la belleza que se enfrentan y suplantan. Y esa proporción sorprende aún más siendo impura, híbrida, como esa ermita románica presidida por la mirada sublime del Pantocrátor, omnisapiente en su inmovilidad de siglos, y a su alrededor el bosque que el viento mece con un rumor vegetal repuntado por el canto de mirlos y abubillas, hasta que la noche deje la ermita a oscuras salvo por un cabo de vela peregrina, mientras la lechuza ocupa el campanario.

Para entonces iba a Madrid con asiduidad, a veces invitado a algún conciliábulo o para almuerzos políticos en los que la Villa y Corte se desbordaba en especulaciones de capital política de España, aunque lo que veía con más curiosidad —más que la fiebre del Potomac en una ciudad política— era cómo la pasión financiera aceleraba la evolución económica de la vieja urbe de funcionarios y cesantes en los tiempos ya lejanos de las novelas de Galdós. Si pernoctaba en Madrid, al caer la noche la gran hora de la Castellana era un estuario de luces avanzando como una densidad de fuegos fatuos. Luego solía acercarme al bar del Palace. Había mantenido algunas relaciones, desde los tiempos de UCD y del CDS, con políticos nostálgicos del suarismo y que, a pesar del hartazgo, le reconocían al felipismo algún logro pragmático, mientras que ponían en duda la alternativa de centro derecha.

De vez en cuando tomaba una copa con un diputado de origen democristiano, antigua termita anti-Suárez, silente en su escaño del PP como penitencia por sus impertinencias y filtraciones. Obviamente, le sobraba tiempo. Le había conocido en una sesión sobre la democracia cristiana italiana en la Fundación Canalejas —si no recuerdo mal, en un piso de la Carrera de San Jerónimo— que tuvo por ponente a un político italiano de DC «*troppo centro-sinistra*» con el que vi difícil estar de acuerdo. En el Palace, el diputado centrista hablaba de fundar la Sociedad de Amigos de Andreotti con el lema *manca finezza*. «Yo no sé si es una victoria *post mortem* del eurocomunismo, una clásica conspiración interna de la DC, una acción de la extrema izquierda o de la extrema derecha, pero desde luego veo la mano de la mafia.» Lo decía porque en aquellos años se puso en boga identificar a Andreotti con los peores vicios de la democracia. «Está siendo víctima de una venganza de la Cosa Nostra, a la que combatió siempre. Resistió. Para purificarse de Roma, pasa el verano con su esposa en un convento de ursulinas, en Cortina d'Ampezzo. ¿Recuerdas el asesinato del general Della Chiesa? Eso fue en 1982. El Estado italiano había declarado una guerra a muerte contra la mafia y el voto democristiano dio un bajón en Sicilia. Uno de los colaboradores más cercanos a Andreotti también fue asesinado.

Y ahí tienes a Andreotti, dejado ante el ventilador agitaexcrementos, encausado por el testimonio de mafiosos falsamente arrepentidos. Y hay quien se lo cree. Incluso en mi partido, por decir algo. Y pensar que fue una pieza fundamental para Europa y para el atlantismo.» Comenté que tal vez todo venía de ahí, de que fuese el gran superviviente en una Italia políticamente inestable, decisivo en los «años de hierro». «Eso también. Con el derrumbe comunista ya nadie quiere acordarse de hasta qué punto la democracia cristiana fue un cortafuegos determinante. Y Andreotti, una pieza clave para la guerra fría en una Europa que flaqueaba y una Italia coaccionada políticamente por el PC.»

Una de las cosas que me gustaba de Madrid es que se hablaba de más cosas, no solo de Cataluña. En esta cuestión, los nuevos liberales eran más jacobinos y la democracia cristiana, más girondina, aunque los matices pueden acabar entremezclando las cosas. En fin, yo me situaba como liberal conservador, de centro gradual, autonomista a pesar de todo lo que había visto en el proceso estatutario de Mallorca. «No entiendo cómo los de Unió Democràtica se han dejado llevar por Convergència. El precedente de Anton Cañellas y la UCD no fue, electoralmente, malo. Me disgusta que haya que darle tantas vueltas a la cuestión catalana. A veces somos todos como Job rascándose las llagas con un trozo de teja.»

Comencé a frecuentar Madrid a mediados de los ochenta, cuando iba entrando en la faena de escritor *free lance* en busca de colaboraciones, con mil propuestas en la cabeza, negativas razonables y encargos editoriales absurdos. Aquel Madrid era vibrante, un *no man's land* por explorar. Los suplementos literarios competían y la crítica de libros se pagaba bien. Inicié relaciones, busqué complicidades, mantuve intercambios. Entonces no era difícil.

Hostales de Gran Vía con familias peruanas en pijama y flexo en la mesilla de noche, primeras copas en la barra de Chicote o en el Balmoral. Tascas hacendosas a muy buen precio. Alguna escalopa en Edelweiss. Un mediodía memorable con Josep Melià en Horcher —consomé, don Víctor, Baumkuchen—, cuando estaba en el despacho de Adolfo Suárez en Antonio Maura. Y al final de la jornada, primer whisky en el Palace, en la *happy hour* de los padres de la patria. Por la noche caí en antros de la movida, que me parecieron trucados con el aval de los edictos del alcalde Tierno Galván —uno de los hombres más peligrosos de España—, pero prefería presenciar el alterne clásico de Costa Fleming o los bares recónditos de parejas ocultas con pianista imitador de Armando Manzanero y comisionistas de provincias con una Lola Espejo Oscuro todavía jamona. Faltaba mucho para el teléfono móvil.

Llevaba años con mucha curiosidad por la política, sobre todo la internacional, pero al final —como me parece que dijo Nixon— toda política es local. Hay algo de verdad elemental en unas líneas de Azorín: «Los políticos no son una gente aislada en un país. Una crítica fácil y amiga de zafarse de las responsabilidades echa sobre los políticos la culpa de todos los males y problemas de un país. ¡Como si todo, en un país, no fuera coherente, solidario y correlativo en la causalidad del bien y del mal!». Por haber comprendido eso, el Azorín hipercrítico con los males intrínsecos de la patria pasa de anarquista a conservador y transige: «Quizás lo que hemos ganado en esta etapa es un sentimiento de indulgencia para las personas». ¿Qué más podíamos esperar?

En cada uno de nosotros hay una multitud enfebrecida, subversiva, sin pies ni cabeza, tan a menudo limítrofe con la perturbación mental, pero resistimos a los desarreglos de la personalidad —ya sea con humildad u orgullo— para arrebatar al mundo un pedazo de armonía y ser la mejor conciencia de nosotros mismos como parte de un todo. Ese es un espectáculo que puede iniciarse con una decisión moral bien orquestada y que, si alcanza, acaba siendo un momento de creación, en forma de arte o de superación personal, de trascendernos sin sometimiento, de armonización entre orden y libertad. El caos deviene complejidad superior y la conciencia rige todos los compases de la orquesta, vida que se abstrae de lo fútil, adquiere un sentido y manifiesta con gloria y misericordia su soberanía. Esos instantes soberanos, cuantos sean, dan presencia tectónica a nuestra existencia frente a las fuerzas destructivas, el mal o la inanidad. Entre el siglo XX y el XXI, tener mucho carácter solo significaba tener mala leche.

Con aquellos rasgos del *fin de siècle*, en paralelo y como consecuencia de la crisis de la familia tradicional a partir de 1968, la gradual descomposición del carácter, como pieza moral de una sociedad y como vertebración de los individuos, era desoladora porque nos niega la capacidad de ejercer como directores de orquesta al frente de una conciencia de uno mismo en la que hay viento y cuerda, prestos y *maiestuosos*. En sus mejores momentos ese director de orquesta dirige con autoridad y a la vez se deja dirigir tanto por la partitura como por el buen hacer de sus músicos. En raros momentos de plenitud o de admiración por un paisaje o una obra de arte, somos ese director de orquesta. Nuestra conciencia ya no es un montón de chatarra, un sinfín de materias irreconciliables, sin conexión posible. Hasta límites sacrílegos, intentamos suplantar el cometido de Dios y de un modo muy personal atisbamos su gloria al alzar la batuta y conseguir que sentidos, razón, inteligencia, saber y experiencia aúnen sus esfuerzos en un instante único.

Cinco años después del incendio, el Gran Teatro del Liceo reabrió las puertas, con *Turandot*, que estaba programada cuando el teatro se incendió. En la reapertura estaban los reyes. El teatro había sido reconstruido con una interpretación arquitectónica razonable, aunque con la reinterpretación inaugural del final inacabado de *Turandot* le habían hecho un traje posmoderno a Puccini. Yo había visto *Turandot* en Roma, a finales de los setenta. En los asientos de general había un grupo de gruesas matronas soviéticas que canturreaban los pasajes más conocidos para desesperación de los melómanos romanos. Cenizas y diamantes del Liceo. Cómo olvidamos hasta qué punto la voluntad humana es capaz de disciplinar el don de la voz. Las grandes voces, los grandes siglos. También los fines de siglo, con sus energías deterioradas, su arte enfermo, su política sin alma, las perturbaciones del espíritu.

IV

Votar como nunca - Y Joan Capri regresó - Weizsäcker o el honor - Cómo llegar a crítico de libros - Escritor de secano - Opaco Aznar - Jardines del Putxet - Todo sea por Bizancio

Dado que la incorreción política abre el apetito, recordemos que —como ya decía Popper—, en lugar de exigir la mayor felicidad para el número más elevado posible de personas, hay que exigir —con más modestia— el menor grado de padecimiento para todos. Todo eso me era lejano cuando un 15 de junio de 1977 voté por primera vez, como toda España. Aquella mañana lloviznaba y fui al colegio electoral con mi madre y con el recuerdo de mi padre, quien muchos años antes me había explicado lo que es una democracia en comparación con una dictadura. No sé quién dijo que lo desafortunado es que la izquierda no crea en el pecado original y que la derecha no crea plenamente en la redención.

Por la tarde de aquella jornada electoral, me asomé al mar desde el mirador de la catedral de Palma. Atardecía serenamente y el cielo tenía el color de una perla borrosa y pálida que se prolonga en los atardeceres, especialmente si acaban desembocando en un azul celeste menguante, ya apto para la primera copa de la noche inminente y divisando a lo lejos amarres de buques mercantes, que en el momento de iniciarse la noche difuminan con un toque malva los perfiles vagos de grúas y silos con penumbra metalúrgica en el viejo puerto. Al frente, la bahía de Palma y, a la derecha, el paseo Marítimo con la tutela del castillo de

Bellver. El país vería pasar los desfiles de la libertad, el choque de intereses y principios, al igual que la zozobra de los mismos que le temían al cambio después del régimen franquista podían acabar siendo los que deseasen una mutación histórica inasimilable. El dilema reforma-ruptura carecía de entidad humana: tal vez ni tan siquiera la tuviera ideológica o moral. Los biólogos nos dicen que toda evolución es adaptación y también que un organismo hace un cambio en su vida para enfrentarse con más destreza a los riesgos, aunque se vea expuesta a un entorno transfigurado.

Unos veinte años después de aquel 1977, en noviembre de 1995, Cataluña iba a votar en sus quintas elecciones autonómicas. Unos meses antes, ETA había intentado matar a José María Aznar, el líder de la oposición, con una carga explosiva de cuarenta kilos de amosal. Pujol llevaba presidiendo la Generalitat desde la marcha de Tarradellas. Marcó territorio absorbiendo electores de la UCD de Suárez y del voto de orden, en buena parte tardofranquista, que temía una victoria de socialistas y comunistas. Impuso un estilo al que los socialistas del PSC resultaron ser miméticos. En las elecciones generales de 1977, Convergència había quedado en la posición nada ventajosa de cuarto partido más votado, pero en las primeras elecciones autonómicas había ganado, para sorpresa de muchos —como el propio Tarradellas—, que daban por hecha la victoria socialista. Con la falta de mayorías absolutas de UCD, Pujol tuvo su rédito y, con un PSOE ya sin escaños suficientes, se compró una batuta de oro, con el beneficio de la abstención diferencial, además del valor superior del voto en zonas poco pobladas. Me parecía un déficit de la representatividad del «un hombre, un voto», del mismo modo que, al redactarse el estatuto balear, la sobrevaloración del voto de los pueblos frente al de Palma o de las islas menores frente a la mayor abrió la puerta al nuevo caciquismo.

Pujol supo sacarle rendimiento a los baches de la política española. Tras la intentona de Tejero, la LOAPA alimentó su victimismo; después de la querella de Banca Catalana, logró mayoría absoluta. Para llegar al poder y eternizarse, dejó atrás a sus primeros maestros, adaptado a lo que viniera, más astro que líder. Ya nada le vinculaba a la adhesión al honor marcial que le había transmitido Raimon Galí, ni vibraba con el pensamiento de Charles Péguy y de *El principito* de Saint-Exupéry, clave en todo el resistencialismo católico y catalanista, con impronta en el movimiento *scout*.

Sería el Día del Libro de 1994 cuando por primera vez crucé unas palabras con Jordi Pujol y, colateralmente, con la señora Pujol. En un periplo en el que como de costumbre no firmé más de media docena de libros, salía con el editor Oriol Castanys de la librería Ona. Creo que era propiedad de Pujol y solo vendía libros en catalán. En la esquina, vimos llegar al matrimonio Pujol. Él me llamó. «Le leo. Usted es mallorquín, ¿verdad? ¿Ya entiende las cosas de Cataluña?» Ella miraba a lo lejos. Él me preguntó por mis segundo y tercer apellido. Debí de pasar alguna prueba de pureza de orígenes sin darme cuenta. Me dijo, como el gran navegante que aconseja rumbo a los grumetes, que siguiera criticando a la izquierda en mis artículos. «Y usted, que es medio del PP, ¿cómo están las cosas en Madrid?» Respondí que yo no era del PP ni de nadie, solo un liberal conservador, un autonomista que seguía creyendo en la unidad del centroderecha de toda España, para persistir en lo que Maura y Cambó habían intentado sin éxito. Entonces Marta Ferrusola, sin mirarme, dijo: «Si tiene una pierna aquí y otra allí, ¿por qué no las pone las dos en nuestro lado?».

En los años que relato, hubo de todo en la política catalana, amagos de confianza y despliegues de deslealtad, distancias tácticas, aproximaciones implícitas, paréntesis y letargos. ETA mataba, el PNV driblaba, el pujolismo jugaba a ser Estado para luego retraerse en los vestuarios. En un momento de influencia muy flagrante de Convergència en los asuntos de Estado, un tahúr pujolista me repetía una y otra vez: «A Cataluña le ha faltado una ETA». El pujolismo acotaba un orden antropológico algo esquizofrénico, porque ya estaba en pie una escenografía que no debía —ni podía— ser amenazada por la ironía. Pujol practicaba un intervencionismo cultural con afirmación positiva para la mediocridad y un *cursus honorum* que seguía negando a Pla. Es más: era un antiintelectualista, como la sociedad que yo podía observar. En una ocasión, más bien con reticencia, le dije que me parecía como el príncipe —el político— que no necesita intelectuales porque él mismo era el intelectual orgánico de una Cataluña a su medida. Se lo preguntaba como un juego y lo tomó por una pregunta a fondo. Le gustó. Despreciaba a los intelectuales de la Barcelona de izquierdas porque eran unos vagos —algo en buena parte cierto—, y para intelectuales convergentes reclutó a personajes mediocres con los que no tenía la necesidad de imponerse ni descabezarlos, como hacía con todos aquellos que en su partido pudieran amenazar su poder unipersonal.

Lo que atraía al electorado de las clases medias catalanas era un personaje que, a sabiendas, estaba dispuesto a recurrir a los tics y tretas de un actor cómico como Joan Capri, cuyos monólogos triunfaban como una versión bufa del *seny*. A pesar de sus desvaríos como banquero, tuvo la adhesión permanente de los poderes económicos de Cataluña, siempre en busca de un hombre fuerte, tal vez por carecer de un conocimiento del Estado. Era una máquina de hacer votos, siempre bien engrasada, dándole al clientelismo el barniz caduco del *fer país*. Mientras, en

Barcelona seguían vigentes el anti-anticomunismo, el mimetismo del París intelectual como un parque geriátrico de Mayo de 1968 y la dictadura de Tàpies.

En aquellos días, precisamente para ir a la Generalitat al acto de entrega del Premio Internacional Cataluña, me llevó un taxista que hacía propaganda de la Biblia. Me dijo que no era de ninguna religión, que miraba más allá, a la sombra del Sinaí, que David era su rey, Job su hermano, Josué su primo y que los salmos le ayudaban a rellenar quinielas. El taxi era su ballena de Jonás, Salomé su enemiga, el Barça su Domingo de Ramos, Isaías era su profeta para tiempos de crisis. Al parar en la plaza de Sant Jaume me dijo: «Esté tranquilo: Pujol aprieta pero no ahoga». Entonces no éramos pocos los que, todavía —y a pesar de todo—, pensábamos así, en Barcelona y en Madrid. Aparcó en la parada, señaló la Biblia y me despidió como si, después de poner a cero el taxímetro, estuviera a punto de partir las aguas del mar Rojo. Así que bajé del taxi veterotestamentario, crucé la plaza y entré en la Generalitat entre *mossos d'esquadra* para el acto de concesión del Premio Internacional Cataluña de 1995, presidido por la reina. Seis años después de Karl Popper, el premio era, con especial acierto, para Václav Havel —entonces presidente de la República Checa— y Richard von Weizsäcker, expresidente de la República Federal de Alemania. Si el tema era ética y política, coincidieron en remontarse a los precipicios de la conciencia europea en el siglo XX. Ética, *realpolitik*, intereses, egoísmo y altruismo: el buen salvaje, el bárbaro, el déspota y el ciudadano, la persona y el Gran Hermano, Rousseau y Hobbes.

A.- Quien defiende sus intereses sin fundamento ético no puede comprenderlos y, a la larga, los perjudica.

B.- Hace falta también tener en cuenta que dependemos de decisiones que otros tomaron en el pasado, sin que pudiéramos saber qué consecuencias podían tener.

A.- Siempre conviene tener en cuenta los precedentes. La Gran Guerra acaba con el Tratado de Versalles, que iba a ser la semilla fáustica de la Segunda Guerra Mundial. Versalles excluyó a la Alemania vencida, pero al final de la Segunda Guerra Mundial se aplicó el Plan Marshall. No hubo revanchas sino nuevas alianzas.

B.- Digamos que quienes en el pasado tomaron decisiones para nuestro futuro sabían que solo les correspondía escoger entre dos males y la única vía era considerar con responsabilidad cuál era el menor de esos males.

A.- No creo en la contabilidad de los muertos. Ni hay que forzarnos los unos a los otros a ser rehenes de la Historia nefasta.

B.- Sí. Cuando nos defraudamos a nosotros mismos o a algo noble que pertenece a la comunidad, el afán de verdad nos lleva al remordimiento de conciencia. Ahí podemos llegar a la nada, a diferencia de cuando hacemos algo por un sentido del deber no explícito, algo que la conciencia nos exige.

A.- No es normativo, pero hay que estar dispuestos a perdonar, lo que es tan difícil como el arrepentimiento.

B.- Exacto. La moral es omnipresente, como la política. Sepamos que la política que se aparta de la ética acaba siendo una mala política.

A.- Esa es una lección que hemos aprendido y olvidado mil veces. Separar la política de la ética, o la ética de la política, afecta a la conciencia común.

B.- Lo más terrible es que no se pueden ponderar los diferentes tipos de pérdidas en caso de optar por la moral o por la política, ni saber cuántas vidas tenemos derecho a sacrificar para la integridad moral de nuestra sociedad.

A.- Por eso, prescindamos de las políticas utopistas.

Lo importante es la doma del poder, disciplinarlo para que esté a la altura ética. Es decir, a la altura de la verdad.

B.- Ojalá el devenir histórico nos evitase la disyuntiva de perjudicar al pueblo sometiéndolo al poder sin ley o perjudicarlo por no someterlo. Ha sido en momentos angustiosos algo real en los regímenes comunistas.

A.- Sí, puesto que la libertad también es la capacidad de autocorregirnos. A pesar de todo sigue siendo válida, mientras sepamos defenderla, la razón ilustrada.

Invitado de los dos nuevos Premio Internacional Cataluña, ver al general Jaruzelski —con las gafas oscuras que le conferían un plus de tiniebla cuando en realidad era una ceguera por reflejo intenso de la nieve—, verle escuchando a Havel, con el cogote de rapado militar y la corona de la calva perpetuamente despeinada, era una lección sobre el destino de Europa. Polonia sería uno de los capítulos más trágicos. Mi admiración por el espíritu polaco es muy grande. Es un pueblo con un sentido político a veces destructivo por irrealista, pero con carácter irreductiblemente creativo. En el centro de Europa, todavía era contrafuerte de la cristiandad y delta de una literatura con genio.

De orígenes aristocráticos, Jaruzelski fue deportado a Siberia por los rusos y su padre acabó en el gulag. Quiso estar con el Gobierno polaco en el exilio pero acabó en las filas rusas. Así entró en Berlín, una página brutal de la Historia. Luego ahí estuvo el ejército ruso esperando de forma sincronizada la retirada de los nazis de Varsovia para entrar y quedarse como para la eternidad. Al entrar Solidarność en liza, ¿hasta qué punto Moscú ordenaría una intervención del Pacto de Varsovia, como en la Hungría de 1956? Cuando Jaruzelski impuso la ley marcial, ¿era un oportunista que escogía el mal menor —represión o invasión— o el patriota dispuesto a que Polonia sobreviviera a cualquier precio? El final, de cualquier modo, no fue infeliz porque Jaruzelski aceptó las normas implícitas del caso y, en definitiva, Lech Walesa fue elegido presidente de Polonia en las urnas.

El caso de János Kádár también era ilustrativo. Comunista, huye a la URSS cuando la revolución húngara, en 1957, un acto de libertad trágica que ya hemos olvidado. Sus líderes fueron liquidados. Kádár se asienta en el poder. Gradualmente, Hungría pasa a lo que llamaba kádárismo como diferenciación frente a la planificación económica del sovietismo. La pregunta era: ¿encaró Kádár el comunismo húngaro con idea de evitar, al coste que fuese, una perenne intervención soviética? Si es así, ¿lo hizo por cinismo, como patriota de lo posible? El comunismo *gulash* parecía tener un margen de confianza de los húngaros para evitar el mal totalitario pleno —incluso con aderezos socialdemócratas—, pero sin la capacidad acomodaticia de Kádár —es decir, su pase comunista— no hubiese sido factible. Tanto Kádár como Jaruzelski, a mi entender, fueron la concreción de un patriotismo que hibernó en las grutas siniestras del comunismo para en algún momento —metódico o impulsivo— salvar lo que parecía insalvable. ¿Ley marcial o invasión soviética? ¿Traidores o vigilantes de la playa? Hoy casi nadie recuerda que el trote de la fauna jurásica comunista avasalló media Europa con sus tanques.

Václav Havel, un hombre tranquilo, hombre de bohemia en los cafés checos, escritor íntegro en un momento de desintegración, llevaba años arriesgándose por la libertad cuando la Primavera de Praga abrió las ventanas. Luego tuvo que ser el último presidente de Checoslovaquia y el primero de la República Checa. Checoslovaquia solo duró unos meses sin fragmentarse.

Con su aspecto siempre patricio, Weizsäcker estuvo en las Juventudes Hitlerianas. Luchó en las tempestades de acero de Leningrado. Su padre sería condenado en los juicios de Núremberg. El hijo tuvo que coexistir con ese pasado en su alma y, al transformarlo en un giro copernicano, dio un ejemplo de integridad y de espíritu nacional. Por fuerza tenía que ser el primer presidente de la Alemania reunificada. Ver a los tres personajes en el Patio de los Naranjos era vislumbrar una Europa en venturosa posconvalecencia, renacida de nuevo de entre las ruinas de las ruinas. Aquello representaba una Cataluña en la que me sentía a gusto.

El escritor mallorquín Baltasar Porcel presidía el Instituto Catalán del Mediterráneo —plataforma para una política exterior del pujolismo—, que había instituido el Premio Internacional Cataluña, destinado a dar presencia a Cataluña en el exterior. Con Porcel tenía una relación frecuente, como mallorquines y escritores. En su momento había seguido mi sugerencia de premiar a Popper. Después del premio de 1995, me propondría ser miembro del jurado. Nuestra relación era intermitente, tal vez porque yo nunca he renunciado a los prejuicios de clase media y él tenía siempre alerta los instintos de supervivencia de sus orígenes en un pueblo de pescadores y contrabandistas. Era fiel al cálculo constante del *quid pro quo* como primer requisito en la lucha por la vida. Competía sin simulaciones, marcaba territorio, era partidario de no dejar enemigos atrás. El *quid pro quo* es un método eficiente, pero en sentido estricto no es el mejor modo de afianzar una cierta idea de la amistad. Tenía una mente rápida, felina. Con las prisas, no podía pararse a distinguir entre el bien y el mal, aunque no digo que fuese un ser réprobo. Era autodidacta y eso le llevaba a pensar que los profesores de literatura sabían de literatura y podían acreditar su estatus de gran escritor catalán, catapultándole hacia la entrega de los premios Nobel. Esa operación, un viejo ensueño de la Cataluña nacionalista, se puso en marcha. Los depredadores sin maldad acostumbran a ser ajenos a las convenciones —incluso las que se refieren a cómo usar los cubiertos—, posiblemente porque se desconoce para qué sirven. Triunfó en Barcelona, primero en la revista *Destino* y con sus novelas del mar y la vida rústica en la que había nacido —*Les primaveres i les tardors* es su mejor libro— y luego con su columna diaria en *La Vanguardia*, en la que dejó atrás sus pasiones anticapitalistas, la tentación del anarquismo y una comunión muy a su aire con el maoísmo. Así había pasado al pujolismo y a una cierta vinculación con la Zarzuela.

Creo que fue después de aquellas elecciones cuando mi buen amigo Lluís Bassets concluyó su periplo como corresponsal en Europa y retomó con muchas ganas la edición catalana de *El País*. Me hizo, como otras veces, una propuesta sugestiva. Artículos de opinión en la edición nacional y en la de Cataluña, y una página semanal en catalán con crítica de libros. Nos pusimos de acuerdo en el tono y el formato, la distancia con lo que no fuera literatura y la necesidad de hablar claro. Entonces, después de despedirme de *ABC*, comencé una larga temporada en la sección semanal «Llibres de la Tribu», debelada por unos, aceptada por otros con desdén pasivo y leída por gentes afines a una cierta idea de la literatura cuyos quilates no se miden por el mismo patrón que la ideología.

Había pasado, en años juveniles, por un empacho de teoría literaria y eso te inmuniza. Mi idea no era la crítica literaria *sensu stricto* —tan contagiada por los desmanes del estructuralismo— sino, de modo más amplio, el *bookreviewer* anglosajón. Como la civilización, la crítica es parte de una larga conversación, una larga conversación que mantenemos con los libros, sobre los libros, el autor, el lector y el crítico. Cyril Connolly sostuvo que un escritor que se dedica al periodismo abandona el tempo lento de la literatura por un tempo más rápido y ese cambio le perjudicará. Pero le oí a Anthony Curtis, que había sido director literario del *Financial Times*, que hay casos de escritor capaz de modular a su voluntad los dos *tempi*, rápido para la crítica de libros, lento para las novelas. Creo que ese sería el caso de escritores tan versátiles y prolíficos como Anthony Burgess y Gore Vidal, a los que siempre he admirado.

Escribí comentarios sobre novelas y también sobre ensayos, sobre lírica y también sobre biografía. Sainte-Beuve se demoraba saboreando aquellas piezas de la literatura que tienen algo de miniatura resplandeciente, sin preferencia por todo aquello que proviene del romanticismo, y se recreaba en los grandes decorados del espíritu, como figuras *minores*, hijas del talento y de la inteligencia, formaciones arbóreas que aceptan sus márgenes y eso les da su propia frondosidad. No abogo por una tesis del límite que constriña el potencial de grandeza en nombre de una forma —digamos— neoclásica, como el orden de los jardines franceses, pero sí por un respeto amoroso para con el espíritu que no se abisma y que, a su manera, ordena el caos sin dejarse arrastrar por el ímpetu matriz de los grandes géneros, de modo que una articulación de aforismos no se desdice de las pasiones de la épica. El *oncle* Beuve —tan maltratado por culpa de Proust— decía que se trata de leer cosas grandes y escribir cosas menores. Nada más antirromántico. Una literatura también deleita constantemente con sus géneros menores. Epistolarios y libros de recuerdos, memorialismo casi secreto, pero sin limitarse a la literatura *salonnarde*, sino al contrario. Es sabio destilar al máximo esas formas literarias que se tienen por menores pero que son el humus de toda gran literatura europea. Sostengo que la novela, en el siglo XIX, se convierte en una gran esponja que absorbe la energía de géneros menores, y tiene su abundante público lector porque agrega la técnica del folletín a la latitud de una epopeya y deviene el escenario de la gran comedia humana.

En épocas de auge literario, el crítico de libros ha ejercido su brillo y su garra, apostándose en los cruces de la literatura. Intenta incordiar a los paquidermos, que son abundantes, y busca reconciliarse con los felinos, que son más atractivos. En épocas mediocres se tiende a olvidar que el primer deber de un crítico de libros es escribir bien. Entonces incluso los profesores de literatura —como ahora— escriben con los pies y los críticos imperantes no quitan ni añaden nada porque escriben para sentirse más listos que los otros críticos, para satisfacer a las editoriales o para imponer el terror. En el océano de la mediocridad, la prioridad es el ego.

La crítica es una oportunidad para intentar ser sutil. Un crítico del *Mercure de France* decía que la obra de Péguy era como el rezo de vísperas en la parroquia; la de Francis Jammes —un poeta de glicinias y claveles amarillos—, un mes de María en un oratorio rural, y la de Claudel, la misa mayor de Pascua en la Basílica de San Pedro. Eso es un instinto crítico capaz de clasificar nubes y pétalos, pero también maldades y barbaries. Unos pocos logran escribir como quieren; la mayoría escribimos como podemos, y a veces sin darnos cuenta, por voluntad de ser o por vanidad de estar, creyendo que somos de pluma ágil cuando en realidad tenemos una prosa opaca, o que hemos logrado una mota de *grand style* cuando ni hemos alzado el vuelo. Un pasaje de *De lo sublime* —de autoría discutida, sea o no Longino su autor— dice que la Biblia —como el «legislador de los judíos»— «había concebido, en toda su dignidad, el poder de Dios y supo expresarlo escribiendo en el umbral de sus Leyes: "Dijo Dios". ¿Qué dijo?: "Sea la luz, y la luz fue; sea la tierra, y la tierra fue"». «*Fiat lux*», sí. ¿Fue eliminado ese don sublime de la palabra por las tragedias del siglo XX? Desde luego, lo que por ahora no teníamos entre siglos era un crítico literario con la grandeza del autor de *De lo sublime*.

En plena copulación semanal con las novedades literarias en catalán, un cruce psicopático del destino me llevó a encontrarme con F. después de largo tiempo. Las dejaciones del pasado no perdonan. Con los años, te topas con cualquiera que trataste en el caos noctámbulo de la juventud y estás a punto de entrar en pánico porque te recuerda tanto lo necio que fuiste y hasta qué extremo de inconsciencia llegaste, que tu presunta madurez se rasga como un velo del templo, en medio de la calle, escuchando a alguien que conociste en garitos bulliciosos, cuando —por ejemplo— te ibas de Palma a pasar unos días en Barcelona, al pairo. Treinta años más tarde, un tipo que te hacía gracia regresa del pasado como un reproche espeso. A F. no le reconocí cuando me saludó, con mucha confianza, en la parte alta de la calle Muntaner. Al poco recordé que, después de una de las raras noches en las que fui a Bocaccio, F. nos había llevado a su casa, repleta de libros hasta el techo. Vivía felizmente de su mujer. La despertó para que nos conociera y nos abrevase. Era bella y triste, y estaba muy enamorada de su artista, un escritor que nunca escribiría. Vaciamos su carrito de bebidas y nos fuimos. Me pidió la dirección, el teléfono, y le di la tarjeta de un psiquiatra al que había conocido en otra de aquellas noches y que pasó a ser el Psiquiatra. F. me lo recordó jocosamente en los Talleres Tejada porque al poco había conocido al psiquiatra y le había enseñado mi tarjeta —que era la suya, la del psiquiatra— por si me conocía. Esos equívocos que en un tiempo te satisfacían como un logro de la osadía nocturna al final reaparecen equiparables a un aerolito de ansiedad. Y allí estaba F., el fantasma de un fantasma. Pálido, con gafas oscuras, como los antiguos vendedores de la ONCE. Iba con un hijo de unos veinte años. Me llegó una ráfaga de aliento podrido de alcohol. Me contó que había tenido cuatro hijas y dos hijos. Obviamente, seguía siendo el hombre que quería ser escritor y no escribe. Era eso, un escritor emboscado, un perfeccionista que nunca completaría un folio. Había pasado cuatro años en un rincón de la isla de Formentera descansando y escribiendo, me dijo. Dio a entender que había leído algún libro mío, artículos, y que él seguía escribiendo sin publicar porque era demasiado exigente consigo mismo, demasiado puro. En fin, como ocurre en estos casos, me estaba diciendo que yo era impuro. A veces tomaba notas para un artículo pero lo dejaba porque iba «diez años por delante». Con tres o cuatro baipases, leía más que nadie. Me pidió el teléfono y se lo escribí con un número equivocado. Era un modo algo ruin de vengarse de alguien que te perdona tu vida, sobre todo cuando es un *miles gloriosus* de noches de finales de los setenta que tanto tiempo después tenía la premiosidad de un alcohólico anónimo cuando recae por milésima vez. Quizás iba camino de una cura, acompañado por aquel hijo barbilampiño que me miraba con odio. Su aliento de alcoholes crónicos me persiguió Muntaner abajo. Me había visto a mí mismo y le había engañado con el número de teléfono. Calle abajo, tanta pesadumbre del caos se me hizo casi insostenible, porque ni tan siquiera tenía un hijo que me llevase al local de alcohólicos anónimos y que me amase aun sabiendo que era un fantasma que nunca escribiría. Iba a hacer crítica de libros en catalán —novelas, biografía, ensayo, memorias, poemas—, pero no tendría nunca en las manos, por fortuna o de forma aciaga, uno escrito por F.

En las elecciones generales, el PP no logró la mayoría absoluta, pero los goznes de la alternancia bipartidista en la monarquía parlamentaria garantizaban la estabilidad para otra andadura política y económica. Figuras de la catalanidad económica ya le daban la espalda al felipismo, en cuyo altar de sacrificios habían inmolado a unas cuantas vírgenes. Era un escena de *commedia dell'arte*, con Scaramouche adulando prontamente el aznarismo. Hasta el pacto del Majestic transcurrieron dos meses de intriga tragicómica. Personalmente, apoyaba el pacto, especialmente si CiU daba el paso de entrar en el Gobierno de España, pero no fue así. Los líderes convergentes andaban por los reservados de los restaurantes diciendo que no podían apoyar al PP porque sus mujeres pedirían el divorcio. Pensé que la sociedad catalana perdía una oportunidad. Ante el *impasse*, Pujol, de modo muy suyo, se zafó de una decisión de liderato con temple y propuso que Aznar se explicase en TV3 y que los catalanes pudieran ver lo que había. Me pidieron que participase en el panel de periodistas y acepté. Fuimos a Madrid y cenamos en El Amparo, donde uno de los periodistas convocados, básicamente un muerto de hambre, nos dio una lección sobre vinos franceses. Por mi parte, no recibí ninguna sugerencia o presión, ni de CIU, ni del PP ni de TVE, seguramente porque daban por hecho que, por haber escrito a favor del pacto, no sería un problema. Rodamos en el plató de unos estudios de publicidad. Aznar llegó con su adustez habitual. En un breve aparte, me dijo que confiaba en los pactos y que Rodrigo Rato le iba espigando sin precipitarse. Nos sentamos. Las preguntas fueron fáciles. De hecho, con o sin instrucciones, el resultado sería positivo. Aznar respondió con su habitual sequedad pero intentando, hasta donde podía, aproximarse a la opinión pública catalana. En aquellos días, el gran tema era que el PP iba a acabar con el catalán en el sistema educativo. No sé por qué razón, a medida que íbamos grabando la cuestión no aparecía. Decidí plantearlo a mi manera. Le dije que muchas familias catalanas no sabían si un Gobierno del PP iba a retirar el catalán de la escuela. Era una pregunta poco periodística. Reconozco que la hice así porque sesgadamente favorecía el pacto que había defendido desde el primer día. En aquel momento, se fundió una lámpara del estudio. Se paró el rodaje. De nuevo con las cámaras en marcha, repetí la pregunta. Era una pregunta que Aznar estaba esperando, pero no creo que la llevase muy preparada. Optó por la efusión y fue entonces cuando dijo que amaba la lengua catalana, que la leía y que incluso la hablaba en la intimidad. Al acabar la filmación, un periodista cuya capacidad de adulación y satisfacción de intereses propios iba siendo universalmente reconocida, se abalanzó sobre Aznar y le aconsejó sobre las mejores pistas de Baqueira Beret. Y, finalmente, hubo pacto con cesiones —escritas o no—. Según algunas versiones, el PP puso el freno en su debelación del nacionalismo y Pujol se comprometía *sotto voce* a no hacer cambios o segundas partes estatutarias. En el Congreso de los Diputados, el pacto podía representar una oportunidad de más alcance que la fertilización cruzada —ya de por sí provechosa— del centroderecha frente a una izquierda desorientada en la hora del postsocialismo. Pero Pujol no iba a comportarse como Cambó.

Escribí en la sección «Llibres de la Tribu» un artículo muy crítico sobre el ensayista valenciano Joan Fuster, una de las figuras más sobrevaloradas de la cultura catalana, en no poca parte porque había sido un apóstol del pancatalanismo. Le había visitado hacía años, en su etapa de silencio «significativo», según sus discípulos. Me sorprendió que viviera en su casa de Sueca como si fuera el protagonista de un museo unipersonal. Entraban algunos visitantes y curioseaban por la casa. Fuster, erguido y en pleno silencio significativo, se dejaba fotografiar. En 1968 había escrito a favor de la entrada de los tanques soviéticos en Praga. Por eso me llamó Ernest Lluch. Habíamos hablado algunas veces. Ratificó mi crítica a Fuster, el «Fuster comunista, pro-Breznev y proinvasión de Praga». Dijo que un escéptico —Fuster era de los que dicen «mi Montaigne»— no hubiese sido nunca comunista, y encima prosoviético. Desde entonces, sobre todo cuando en un artículo trataba esos temas, Lluch llamaba y se adentraba en una de sus magníficas digresiones, eruditas, vivas, para nada convencionales ni políticamente correctas. Era uno de esos políticos excéntricos y sabios que incomodan en cualquier partido. Nada era ajeno a su perspicacia intelectual. En la cultura hay un elemento de alto chismorreo al que Lluch aportaba curiosidad sin límite, siendo la idea resistencialista de la catalanidad tan propensa a la *omertà* y al secreto de confesión. Si Lluch era socialista, yo tampoco.

Después del intento de golpe de Estado de Tejero, cuando los partidos no nacionalistas urdieron la LOAPA para racionalizar el sistema autonómico, el PSC vio peligrar sus apoyos electorales. En aquellos tiempos, el PSC tenía grupo parlamentario propio en la Carrera de San Jerónimo y Lluch era su portavoz. Las tensiones con el PSOE fueron muy escabrosas porque el PSC se propuso presentar enmiendas a la LOAPA y Lluch no lo aceptó porque veía una España traumatizada, en la que ETA mataba todos los días. En aquella circunstancia, para Lluch era capital preservar la unidad del socialismo, que entonces garantizaba la estabilidad política e institucional. Esa querella dejó una herida abierta en la encarnadura del PSC. Iba a durar mucho tiempo. Incluso al comenzar el nuevo siglo, en el rellano de una emisora de radio, al salir de una tertulia, escuchamos los gritos de Lluch y Narcís Serra bajando en el ascensor entre recriminaciones muy agresivas. Bajamos corriendo por las escaleras a tiempo de ver cómo se tenían agarrados por las solapas, con los rostros congestionados. Por lo que pudimos oír, todavía era un coletazo muy ominoso de la LOAPA.

Los fines de semana, Montse y yo dábamos paseos por el Putxet, tan silencioso cuesta arriba, con sus muros y verjas noblemente herrumbrosas que dejaban asomar glicinias, jazmines azules, las hojas azafranadas de un ciruelo o esa curva de pérgola que parecen sostener los gavilanes de noche, con las fachadas tapizadas de hiedra. El trazado de Mitre había arrinconado una forma de vivir entre jardines secretos, con aromas de discreción. Pasábamos ante jardines con cedros, alguna encina, mimosas, unos tilos flamantes a la vuelta de la esquina. Nos intrigaban las casas ensimismadas que habían olido a espliego y a gato. En la calle Manacor estaba la casa, aislada de la ciudad y del propio Putxet, en la que había vivido desde 1940 la pintora georgiana Olga Sacharoff, afín a la pintura de Modigliani y apreciada por Apollinaire. Al pasar por delante una tarde, salía por la puerta el doctor Miquel Masgrau, filósofo de la medicina y maestro de la acupuntura, al que había conocido en las noches de bares de Palma. Masgrau nos hizo ver la casa, en la que ahora vivía, una de las casonas más bellas del Putxet. Era más augusta que un palacete, menos convencional que una torre de gente bien, balcón de una bohemia con sentido del orden y superioridad estética, donde Sacharoff, entre el edén y el averno con su marido —el fotógrafo Otho Lloyd—, fue anfitriona y sostén de una burbuja de civilización. El interior de la casa tenía el inusual encanto de la armonía del vivir bien y la magnificencia del tiempo perdido. Todo parecía existir en torno al vasto jardín, feraz y asimétrico, previo a la caída de la vieja Europa. Me dijo Masgrau que en casas patricias de Barcelona había visto retratos pintados por «la rusa del Putxet», porque la Sacharoff era una artista de gran fertilidad, versátil, con habilidad esplendorosa para elevar el encargo a otra categoría. Fue agria la posguerra y en aquella casa se reunían escritores y artistas. Sacharoff retrató al conjunto de su tertulia. Eran los casi cuarenta personajes de *la colla*, Toldrà, Mompou, Vila Arrufat, Rafael Benet. Sacharoff, como otros miembros de *la colla*, se había alejado de la vanguardia estéril. Eran el *who is who* del arte exigente, del mecenazgo y la clase ilustrada en una Barcelona con probada capacidad de sobrevivir. En el jardín campaban los gatos y los perros. Oscuros pájaros de la noche sobrevolaban el jardín de Sacharoff y los perros le ladraban a la luna. Encaramadas en la arboleda tupida, las aves tranquilas picoteaban con gracilidad. Una rama se mecía, colmada de polen, y parecía a punto de estallar como una bengala china. El perro predilecto de Olga era un dogo de Dalmacia con pelo liso blanco de pintas negras. Un golpe de brisa mecía los troncos de corteza densa y alborotaba la masa verde de la hojarasca, dando entrada a miríadas de luz suave, sobredorada y ancestral. Era naif, precubista, delicada, figurativa, onírica, como explican Glòria Bosch y Susanna Portell en su monografía. Era otra Barcelona, entre ideal y posnoucentista, por suerte para Sacharoff, quien agradecía al arte que le hubiese evitado la tiranía bolchevique.

Masgrau andaba preocupado por la cantidad de loros y cotorras argentinas que habían invadido Barcelona, instalando sus nidos inmensos en las copas de los árboles y alimentándose de los dátiles de palmera. Estaban por toda la zona del Putxet, graznando, con sus picos curvados y el plumaje verde. A veces parloteaban como si estuviesen disponiéndose para una invasión definitiva. Loros, loritos, cacatúas y periquitos —como ocurría en nuestro patio y los patios de los vecinos— excitaban a los gatos y desorientaban a los perros. Algunos nidos eran una urdimbre titánica —o perversa— de unos cien kilos. Era una consecuencia maléfica de las intenciones protectoras de quienes los habían comprado como animales de compañía y, hartos de sus graznidos, les habían abierto la ventana. Eso mismo estaba ocurriendo con las palomas, símbolos de la paz cuyos excrementos ácidos roían y siguen royendo las piedras catedralicias.

Pensando en el mundo de Olga Sacharoff, me preguntaba qué tendría que ver el arte del siglo XXI con la tradición milenaria. ¿El siglo por venir prenunciaba comportamientos anómalos, nuevas malversaciones de la libertad, descréditos del humanismo, según la costumbre, un proscenio más del inacabable combate entre el bien y el mal, aunque con nuevos personajes y tramas secundarias? Tengo anotado que aquellas noches leía unas páginas de la historia de la cristiandad. Siendo emperador bizantino Arcadio, en el siglo IV, un funcionario imperial sostuvo, tras los conatos de un terremoto, que Constantinopla —según Dios le había revelado en sueños— iba camino de la destrucción. La alarma fue propagada por los predicadores poco antes de que un gran nubarrón escarlata se cerniera sobre la ciudad. El emperador huyó y muchos ciudadanos le siguieron. Constantinopla quedó desierta, pero Bizancio iba a durar diez siglos más. De camino, un siglo más tarde, Solimán asedió Viena. Así nos disponíamos a ver los desenlaces del siglo XX.

V

Pujol versus Pla - La maldición de escribir - Días del Montseny - El editor Vergés - Tarradellas según Pla - Muebles de Ridruejo - Aznar en el Empordà - «A fondo» - Me toca premio - Sin boina ni bombín

El presidente de la Generalitat llegó tarde, muy tarde, al acto oficial de obertura del centenario del nacimiento de Josep Pla en marzo de 1997. Ese era el Jordi Pujol que quería una Cataluña muy distinta a la de Pla. En su alocución, abundó en la reivindicación de la lengua catalana aludiendo con un zarpazo a la diferencia entre la Cataluña necesitada de mitos —al parecer, fuesen inventados o no— y la Cataluña escéptica de Pla, y habló vagamente de su obra literaria, como el maestro de escuela que después de poner a un alumno de cara a la pared le felicita por el lustre de los zapatos. Esa ausencia de ecuanimidad presidencial en quien siempre había loado a cualquier plumífero de su Cataluña mítica se hizo notar. Tiempo después, uno de los *consellers* que habían organizado el centenario me contó lo difícil que había sido convencer a Jordi Pujol de que asistiera al acto porque a última hora se negaba a ir. En la reticencia tan mezquina de Pujol seguramente se sumaban diversos factores: por ejemplo, Pla había escrito que Pujol era un milhombres, un sabelotodo que había postulado la vía sueca para Cataluña, cuando —escribió Pla— en Cataluña no hay suecos. Con máxima libertad de espíritu, Pla era crítico con la Cataluña que representaba Montserrat —la «conspiración montserratina»—, y había sido uno de los primeros en darse cuenta de que un tal Josep Tarradellas, presidente de la Generalitat en el exilio, era el hombre más indicado para representar a Cataluña cuando España iniciase el traspaso a la democracia y el régimen de libertades. Frente al Pla sardónico y descreído que según el patrimonialismo nacionalista había traicionado a Cataluña espiando para Franco y escribiendo en castellano, lo que hay es un sinfín de constataciones del Pla que pensaba en todo momento cómo reconstruir la Cataluña de todos, maltrecha desde el final de la guerra civil. Desde este punto de vista, tenía naturaleza silogística que considerase a Pujol un milhombres. Y así Pujol castigó a Pla, llegando tarde, muy tarde, a aquel acto en el Palau de la Generalitat. En homenaje espontáneo a Pla, uno de los asistentes regaló una boina a Pujol. Parecía en coordinación con su discurso peyorativo, porque apelar al Pla de la boina es otra forma de negar el fuste literario e intelectual de la obra de Pla, el gran prosista, el narrador, el autor de retratos memorables, el paisajista, el escritor de viajes, el articulista y, *last but not least*, el analista político de primera magnitud. Al final del acto, hubo cava y croquetas para todos en el Patio de los Naranjos. Más o menos, como la rosa y el libro el Día de Sant Jordi.

Desde aquel día, no sé si de modo precoz o tardío, vi a Pujol de otro modo, bajo sospecha metódica. Por suerte, el centenario de Pla —como pude comprobar con asiduidad— tuvo eco en toda Cataluña y en el conjunto de España. Lector de Pla desde la adolescencia por sugerencia de mi padre, asumí inconscientemente una voluntad de estilo, un modo de observar la vida que algunas veces lleva a la sospecha del fin del individualismo cuando no arriesga la búsqueda intermitente de la lucidez.

La literatura de Pla enseña a no dedicarse nunca a hacer de hijo pródigo: «¡Volver a casa, siempre! Volver a casa, tanto si llueve y los árboles crecen como si entra la tramontana, tan maléfica, como si vencen las sequías misérrimas». En la juventud, una fuerza incógnita nos hace marchar de casa —o desearlo con desasosiego, pero sin hacer nada—, viajar, abandonar la vida de familia, sin otra justificación que —uno u otro día— regresar, tumbarse un rato entre los árboles y ver volar una urraca. Añade que, aunque escriba desde la adolescencia, le resulta «una actividad artificiosa y sobrepuesta», pero ha creado en su yo más íntimo y espontáneo «una persona extraña» que muchas veces ni él mismo comprende ni siente por él relación alguna, sino muchas diferencias. Es un desdoblamiento que Pla describe: de una parte, un ser débil y mísero; de otra, alguien que con una pluma en la mano se convierte en «dionisíaco y ofensivo», entra «en un estado de exaltación silenciosa», siendo capaz de «mantener una posición hasta sus últimas consecuencias». A los dieciséis o diecisiete años, Josep Pla pasa largos meses en Palafrugell a causa de la epidemia de gripe. Fue la segunda oleada de la gripe de 1918, que mató a entre el 3 y el 6 por ciento de la población mundial. Pla pasea, se acerca al faro de Sant Sebastià. Pensaría luego que fue la presencia tan contigua de la muerte por la gripe lo que le hizo percibir la maravilla del paisaje. Acababa de descubrir el mundo exterior. Regresó con un lápiz y un cuaderno. Puso sus adjetivos a las cosas, a la luz, las arboledas, el mar. «Nunca me enamoraré de ninguna diosa, ni de melodía alguna, tanto como me enamoré de aquellas cosas», escribe. En sus últimos escritos, la escena es idéntica. Se despierta de madrugada, fascinado por la nocturnidad, silencio total. Luego ladra un perro. Desorden absurdo de las primeras luces. Pla se pone a escribir.

Como se constata en *El quadern gris*, el escritor en ciernes habrá de disciplinarse a sí mismo para llegar a escribir como el escritor que piensa ser hasta que se da cuenta de que la realidad y la imaginación —no tan escasa en Pla como dicen algunos críticos—, pese a las distorsiones en el evolucionismo del estilo y del talento, van consiguiendo moldearse, ya alerta frente a las intromisiones de lo que sería irreal en caso de ser real, mientras la memoria le describe según fue esa infancia que, a pesar de todos los cortafuegos, se entromete en la literatura constantemente. Por reflejo, en un escritor conviven paradójicamente la turbulencia de lo que uno ve acontecer y la aspiración —a menudo solo instintiva— a una precisión cristalina que sepa transfigurar en literatura incluso lo más anecdótico. ¿Sería como deslumbrarse con el arcoíris y de inmediato desconfiar de su fugacidad? Los paraísos artificiales de Pla son elementales. Des Esseintes le parecía un degenerado, por contraste con la afinidad que sentía por el Léon Daudet retratista, jugoso, de nervio. Sería la misma propensión que le aleja de la elocuencia romántica de Chateaubriand —la prosa de la perfección— y le identifica con un memorialista secreto como Saint-Simon, todo malicia al describir la comedia cortesana. Pla no tiene ante sí el orden de Versalles sino las minucias de Jules Renard, y esa contraposición equivale a quien va en barca y ve saltar entre las olas unos delfines que de hecho son figuraciones tributarias de aquel sentimentalismo que el escritor querría tener a raya. En contraposición, se entrega a esa nostalgia, que es la del amor erótico y de un orden natural. Un crítico demasiado listo diría que Pla es más complejo de lo que él mismo supone. Uno no puede ser lo sentimental que es, y para eso hay que mantenerse como el viejo zorro que, sorprendido por la jauría, corre mejor que nunca. En fin, hay que sobrevivir, y la literatura será la isla de Robinson Crusoe.

Pla es un caso muy especial, entre la generación del 98 y los grandes de la posguerra. Dice: «No soy un producto de mi tiempo: soy un producto contra mi tiempo». Nunca está de más saber que —como sostuvo cierto teólogo— quien quiera casarse con el espíritu de la época muy pronto se quedará viudo. Por eso la literatura no puede ser abstracta, porque en sus capítulos más deseables es verdaderamente chismorreo de la más alta calidad, como una conversación o una larga carta sobre lo vivido. El plus de la actitud conservadora lleva a Pla a recelar de las abstracciones del racionalismo porque —dice— el racionalismo es simétrico, deslumbrante e irrealizable —aunque no lo parezca— y por eso el empirismo es la única solución posible.

Estuvo de paso por Barcelona el escritor checo Bohumil Hrabal. Tenía aspecto de entrenador de boxeo en el momento en que le pone el protector dental a su púgil. El editor Andreu Teixidor, de *Destino*, nos convocó a cenar en su casa con Hrabal. Este llegó con mucho retraso y nos dijo que venía de visitar museos, aunque a aquella hora solo abrían los bares-museo. Estuvo incandescente, especialmente cuando, con insistencia, identificó la pintura de Tàpies con la muerte, algo que también decía Joan Perucho. La cena acabó cuando Hrabal nos hizo el tarot. Sus libros habían tenido un impacto en España y recuerdo haberlos comentado con ganas, aunque luego Hrabal se evaporó. Tal vez fuera un escritor de cervecería, ese hombre al que la bebida le excita la imaginación, le proporciona un alud de analogías y ficciones a las que luego no atinará a dar forma. Era un escritor con episodios de funámbulo primo hermano de los irlandeses locuaces.

Antes de que llegase Hrabal, de aperitivo tuve tiempo para una conversación provechosa con el editor Andreu Teixidor. Le dije que con motivo del centenario de Pla que iba a comenzar me había puesto a escribir un elogio de su obra y de su estilo, con elementos de biografía intelectual, para recalcar que no era un tipo con boina que bebía demasiado sino un escritor de plena dimensión europea. La idea le encajaba. Hacía tiempo que teníamos una relación de confianza y seguramente por eso me dijo que quería concluir el año del centenario con un libro sobre Josep Pla y me animó a presentarme al premio Pla, con la alternativa de que me editaba el libro si no era premiado. Entonces le propuse hacer dos libros a la vez. Llevaba tiempo pensando que no se subrayaba lo suficiente al Pla lector. Al ir leyendo del primero al último los volúmenes de su obra completa para escribir el *éloge* podría vaciarlos de comentarios sobre escritores y sobre la literatura en general. Eso sería, acordamos, un contrato aparte, para un libro que provisionalmente llamamos *Diccionari Pla de literatura*. Iba a necesitar tiempo para leer o releer las obras completas, algo *—cela va de soi—* obligado, pero me parece que no todos los críticos, profesores y biógrafos lo ven así. Razonablemente retribuido, seguía con mis tareas *free lance*. Eran la página sobre literatura catalana en *El País* y algunos artículos de opinión, un dietario público para *El Temps*, alguna crónica, y análisis para revistas como *Cuenta y Razón* o *Nueva Revista*. Y en aquellos días había aceptado una oferta de primera. José Antonio Zarzalejos, director de *El Correo*, había tenido que irse del País Vasco por razones de seguridad en plena ofensiva de ETA y estaba en Madrid como director editorial del Grupo Correo, un conglomerado de prensa regional y local. Me llamó para comer en Madrid. En aquella conversación constatamos coincidencias que iban a ser muy duraderas. Quería una pieza semanal para todo el grupo. El director de cada publicación decidiría si incluir mi artículo, pero, según comprobé, aparecía en casi todas. Era una suerte de *syndicated column*, como en los Estados Unidos, y nunca he tenido tantos lectores como entonces.

Nos dejaron una casa en la Plana de Vic, frente al Montseny, y pasábamos allí todo el tiempo que podía dedicarme a Pla. Al levantar la vista de los libros o del ordenador veía el Montseny, sus cimas azuladas, que en la mañana a veces cegaba la niebla, hasta que una sombra ancestral iba oscureciendo las laderas. Vieja trama del Montseny, trascendida por la palabra de poetas como Verdaguer, Guerau de Liost y Maragall, en una apología del arraigo. A sus pies, la llanura fértil y las pasiones humanas. Estábamos no muy lejos de la masía donde Joan Maragall —de quien el voltaje de sus tensiones del espíritu una vez más me seducían, como la montaña mágica— pasó algunos veranos, viendo apagarse al este la llama de los crepúsculos. Empalidecía el reflejo glauco de los primeros contrafuertes, con la congregación de nubes oscuras que avanza desde detrás del Matagalls. Horas de niebla impregnaban las mañanas de una pausa estática, de sol durmiente. Uno sería capaz de creer en todo y no necesitar casi nada. Mirando hacia el macizo del Montseny reencontré los poemas de *La muntanya d'ametistes* de Guerau de Liost, que enaltecen el cuarzo de las piedras ametistas que en otro tiempo aparecían en torrentes bajando por las hendiduras rocosas. Era la vida, según Maragall, «*astre sense minvant en nit serena*». Tras horas de trabajar sobre Pla, dábamos un paseo hacia la serena verdad simbólica del Montseny, unas tardes insinuada como un atardecer impresionista, otras como el encantamiento de un símil homérico, antes del acontecer de las estrellas en las noches más claras. Al amparo tutelar del Montseny, el régimen era casi cenobítico, y así podía escribir los artículos y avanzar el libro sobre Pla, que finalmente titulé *El hombre del abrigo*.

Visité algunas veces a Josep Vergés —editor y gran amigo de Pla— en su casa señorial de Pedralbes, para consultarle sobre el ensayo que tenía entre manos. Antes había estado en su despacho de la editorial *Destino*, acompañado por el poeta Joan Teixidor. Entonces me encargó un libro sobre las islas Baleares, como un *coffee-table book* —con fotografías en color de Català-Roca y las que había hecho en blanco y negro para la guía de Mallorca de Pla—, y luego una suerte de retrato de la ciudad de Palma. Algún asesor de *Destino* recordó que yo había vivido un curso en Irlanda del Norte, con muy frecuentes incursiones en Dublín. Así que me encargaron un libro para una colección muy oportuna sobre ciudades. El libro *Dublín* me sirvió para revivir aquel tiempo en Irlanda, entre los cascotes de Londonderry y la historia de un país infectado de irredentismo y una funesta capacidad de convertir la derrota en épica. Después de la belicosidad implícita que Vergés había mantenido con Lara, por razones como la competencia entre el Premio Nadal y el Premio Planeta, tuvieron tratos de cada vez más cordiales, y el editor de Pla vendió su parte de Destino —cuya otra porción accionarial era de los Teixidor—, presumiblemente por la falta de cordura del familiar que había de sucederle en el despacho. Vergés fue posiblemente el último editor que imponía mucho respeto. Luego hubo editores cómplices, los presuntamente selectos y los asaltacaminos. Era un hombre de porte adusto de ampurdanés de familia arruinada que, con voluntad de *selfmade man*, había recuperado el patrimonio perdido. Pocos recuerdan ya lo que significó durante décadas la revista *Destino*, ágil, exquisita, escuela de liberalidad y de una forma de entender España desde Cataluña, y a la vez, un *meeting point* para escritores del exilio y para nuevas formas de escribir.

Vergés se negaba al tuteo. Sospecho que era un sentimental adusto, muy pragmático, con una apostura de madurez muy presente. No era efusivo e incluso, a pesar de que yo no le era un desconocido, se retraía al iniciar la conversación. Quizás recelaba, entre otras cosas, porque en aquellos tiempos se le negaba —por parte de un catalanismo resistencialista que se consideraba traicionado por el espíritu de *Destino*— la legitimidad primordial que le correspondía. Era reacio a contar detalles de la vida privada de Pla. Algunos consideran que en la obra completa de Pla están de más algunos volúmenes —dos o tres—, pero en casos así yo creo que es mejor pecar por exceso que por defecto. Vergés reivindicaba el predicamento de su revista para incentivar una clase media ilustrada. Eso era influencia de Pla. Estoy convencido de que Vergés —que había hecho la guerra con los nacionales— hizo más por rehacer la Cataluña sólida que Òmnium Cultural y los puristas del exilio. Respondía a mis preguntas con aplomo, con precisión. Solo una vez quedó desconcertado. Al amparo del Montseny, yo acababa de leer las páginas de Pla sobre la visita a las ruinas del gueto de Varsovia. Dice Pla que, sin saber qué pensar ni decir, rezó un padrenuestro. Un Pla inapetente al sentido de trascendencia encaraba la gran tragedia de Europa con una apelación a la piedad y a la misericordia. Vergés dijo adustamente que no podía ser. Le indiqué en qué volumen lo había leído. Lo buscó en los estantes con gestos febriles, como quien ha estado esperando ante el portón de un castillo herméticamente cerrado. Leyó las palabras de Pla y quedó como ausente, mirando la página como si descubriera un secreto del viejo amigo.

Mientras iba escribiendo mi ensayo y preparando el *Diccionari Pla de literatura*, pensaba que obras como la de Pla no necesitan de exegesis —y mucho menos de teoría literaria ni de posestructuralismo— porque se explican por sí mismas, pero ¿es realmente así? Con los años te das cuenta de que más allá de una fragancia descriptiva, en el oleaje de los prados, el rumor de gorriones al amanecer o incluso en el jaque mate de un episodio de la historia política hay algo, cruces de bulevares secretos, un choque entre el ensueño siempre disimulado y la realidad más descreída, que impide sucumbir ante la nada y el desarraigo. ¿Le había perjudicado a Pla su presentación como pequeño propietario rural, con *boutades* de casino ampurdanés? Sospecho que sí, por una parte porque tenía un excesivo sentido del ridículo que no le permitía posar como escritor y por otra porque se sabía rodeado por una sociedad que él consideraba vulgar, sin *finezza*, de tenderos advenedizos, hijos de estraperlistas y burgueses incapaces de apostar por la existencia liberal, por un país de civilización bien trabada. Sobre aquella burguesía, Pla hubiese aplaudido a Saint-Simon cuando observa al príncipe de Conti, libertino, bifásico y rey no coronado de Polonia. Dice el duque: «Este hombre tan amable, tan encantador, tan delicioso, no amaba nada. Tenía y quería amigos como se quieren y se tienen muebles».

En el fondo, Pla no pudo ser un escritor burgués, entre otras cosas porque los burgueses de Barcelona no le comprendían, sino que recelaban de su ironía inexorable. Tuvo que ver cómo se le achacaban comportamientos políticos sin mucho fundamento, anecdotarios de anciano intempestivo. Él seguía escribiendo bajo la campana de la chimenea del *mas* familiar, entre humos rebotados por la tramontana y la azulada sombra de un cigarrillo que queda en espera cuando el escritor requiere el *mot juste*. Fue un pionero muy viajado de lo que hoy se considera ser anarcoconservador. Consiste, más o menos, en sentirse libre sin ir rompiendo los cristales de los escaparates. Dionisio Ridruejo cuenta que, durante la guerra civil, en los hoteles, Pla anotaba en la ficha de entrada: «Liberal, conservador, autoritario». Si en su periodismo había propugnado una política que consistiera en evitar la guerra civil, la deslegitimación republicana le llevó al mayor pesimismo, afrontando aquel viejo dilema que acabaría malmetiendo a las sociedades europeas y que fue un desequilibrio entre autoridad y libertad. Eso llevaba a una sentencia de Paul Valéry: «Si el Estado es fuerte, nos aplasta y, si es débil, perecemos».

En la Cataluña entre dos siglos, Pla tenía fieles lectores pero los nuevos torquemadas de la comedia literaria, en una forma de bucle vergonzante, tienen hecha una alianza de detracción con los viejos guardianes de las esencias que tan alto apostaron contra Pla. Ya son dos generaciones del cuerpo de ingeniería nacionalista que zapan los fundamentos de la obra de Pla. ¿A quién le importa? Sus libros todavía se leen. Se habla de Pla, precisamente en el instante tragicómico en el que la literatura catalana se está quedando sin lectores.

Considéresele como un viejo escritor ilustrado que *a posteriori* hubiera tenido la ventaja de conocer los monstruos de la razón absoluta que fueron engendrados en el siglo XX. Una vez más, debo referirme a su idea de que la literatura bajo ningún concepto es una finalidad en sí misma sino un método para esclarecer y ordenar el pensamiento. Queda la memoria. Jirones del tiempo perdido en la adolescencia de Girona o en la vida nómada del periodista europeo aparecen en las últimas páginas de Pla con una nueva claridad, henchidos por el gran viento de la desilusión.

Tiempo antes del centenario de Pla, Teixidor y yo acompañamos a Aznar —entonces líder de la oposición— todo un domingo por los escenarios planianos, de Palafrugell al faro de Sant Sebastià. Había leído a Pla. Siendo un muchacho, su familia vivía en el mismo edificio que Dionisio Ridruejo, amigo del padre de Aznar, periodista de Radio Nacional. Cuando Franco le ponía una multa a Ridruejo y llegaba una orden de embargo, los Aznar trasladaban a su casa los muebles de los Ridruejo, y los reubicaban cuando el secretario del juzgado se iba tras haberse encontrado con un piso vacío. Tal vez fuese la traducción de *El cuaderno gris* —de Ridruejo, pero más de su mujer— lo que llevó a Aznar a Pla. Luego, siendo ya presidente del Gobierno, estuvimos de nuevo de ruta dominical por la geografía de Pla. Traté de imaginarme cómo hubiese sido una conversación entre el lacónico Aznar y el locuaz Pla junto a la chimenea, pero mi imaginación no daba para tanto. Con el centenario, desde la Presidencia del Gobierno me propusieron perfilar y concretar su celebración en Madrid. Me llevó cierto trabajo, pero pude hacerlo muy a gusto. Fueron hasta cuatro jornadas, cuatro mesas redondas repartidas entre la Biblioteca Nacional y la Residencia de Estudiantes. Consideré que había que convocar a escritores de toda España que tuvieran algún vínculo literario o vital con Pla. Fue muy divertido y, por supuesto, instructivo. Al final, Aznar impuso la medalla de Alfonso X el Sabio a Vergés, a quien la Generalitat le había negado la Cruz de Sant Jordi. En las mesas redondas estaban Umbral y Porcel, Vázquez Montalbán —dubitativo por la absurda sospecha de una apropiación aznarista de Pla—, Sánchez Ostiz, el profesor Vilanova, Muñoz Molina, Carles Sentís, Ernest Lluch, Rosa Regás, Trapiello, Eduardo Chamorro, Manuel Vicent o Josep Martinell. Cada noche tuvo su cena despatarrante. Acabábamos apedreados por los travestis de noche alta posados a la entrada de la Residencia de Estudiantes. Umbral lo contó en una columna y por poco nos hunde.

En 1960 Josep Pla visitó a Josep Tarradellas, presidente de la Generalitat en el exilio, en el Clos de Mosny de Saint-Martin-le-Beau. En el año 1955 se habían visto por primera vez después de la guerra civil, en París. En aquella posguerra, el escritor de la Lliga de Cambó y el personaje de Esquerra Republicana se entendieron. Cinco años más tarde, compartían cierta fascinación por la figura y la proyección política del historiador Jaume Vicens Vives. De esas conversaciones de 1960, Pla subraya que el señor Albert (Tarradellas) no demostró en ningún momento la menor duda sobre la necesidad de colaborar con el señor Born (Jaume Vicens Vives), porque el historiador sabía que Cataluña es un país de pactos y delegaciones, como hombre capaz de trabajar en equipo y como político convencido de «la necesidad de terminar la situación actual con los menores estragos posibles y, a ser posible, sin ningún estrago». El informe de Pla no es en absoluto escéptico: más bien admira el sentido histórico de Tarradellas.

Escribe: «El Sr. Albert cree que si el proceso de liquidación es normal, la situación actual dará paso a una situación militar que, a su vez, conduciría a una política civil de relativa libertad. Producirá, en una palabra, una repetición española del asentamiento de Perón en Argentina, llevada a cabo por el general Aramburu. Cree que esta es la solución propuesta por el grupo político vasco. Como tengo la misma noticia —curiosa coincidencia— asentí. Ahora bien, las grandes dificultades comenzarán al abrirse la sucesión civil. Entonces, cree, habrá una gran confusión interna que fomentarán los exiliados de regreso. Considera que, de la masa exiliada a Europa y América —alrededor de doscientos mil—, regresarán solo unos diez mil, número archisuficiente para crear un estado de caos. Precisamente para prevenir los estragos que pueden ocurrir, debemos estar preparados».

En aquel 1960, la idea de Tarradellas era constituir en Cataluña un grupo operativo que fuera el *noyaux* de un futuro partido conservador. La figura central en el interior sería el historiador Vicens Vives. Según Pla, Tarradellas creía que no había que resucitar ni Esquerra Republicana ni la Lliga, ni ninguna otra organización de este tipo: «Sólo hay dos cosas: la gente del interior y la gente del exilio. Políticamente, el exilio ha sido totalmente estéril; y, socialmente, el exilio social es favorable. Políticamente, el interior ha sido productivo y, socialmente, ha sido nefasto. Por lo tanto, hay que hacer la conjunción entre los elementos políticos del interior y los elementos sociales del exilio». Tarradellas consideraba necesario dar tranquilidad a la Iglesia y, sobre todo, mantener la unidad política, que era una de sus preocupaciones después de la guerra civil. Economía: «El capitalismo debe decir hasta dónde se puede llegar y la Confederación (CNT) tiene que decir cuáles son sus necesidades mínimas. Un trato similar es inconcebible en un estadio de capitalismo arcaico; puede ser, en cambio, una relación fructífera si nuestro capitalismo adquiere un tono europeo y progresivo. A base de un capitalismo rico, moderno y tolerante —capitalismo que comienza a pensar en la era atómica como explotación industrial—, la Confederación colaborará porque será una situación de salarios altos». Con respecto a los procesos económicos, Tarradellas —dice Pla— cree que si tuviéramos la suerte de encontrar el punto económico justo en Cataluña, pasaría como en todas partes, de modo que la política seguiría a la economía en el sentido de que la política perdería peso y veneno. Considera una *falòrnia* arcaica que solo los hombres políticamente extremistas puedan hacer una política social avanzada. Cree que los conservadores podrían lograr la transformación económica de Cataluña.

El hombre del exilio creía fundamental una banca catalana y sentar las bases del uso industrial de la energía atómica. El creciente peso de la economía había hecho perder importancia a las posibilidades separatistas. La cuestión de Cataluña «debe inspirarse en ideas de la máxima simplicidad y debe ver las cosas desde un punto de vista puramente catalán, sin asumir ningún compromiso federal o federalista». En particular, Tarradellas pensaba que Cataluña tenía que hacer un contrato con el Estado español —el que fuera—, a base de causar la menor cantidad de molestias a los castellanos, es decir, incomodidad al castellano. En ningún caso «Cataluña ha de desgastar su posición adoptando posiciones románticas y de escaso porvenir, como es notorio a simple vista».

Eran los años de la guerra fría, la Revolución cubana y la cuestión de Argelia, que puso a prueba a Charles de Gaulle, tan admirado por Tarradellas. En la España de la dictadura franquista, la economía creció y llegó el turismo. El catalanismo cultural reaparecía a pesar de los obstáculos del régimen. Tarradellas se había abstenido de hacer declaraciones respecto a la visita de Eisenhower o a la entrada española en la ONU por una rara «unanimidad». No creía que la violencia pudiera derrocar al franquismo, porque abogaba por una política de «paz y tolerancia y no de odio y de rencores».

En su minuta de la larga conversación, Pla anotó: «Ve las cosas permanentemente como un hombre de gobierno, como un político a las órdenes de la continuación de la sociedad. Repitió muchas veces que, si algún día gobernaba, no destruiría nada que, habiendo sido implantado por Franco, fuera positivo para el país y la estabilización general. Declaraciones similares de un político que tiene casi un cuarto de siglo de exilio, que ha sufrido siete detenciones —algunas de ellas realizadas por la Gestapo en contacto con la policía franquista—, nunca las había escuchado». En resumen, «es un hombre que separa lo que la política ha sido siempre y lo que siempre será: un arte de mover a las masas, del método indispensable para la resolución de las cosas, que es el método diplomático. El Sr. Albert es hoy, esencialmente, un diplomático, un hombre de negociación permanente y sistemático». Era un antisentimental, un antiefectista y un antidemagogo. Tenía prisa porque la cuestión de Cataluña le producía una angustia permanente. Era contrario a todas las ficciones y a todos los equívocos, «partidario de posiciones limitadas pero inquebrantables». No se puede negar que Pla, tan estrechamente vinculado a la Lliga de Cambó, supo entender la evolución del Josep Tarradellas que durante muchos años fue secretario general de Esquerra Republicana. Fueron veintidós horas de conversación. Las conclusiones del informe Pla son muy claras: «Fui a la conversación con el Sr. Albert convencido de que me encontraría con un político común de la Esquerra Republicana, maleado, además, por el exilio. Me equivoqué. Me encontré con un político como pocos que he conocido en la historia que hemos vivido: un observador cauto, astuto, inteligente, prudente y valiente». Tarradellas no quería repetir los errores republicanos y veía la monarquía como una oportunidad para Cataluña. Ambos interlocutores consideraban a Vicens Vives como el hombre del futuro, pero el historiador murió al poco tiempo, a finales de junio de 1960.

Tras las conversaciones de Saint-Martin-le-Beau, Tarradellas y Pla compartieron el recelo hacia Òmnium Cultural —instigador funesto del regreso del poeta Josep Carner— y hacia la figura emergente de Jordi Pujol, al mismo tiempo que no compartían las actitudes politizadas de Montserrat y la revista *Serra d'Or*. Esto explica la aproximación que los dos hicieron más tarde al monasterio de Poblet. Con la muerte del dictador, en uno de los momentos más significativos de la Cataluña moderna, el 23 de octubre de 1977, Josep Tarradellas llega a Cataluña como presidente de la Generalitat y desde el balcón del Palau de Sant Jaume dice: «Ciudadanos de Cataluña, ya estoy aquí». Si Òmnium Cultural había negado a Josep Pla el Premio de Honor de las Letras Catalanas, en 1980 Tarradellas le impuso la medalla de oro de la Generalitat de Cataluña.

Con motivo del centenario de Pla, pasó por Barcelona Joaquín Soler Serrano, que en su programa de TVE —el impagable «A fondo»— le había hecho a Pla una entrevista que acabó siendo de culto. La literatura y la voz tienen su alquimia y, sobre todo, quedan apareadas por mucho tiempo. Buen amigo de Pla, Joaquín Soler Serrano —jovial, sabio, generoso— era una de las voces radiofónicas más conocidas en España y en Iberoamérica. El personaje era muy seductor. A pesar de su larga ausencia, algunos taxistas de Barcelona no le cobraban al reconocer aquella voz tan convincente que habían escuchado por la radio, pero —y me lo dijo con una sonrisa de oreja a oreja— lo que más agradecía era que le reconocieran como el entrevistador de Pla en el programa de TVE «A fondo», un *must* que ha captado a muchísimos nuevos lectores para Pla. Quien acompañó a Pla a los estudios fue Josep Martinell, compañero del escritor en horas pecaminosas de madurez. Se presentaba como pintor artesano. Martinell conocía no pocos secretos de Pla. Contaba algunos con un coñac en la mano, con el gesto de quien sabe apreciar una curva femenina. Sobre la grabación de «A fondo», me contó que el editor Vergés le había dado instrucciones muy tajantes: nada de copas para Pla hasta después de haber hecho el programa. Al final, ya de regreso en casa, Pla estuvo exultante porque se daba cuenta de que había podido ser él mismo ante las cámaras, como si estuviese charlando en el *mas*, sin intermediarios. Dicho sea de paso, nunca entenderé cómo los programas culturales de calidad y con público desaparecieron cuando hubo televisión privada. De los tiempos de Soler Serrano en Barcelona queda un libro poco conocido y muy recomendable de entrevistas con Pla, a partir de sus conversaciones en Radio Barcelona. Martinell también escribió dos libros finos y sabrosos sobre Pla, muy por encima de las tesis profesorales. Mientras el nacionalismo le negaba todo a Pla, hay quien se sabe de memoria su «A fondo» con Soler Serrano.

Identificar el ser escritor con la vida caótica, independiente y libre es lo que lleva al adolescente a creer en las novelas, pretender un estilo, ingeniar poemas o suponer que el mundo se conquista en los bares. Dejé de escribir poemas de juventud al comprobar que no sabía describir en prosa. Comencé unos libros de notas, en 1968. A principios de los ochenta, los releí y caí en la idea no muy original de publicar un dietario. Abarcaba los años setenta y lo titulé *Bosc endins*, porque la última anotación —de matriz voltairiana— insistía en que hay que ir cada día hasta el corazón del bosque para luego poder trabajar, con más convicción, en el propio jardín.

En los años ochenta yo vivía en Palma, y escribía artículos de opinión y crítica literaria para *Diario de Mallorca*. Era improbable que un editor de Barcelona pudiera interesarse por el dietario de un desconocido, pero medió el pintor Jacint Todó, yerno de Vergés, que le hizo llegar el original del libro. Vergés nos invitó a su caserón de Puntós, en el Empordà, donde pasaba temporadas leyendo las descripciones marinas de Conrad. Fui con Jacint Todó y el amigo y pintor finísimo Sebastià Ramis. Para mí, *Destino* era algo fundamental: cada semana durante años había ido a comprar la revista al quiosco de la plaza Mayor de Palma y mi padre nos leía artículos en voz alta.

Que un editor de Barcelona —el editor de Pla— pudiera interesarse por el dietario de un desconocido me hizo levitar. A los postres, Vergés dijo que el libro le había gustado. Era propio de su coraza de hombre práctico precisar que lo había leído en la antesala del dentista. En aquel instante toqué la membrana del cielo con la palma de la mano. Para publicarlo, me propuso presentarme al Premio Josep Pla. Sin pensármelo, respondí que por mi admiración hacia Pla y mi respeto por lo que era *Destino* no podía presentarme al premio Pla sin la seguridad de ganarlo. Lo que ahora puede parecer un cálculo en realidad era un impulso, la estricta verdad. Vergés dijo: «Usted pide mucho». Cambiamos de conversación. De regreso a Barcelona me sentí exultante: lo que importaba no era renunciar de antemano a un posible premio sino haber conocido al editor que más admiraba y que había aprobado aquel *Bosc endins*. Eso me convertía en escritor. Solo al cabo de un tiempo comprendí que Vergés me había ofrecido en bandeja el Premio Josep Pla. Luego tuve la suerte de publicarlo con un editor tan perspicaz y selecto como Jaume Vallcorba Plana, de Quaderns Crema y luego de Libros del Acantilado. Al poco, Valentín Zapatero y Andrés Trapiello lo publicaron en Trieste como *En el bosque*. Al concluir el año del centenario de Pla, una simetría del azar me llevó a ganar el premio Pla en 1998 con *L'home de l'abric —El hombre del abrigo—*, un ensayo sobre Josep Pla, el amigo de Vergés. Esperar lo inesperado durante casi veinte años nunca se me hizo más corto.

En algún momento de nuestra vida podemos ser inicuamente infieles con los escritores que más amamos. Engañas a Balzac con Flaubert y luego te cansas de aquel Stendhal que tanta compañía te hizo en la juventud. Te entusiasma la épica, luego prefieres la sátira o las memorias y acabas enfrascado en biografías. En algún momento te atraerá más Stevenson que Conrad. Más que con los libros de Pla, eso me ocurrió con las distintas versiones que él da de sí mismo. Confieso haber sentido alguna vez un rechazo al Pla que posaba como payés, que por sentido del ridículo no generalizaba ni construía. Siendo un gran escritor, no tenía grandeza. Creo que pudo retraerle de su ambición la sociedad en la que vivía. En el pasado, esa limitación me había atraído, como camuflaje, como forma de combatir la pose de escritor y la vanidad de la comedia literaria, pero luego esa misma limitación me fatigó un poco, aunque de repente, al coger un volumen de Pla, todo recuperaba su verdad y relegaba la circunstancia. Me insatisfacía que Pla no hubiese intentado trascender la posguerra pero eso era injusto. Aun así, prefería verle sin boina, con sombrero hongo, el periodista *flâneur* de Europa. Le perjudicaron las tertulias de Palafrugell, el anecdotismo ampurdanés. ¿Eran obstáculos históricos o naturales? Si hubiese aceptado ser un *maître à penser* —y pudo serlo si se hubiese despojado del sentido del ridículo— tenía a su disposición la tribuna de *Destino*, que era como la *terza* del *Corriere della Sera* que tanto alabó. Lo que no se sabe es hasta qué punto, por pudor o autolimitación, se contentó con el papel que le había tocado en el reparto, pero en el fondo sus libros enseñan a vivir y poco más se puede pedir. Lúcido hasta la desolación, irónico, a lo mejor entendió mejor que nadie que sus lectores le querían así, un poco payés, moderadamente cosmopolita. ¿Le habrían leído tanto y tantos si escribiendo lo que escribió se hubiese despojado de la máscara rural? Seguro que bastantes lectores daban por hecho un Pla desaliñado, sarcástico y sediento. Les convenía verle así. Les bastaba. Es algo que en años como lector de Pla he acabado aceptando como un cambio de piel. El tiempo marcó una frontera: el Pla de «A fondo». Ahí está ante las cámaras, real, espectacular en su astucia, mal afeitado, dueño de su lucidez, con calcetines de ferroviario, desdentado. Ni boina ni bombín.

Ya transcurridas las postrimerías del centenario, para celebrarlo todo —y también el premio—, Andreu Teixidor me invitó a comer en el Club Náutico de Barcelona. Me dio una feliz sorpresa: Albert Boadella iba a hacer la presentación de libro en el Ateneo como periodista que entrevistaba a Pla, representado por el actor Ramon Fontseré, la mejor encarnación planiana. Era una idea espléndida y sería un éxito. Al salir del comedor del club, Andreu Teixidor me llevó hasta el amarre de su lancha motora. Embarcamos y enfilamos el horizonte recorriendo todo el puerto hasta más allá de la bocana, como dos jóvenes traviesos, excitados por las primeras olas, hasta que en mar abierto dimos media vuelta y, dueños de un instante perfecto, regresamos al amarre. Todo fluye constantemente entre la vida y la literatura, como nos enseñó Josep Pla.

VI

La mirada de Pomés - Tony Blair en los cielos - Balneario con útero - Dalí o Tàpies - Taxis de Belfast - El periodismo como honor - Adiós a Xavier Domingo

«Tiene el corazón como un reloj-despertador aplastado por una apisonadora.» Nos lo dijo un joven cardiólogo de una clínica privada de Tres Torres y se refería al corazón de Xavier Domingo, ingresado por un percance cardiovascular. Habíamos coincidido Poldo Pomés y yo en la visita samaritana, pero al poco Domingo nos despidió a su modo, arisco y con mirada dudosamente agradecida, sin ningún indicio de temor a la muerte. En el pasillo, el joven doctor nos había dado su parte tétrico. Salimos a la calle y caminamos largo rato en silencio.

Hacía meses que el reencuentro con el *cher maître* de la fotografía y la vida que era Pomés había multiplicado exponencialmente el disfrute gastronómico que catalizaba Xavier Domingo, con sus humores y la mirada descreída del periodista que ya solo cree en el periodismo y en lo que comemos y bebemos. Pomés, muy al contrario, creía y confiaba en la vida, en sus fotografías, en su clan familiar, en sus restaurantes —era copropietario del histórico Les Set Portes, de Il Giardinetto y del insumergible Flash-Flash—, en sus éxitos en la publicidad y en los apuntes sobre gastronomía que iba escribiendo. En los cincuenta, ninguna cámara fotográfica había captado mejor la Barcelona mediterránea y húmeda en la que rostros femeninos expertos en enigmas llegan después de las posguerras, cuando la fotografía maduraba en la parada del tranvía. Había sobrevivido a modas, a los clichés de la *gauche divine*. De muy joven había vivido el *big bang* estético del Dau al Set. Yo nunca le vi como un personaje sino como un hombre entregado a la vida, con las escenificaciones que le hicieran falta porque tenía algo de actor, admirador de Totó, Chaplin y con un desmedido interés por Almodóvar.

Con barba, talla más que alta y breve melena negra, podía pasar por un profeta de mirada tolerante caminando por los pedregales de toda una época dichosa de Barcelona. Ver de nuevo a Pomés me hizo desentenderme de la Barcelona que me incomodaba, traicionera y falsa. En todo sentimental hay un egoísta hábil, a la vez que no se puede conocer la vida sin haber crecido suficientemente en las dificultades para no caer en el empeño. Intuitivo con osadía, por ejemplo en el mundo de la publicidad, en el fondo Poldo tenía como válvula de seguridad aquella sensatez práctica que en otros tiempos se atribuía a los catalanes. Aunque la sensualidad intensa no siempre es sensata, en Pomés la figura de su padre —como reconocía— lo había sido todo. Su padre —uno de esos hombres de orden comprensivos con el desorden— admiraba el estilo de sastrería representado por Cary Grant.

Le veía con los párpados un poco caídos y la mirada —como su cámara— alimentándose de su sensualidad, tan propensa a acariciar muslos, perfiles de diosa menor, desnudos metafóricos. No habría sido posible sin una honda humanidad, sin saber disculpar las flaquezas ajenas, al acecho de una belleza a la que adorar en secreto. La talla alta de Pomés le habilitaba para mirarte desde arriba, pero sin prepotencia, sino con atención más próxima, y eso daba más fuerza a su mirada, algo que era del todo natural, con un leve retoque de actor que sabe estar sin tener que dar codazos para ser el centro de la escena. Muy pocas veces le oí hablar mal de nadie. Era más razonable que racionalista. Es decir, pasaba por alto las afrentas. Era un máximo defensor de la tortilla de patatas. Hizo arte con las burbujas del cava.

Pomés, muy para sí, sabía calibrar las dimensiones regias de un cuerpo femenino, gramo más o menos, y la belleza interna de su consistencia ósea. Disfrutaba con generosa hospitalidad en su casa de Fontclara, en el Empordà. En la cocina llevaba la batuta, con su delantal de chef y mucho arte para la pasta italiana. El comedor se convertía en un escenario de gran familia mediterránea, todo lo contrario de las barbacoas de chalé adosado, en ese punto de sofisticación y naturalidad que Poldo había imbuido en los suyos como medida de todas las cosas. Le gustaban las fiestas con sorpresa, las sobremesas sin fin, escuchar canciones de otro tiempo, dormitar en una tarde otoñal mientras en la chimenea los troncos se iban convirtiendo en rescoldos, con su frágil chasquido. Toleraba las impertinencias mirándote con su intensidad peculiar y lo perdonaba todo. Aperitivos pausados, sobremesas de bullicio, abrir el bar doméstico al atardecer, cenar a las tantas con veladas muy tardías. En aquella masía Montse y yo siempre nos sentíamos en casa.

Cuando se aproximaron las elecciones británicas, el ganador *in pectore* ya era el laborista Tony Blair. No parecía tener sentido de la culpa ni del destino. Es lo que representa haber crecido en un jardín de la infancia heredero de las doctrinas de Rousseau, aunque con Blair el resultado era un «chico maravillas» que iba a salvarnos del socialismo y del laborismo al fallecer John Smith, el líder laborista, un macizo escocés. Tan buen conocedor de la pesadilla soviética, el historiador Martin Malia había dicho que el socialismo integral no es un ataque contra los abusos específicos del capitalismo, sino una tentativa para abolir el mundo real. Eso lo sabía Blair tras todos los errores radicales del laborismo y también por la ductilidad de su ego atómico. Pasó por allí el sociólogo Anthony Giddens con su tesis de la tercera vía y Blair se la puso como un manto de armiño. Después de dieciocho años de hegemonía conservadora, en 1997 las elecciones estaban al caer y fui a Londres con la fotógrafa Gloria Rodríguez a escribir una pieza de color para el dominical de *El País*. Llamé a contactos londinenses que había hecho estando de corresponsal de *ABC* y, con un programa hilvanado, llegué, tomé una copa en Le Meridien y cené en el sustancioso bufé del hotel Berners. A la mañana siguiente, estábamos en el *lobby* de la Cámara de los Comunes para entrevistar al diputado *tory* David Willets, autor de *Conservadurismo moderno*. De repente, una descarga de alta tensión alteró el ajetreo rutinario del *lobby*: se acababa de anunciar la fecha de las elecciones. Una secretaria lujuriante de adrenalina nos dijo que Willets había salido para Downing Street. Mi agenda se fue al traste, entre agitación y rumores demoscópicos supeditados a lo que parecía una imparable ventaja laborista. Para el reportaje, el buen amigo Derrick Hill nos recibió en su despacho de editorialista de *The Express*. La profesora Vivien Jacobs, laborista jubilada, estaba dispuesta a pagar más impuestos si así se evitaba el problema de los muchachos sin casa. El escritor Julian Barnes, en su momento de gloria pasajera, se iba desplazando hacia el ala izquierda del laborismo y estaba por el sistema de representación proporcional. Claire Griffin, de una ONG defensora de deudores hipotecarios, nos dijo que cada once minutos una familia se quedaba en la calle. El diputado conservador Andrew Rowe se dejó fotografiar junto al Támesis y el quiosquero sij Satuinder Alga posó con su hija en Richmond. La estudiante Connie Churcher se sentía a gusto en una escuela donde se hablaban casi cincuenta lenguas. El gran chef francés Albert Roux condescendió a ser fotografiado en la cocina de La Gravroche. Tan lejos de la refriega política como una ostra de un microchip, explicó que en unos años en Londres la cocina casera y la oferta de los supermercados habían ganado en selecta variedad. Por si acaso, me dijo que el mejor menú español era pata negra, paella y algún gran rioja. Cené de modo locuaz y opíparo con el rubicundo Digby Anderson, excéntrico digno de estar en la National Portrait Gallery, conservador de un fuste intelectual que disimulaba con *understatement*, aficionado al rapé, a la defensa de la virtuosidad victoriana y comentarista gastronómico para *The Spectator*, sin mucho gen *little England*. Tenía un *one man think tank* —la Social Affairs Unit— que le financiaban algunos *tories* nostálgicos «ya no se sabe de qué» y con el que yo había colaborado en el pasado. Celebramos que le hubiesen elegido como hombre del Liberty Fund en Europa. Dio por hecho que Tony Blair iba a ganar las elecciones generales y descreía de los *tories*. Lo fundamental era el estado social de las sociedades occidentales: «Lo que se escenifica hoy en las iglesias no es religión. Estamos en manos de un sentimentalismo que se niega a ver que después viene la realidad. Eso es como hablar de Belén sin tener en cuenta el calvario. Nuestras sociedades apuestan por no reconocer el mal. Los verdes adoran una naturaleza armoniosa, falsa. No existe ya el pecado: la culpa la tiene el sistema. La política solo es *show business*. Falsificamos las emociones. Vivimos en un mundo de cada vez más pueril».

Al otro lado del río, pululaba la subcultura del pub. El pulso del país no se alteraba con el anuncio de las elecciones, aunque tuve, de modo vívido, la impresión de que Gran Bretaña acumulaba los síntomas de una incertidumbre existencial. En Westminster, mientras Tony Blair avanzaba con su tercera vía de diseño, tal vez inevitable después de los años más o menos prósperos de Thatcher y Major —quien había ganado las elecciones de modo imprevisto—, proseguía el enquistamiento del «más o menos integración europea». El IRA seguía matando. Con un paro del 6,5 por ciento, entre el blairismo sonriente y la *underclass* con sus perros de presa, la Unión Europea era la divisoria más acusada. Desde tiempo inmemorial ningún partido había llevado tanta ventaja en los sondeos. Iba a ganar Blair en términos aparatosos. Lo que más sentí fue saber por su hija que el propietario del restaurante griego Little Akropolis de Fitzrovia había muerto.

En circunstancias de cierto agotamiento o para terminar algún libro, iba en ocasiones a un hotel balneario a no más de cincuenta kilómetros de Barcelona. Recuerdo que, en un momento de un ritmo excesivo entre Barcelona y Madrid, llegué al pánico cuando, en un vuelo del puente aéreo, temí que, si pisaba el suelo del avión, mi pierna traspasaría el fuselaje y abriría un agujero de la nave por el que yo caería a plomo causando una catástrofe aérea. Resguardarse en el balneario era como entrar en una benigna cadena de montaje —piscina, masaje, hidroterapia, baños de barro— que al final te deja a punto para seguir circulando, recuperado del desgaste físico y mental. Inicialmente, uno entra en ese escenario tocado y hundido, hasta que va acomodándose a una suerte de burbuja en la que todo el equipo del balneario está a tu disposición para azotarte con mangueras de agua a gran presión, en un clima general de silencio y edad madura. El hombre descentrado por la vida que se acelera recuperaba el norte en una bañera-útero rebosante de fango curativo. La zambullida matinal en la piscina exterior de agua tibia y humeante hacía que recobrara en solo unos días el ritmo natural.

Una de las veces, me llevé al balneario los volúmenes de bolsillo de *El espectador*. Entraba de nuevo en el universo radiante del mejor escritor de la España del siglo xx. Como ya sabía, leer lo cura casi todo. En un mundo en el que hay más chatarra que ruinas, cada página de Ortega es como un campo magnético de prosa que suma epifanías, argumentos, cromatismo, meandros y símiles. Allí, en el balneario, como si fuese un patricio romano tomándose sus baños y leyendo a Virgilio, sentí cómo mi discurrir se reactivaba a fondo y que la palabra de Ortega mecía mi inteligencia pequeñoburguesa. Quizás porque soy un mal lector de filosofía —también la de Ortega— agradecía como un don sin precio que a su voluntad de sistema le ganase el pulso la esencia del ensayismo, la indagación sin abstracciones, hasta el punto de que pensaba entonces en escribir algún librito sobre las *delicatessen* orteguianas, como ver el aire de *La rendición de Breda* que agita los gallardetes vencidos, las lanzas enhiestas y gloriosas de los tercios de España reconociendo el valor del vecino, la humareda que se va deshilachando, incluso el tintineo de las llaves de Breda al pasar del vencido al victorioso, en fin, ver cómo la continuidad de la Historia entra en movimiento más allá de los siglos. El aire de Ortega. Saber, como Ortega, escribir en voz baja la grandeza del pensar, para pasar —según la directriz orteguiana— de un credo habitual a un credo insólito. Construir la elocuencia con la naturalidad de quien ya lo sabe expresar todo: si *El espectador* es una dispersión, bendita sea la dispersión.

En aquel balneario de gentes discretas se desayunaba en albornoz. Un pequeño empresario jubilado —artritis era su DNI— me habló por haberme visto criticar el socialcomunismo en un programa de TV3. Era lector del *Express*, admirador de Revel y Montanelli. Hablamos de la inconsecuencia moral de que, incluso después de saber del gulag y de los palacios de Ceaucescu, a Soljenitsin se le tuviera por un peregrino enloquecido, *El pasado de la ilusión* de François Furet pasase por ser la revelación primera del horror comunista o la publicación del *Libro negro del comunismo* hubiera escandalizado a la izquierda. ¿Había un totalitarismo bueno y un totalitarismo malo? Duraba demasiado la asimetría a la hora de condenar *Mi lucha* y no a Lenin. Yo había llegado al liberalismo por mi anticomunismo y a los principios conservadores al ver cómo toda utopía, toda revolución, generaba muchas más injusticias de las que querían resolver, que todo hombre nuevo llevaba un pase para algún infierno en la Tierra. Terrible anacronismo tener que defender las libertades elementales, como ser mal visto al defender la libertad, la propiedad, la religión y la familia después del supuesto fin de la Historia. En Madrid regía la antinomia derecha-izquierda, pero en Barcelona terciaba el nacionalismo rampante, con lo que las encrucijadas eran más insalubres.

Aunque el tono del balneario fuese tradicional, casero y discreto, hasta allí llegaban las mareas de la cultura lúdica, suprema tergiversación proveniente de la Barcelona que llevaba tiempo abonando la contracultura, el arte transgresor y el mestizaje multiculturalista. En una de mis estancias en el piélago de agua termales, suerte de laguna subterránea para reconstituir vitalidades, vi anunciado un concierto sabatino. Lo mejor fue la presentación. La terapia como arte integraba la musicoterapia, la aromaterapia, todo. Escuché ese introito y me di el gusto de irme a la habitación como, según se deducía por los rostros de tedio zoológico, le apetecía a la mayoría de los asistentes. El nuevo holismo —paradójicamente preconizado ante quienes estábamos en el balneario siguiendo una tradición próxima a los baños árabes— propugnaba la comunión terapéutica con banda musical de la creación universal, extensiva a la curación del ser humano, animales, vegetales y minerales. En versión cómic del paganismo de la diosa Gaia —inspiradora del ecofundamentalismo—, se nos dijo que había sido un tratamiento fructífero para Copito de Nieve, jardines mustios, mujeres con embarazo histérico, huérfanos faltos de fusión natural y algún futbolista descontento con la acupuntura. Lo comentó el lector del *Express* a la mañana siguiente: «Se comienza así y se acaba en un ateneo anarquista».

Quizás es que vivir entre dos siglos acentúa las perplejidades. «¿Qué se puede esperar de alguien que se corta una oreja para pintar?» Cosas así se decían en la tertulia del coleccionista de pintura C., en su gran piso —un pequeño museo de pintura figurativa— de la parte alta de Vía Augusta. Al recordarlo es como si todas las ventanas estuvieran cerradas y hablásemos en una semipenumbra. El tema crónico de la tertulia era Dalí contra Tàpies, Degas contra el psicopático Van Gogh. Introducido por mi viejo y buen amigo Sebastià Ramis, pintor de sutilezas inteligentes y radiantes, fui a menudo a la tertulia que tenía aquel coleccionista de criterio tan fino para la pintura figurativa catalana. Ya mayor, muy de derechas de toda la vida, carraspeaba, expresaba una ironía ejemplar porque no quería ser original sino todo lo contrario. Se distribuían en vaso largo los whiskies más generosos que he visto jamás. En el punto en que las aguas escocesas agitaban visiblemente la tertulia, la señora de la casa ofrecía unas croquetas muy sabrosas. La cosa tenía un punto de solemnidad inteligente y autoparódica. Asistían algunos pintores debeladores del arte informal que había sido consagrado por Barcelona, algún galerista, un anticuario, restauradores de calidad, marchantes poco partidarios de la tradición de lo nuevo. Eran tertulias de catacumba y a la vez sacrílegas. En las paredes del vasto piso, aquella colección de pintura era una suerte de depósito oculto de buen gusto. En un estante aparecía una pequeña foto de Franco, de joven general, con su sonrisa y su incipiente tripa bajo el fajín. C. solía decir que a Franco le sentaba mejor el uniforme de almirante. Los demás mirábamos para otro lado porque no solíamos hablar de política.

El tema inagotable era Tàpies y su dictadura totalitaria, lo que llevaba a largas digresiones que, a modo de director de orquesta, C. armonizaba para que todos los miembros de la orquesta las ramificasen con sus intervenciones. Las había incluso obtusas, pero cuando uno tiene un enemigo —como se suele decir en política internacional— no es libre de escoger a sus amigos. C. era un hombre alto, pienso que había sido un joven esbelto, muy devoto, con esa fe que lo comprende y lo absuelve todo, tanto el absurdo como el pecado. Mientras que Sebastià Ramis citaba a Berenson, C. defendía la estética escolástica.

En el Museo de Arte Moderno, tan postergado, un matrimonio se para ante un cuadro de Sitges: «¡Mira! Aquí cerca es donde comimos con la Pepita y el Carles». Para quienes habían querido ser gente formal, el arte del siglo XX se reinventó como informal. ¿Cómo podía el arte

—genio de la forma— ser un arte informal? Esas ocurrencias de crítico que redacta un catálogo de exposición suelen acabar mal. De la informalidad al caos, la distancia es mínima. Se hablaba mucho del poder de Tàpies sobre galerías y marchantes, sobre el mercado, de su periplo falangista-comunista-búdico-monárquico, de su apropiación de Dau al Set o de la expulsión de Dalí del edén. Una y otra vez reapareció la pregunta de Jean Clair: «¿Cómo es posible que entre todas las ideologías de nuestro siglo sea la vanguardia la única que no ha sabido afrontar la crítica?». La pintura del siglo xx había pasado de la revuelta permanente a la institucionalización del vacío aunque, como defensores y practicantes de la vocación figurativa, no hacía falta la defensa del arraigo o del arte como una comunidad de memoria. Instintivamente, con diversos grados de inteligencia, lo sabíamos.

La primera vez que estuve en Belfast, en 1971, en plena secuencia fatídica de atentados y asesinatos, por la noche se me ocurrió ir al cine. Un taxi me llevó a uno que estaba algo apartado del centro. Sonaban las explosiones a lo lejos, y brotes de llamarada lamían la ciudad a semioscuras. Al salir del cine, el público se dispersó al instante. No pasaban taxis. En la farola de una parada de autobús, un sujeto parlanchín con una pierna renqueante me advirtió que los buses ya no circulaban a aquellas horas. Nos pusimos a caminar hacia el centro, según podía la pierna coja de mi compañero de travesía nocturna. Explotaban las bombas. La policía y el ejército circulaban con las alarmas ululantes. En una esquina, nos pararon un puñado de comandos militares. Era una escena del *blitz* en miniatura. Acababa de estallar una bomba y estábamos entre cascotes. Metralleta en mano, nos pusieron de cara a la pared y luego nos olieron las manos por si detectaban el olor propio del explosivo gelignita. El amigo cojo me dejó en la puerta del hotel.

Casi treinta años después, lo único que se me ocurría para explicar los Acuerdos de Viernes Santo era que se hubiese ido sedimentando una franja de cada vez más amplia —mujeres, en primer lugar— para la conciliación, fuese por fatiga, miedo o por hartazgo de la confrontación y la muerte. Los comerciantes confiaban en los acuerdos, los *tour operators* esperaban miles de turistas. Para *El País* me habían encargado una pieza inmediata sobre los acuerdos, y digo acuerdos porque eran dos, avalados en sendos referéndums: uno entre los partidos del Ulster para un distinto reparto de poder y otro para que la República de Irlanda renunciase a su reclamación constitucional de los condados del norte. Para quien, como era mi caso, hubiese vivido en Irlanda del Norte en los inicios de los años setenta —en Londonderry, como *spanish assistant teacher*— el cambio era inmenso, con muchas tumbas en el camino. Al llegar estuve en el barrio White City, donde todavía se pensaba construir un «muro de la paz», eufemismo atroz para dividir a las comunidades católica y protestante para que no pudieran agredirse. Pasé por el templo de la Libre Iglesia Presbiteriana del reverendo Ian Paisley, un baluarte de la tosquedad fanática y marrullera, eché un vistazo sentimental a los astilleros del *Titanic*; los socialdemócratas de John Hume jugaban con la ambigüedad de siempre y el Sinn Féin —rama política del IRA— posponía todo lo que fuese definirse sobre la entrega de las armas. En taxis que solo circulaban con permiso del Sinn Féin, recorrí barrios católicos. Era un paisaje maltrecho, asediado por las logias de Orange y el mito del guerrero céltico. Allí, en Falls Road, enclave católico, hablé con Mary MacPherson, una Spice Girl clónica que los fines de semana iba a discotecas para todos, católicos y protestantes. «Lo que me va es Europa.» Para eso estaba el Tabernáculo Católico-Protestante, mixto, con cinco mil miembros decididos a la reconciliación. Asistí a la sesión final del Foro Irlanda del Norte. Paisley seguía perorando a su antojo sectario, en plena zarabanda retórica, con un aire de chacota ya lejos de la virulencia de otros tiempos. En la Queen's University, la profesora Judith Lee me dijo que habían coincidido tres fenómenos: instantaneidad de iniciativas, gravedad de los temas y presión para una respuesta rápida. Pero la lógica histórica sugería no confiarse. El posconflicto llegaba saturado de ambivalencias. Como en las catacumbas, un taxista me llevó a un local semiderruido de las juventudes del Sinn Féin. Venían de un encuentro provechoso con las juventudes de Herri Batasuna. Era un episodio interminable en las tormentas que atraía la torre de Babel. Mientras tanto la nueva política —si es que existe nueva y vieja política— tanteaba lo que quedaba de la brecha norte-sur. En el ayuntamiento de Belfast, protegido por la reina Victoria, concejales católicos como Alex Attwood, uno de los negociadores del momento, habló con exuberancia y expresiones simbólicas de conciliación. En el pub la Rosa y la Corona, un sujeto beckettiano con aires de corredor de apuestas en paro forzoso veía las carreras por televisión y, con su pinta de Guinness a mano, dijo a la concurrencia: «Caballo cansado». ¿Se refería al hipódromo o a la política? Con todos los respetos, regresé a casa con la impresión de que los políticos norirlandeses fueron y seguirán siendo muy pueblerinos y todavía salvajes. Poco después, en virtud de los Acuerdos de Viernes Santo, el asesino de lord Mountbatten estaba en la calle. Tenía cadena perpetua.

Si yo había entrado en el periodismo casi involuntariamente, por ganas de escribir, lo que más me gustaba era conectar lo que estaba pasando con lo que habíamos dejado atrás. Aunque eso no garantice evitarse errores, agranda la posibilidad de comprender e incluso prever formas de futuro. A temporadas el clima político te gana y te hace columnista monotemático y reactivo aunque te resistas. Me gustaba y me gusta el modelo del columnismo anglosajón, dándole en la medida de mis posibilidades, un giro generalizador, reflexivo, propio. Eso eran los grandes columnistas norteamericanos, con su artículo sindicado de costa a costa. Me irritaban los articulistas que se pasan años escribiendo la misma pieza. «Agilidad, agilidad, agilidad es lo que nos hace falta. Poder relacionar las cosas más distantes mediante saltos de asociación de ideas», le escribía Unamuno a Ortega. Comprender antes que juzgar. Sonará a anticuado e ingenuo, pero yo creo que uno debe inspirarse en los que más han sabido. En la prensa anglosajona aprendí —eso creo— de la idea del periodismo como sistema nervioso, dotado para la tensión argumental y la calma analítica. Otro modelo siempre inalcanzable podía ser Raymond Aron: un verdadero escritor comentando olímpicamente, como Walter Lippmann, los acontecimientos del día a día. En fin, una prensa libre es una prensa que se controla a sí misma. Ya desde antes de la mutación digital, tuvo razón Camus cuando dijo que las *mass-communications* se acompañan de una degradación de valores. Camus duda de que la caridad esté por encima de la justicia; François Mauriac propone formas de perdón que maticen la justicia. Es un debate que se prolonga hasta hoy y mañana. Pasados los años, Malraux le pregunta a De Gaulle qué le había sorprendido más al regresar a Francia con la liberación: «La mentira», responde el general. Aunque el miedo lleve a la traición, para Camus lo preceptivo era la política del honor. ¿Qué otro principio debiera dar energía al periodismo?

Comencé leyendo *Le Figaro*, y al saber inglés fui un adicto al *Herald Tribune*. Leer prensa extranjera se convertía en pasión. Luego había ido escribiendo dietarios, relatos, novelas, poemas, algún ensayo, pero viviendo de *free lance*. Una de las cimas del periodismo francés —muy francés— fue el *Bloc-notes* de Mauriac pero, a diferencia del columnismo anglosajón, sus análisis —aun teniendo aciertos— no parten de un conocimiento económico o jurídico, sino de una elección moral, y crecen en la certidumbre de que las opciones morales tienen consecuencias tanto para el ciudadano como para la comunidad. Yo pienso que el escepticismo no es dañino pero el cinismo sí. Mauriac te agarra por las solapas y no te suelta hasta que te ha dicho todo lo que tenía que decirte con la pirotecnia inimitable de la lengua francesa. Mauriac, nadando a brazo partido en la corriente de la vieja Historia, escribía sus novelas en cuatro meses y regresaba a su *Bloc-notes* hecho un pimpollo. Era felino, osado, agresivo y misericordioso, algo excesivo para el periodismo de hoy.

En los años que relato, escribir en los periódicos era como haber acertado en la ruleta. Ibas pensando un artículo, bajo la ducha, en el ascensor o un taxi, con una copa en la mano. Y luego, ante el teclado, pugnabas por transmitir a los lectores la electricidad con que la realidad te potenciaba —mejor o peor— en el momento de describirla e interpretarla. Más pronto que tarde, me di cuenta del peso de la Historia —y de su utilidad como conocimiento— a la hora de comentar lo que estaba aconteciendo. Eso tenía su clave moral. En *Combat* Camus escribió que «un país vale por lo general lo que vale su prensa». Yo creía y creo en eso. Las colas para confesarse darían vueltas a las catedrales si asumiesen la culpa los que prefirieron Sartre a Camus o equivocarse con Sartre antes que acertar con Aron. Lo dijo en su aceptación del Nobel: «Cada generación, sin duda, se cree destinada a rehacer el mundo. La mía sabe, sin embargo, que no lo rehará. Pero su tarea acaso sea más grande. Consiste en impedir que el mundo se deshaga». A cada siglo le urge, de forma ineludible, una reconstitución de la conciencia. Y eso fue, años antes, *El espectador*. Y ahí el periodismo podía entretejerse con el mundo de las ideas y con la Historia. Qué bien quedaban los escritores franceses en la foto, con el pitillo colgando de los labios: Albert Camus corrigiendo un editorial de *Combat*, André Malraux con uniforme de piloto en la guerra civil española, Jean-Paul Sartre escribiendo en un bar de Saint-Germain. Con sus ojos de besugo a la absenta, el poeta Jacques Prévert fuma un Gitanes con un gato que se le enreda entre las piernas. Sin su pitillo sempiterno, el intelectual francés ya no es lo que era. Ni tan siquiera el general De Gaulle dejó de retratarse con el pitillo, a punto de proclamar por undécima vez que después del gaullismo vendría el diluvio. Desde su retiro irlandés, escribe un telegrama de felicitación a Georges Pompidou, recién elegido presidente. Enviado el telegrama, comenta: «El deslizamiento de Francia hacia la mediocridad va a proseguir».

De sus años en la agencia France Press, en París, Xavier Domingo adquirió audacia, método libre, prosa electrizante. Era un maestro *for all seasons*. Amigo de Jean-François Revel, nada que fuese real le era ajeno. Seguía agitando su melena escarolada. Parecía sujetarse en los tirantes y no al revés. Llevaba un tiempo repartiendo sus libros entre los amigos, acumulando en la figura de Pujol todas sus desilusiones con Cataluña. Practicaba el descuido intenso. Alto, aunque ligeramente encorvado por la fatiga, había comprendido que en algunas circunstancias sociales la inteligencia y el talento no son lo más importante.

A los treinta y cuatro años, había publicado una novela de rara energía, *Jabalí*. Cuando le conocí, no recuerdo a nadie que la hubiese leído. Él nunca la nombró. En los años sesenta había publicado otras novelas, y luego unos libros espléndidos sobre el buen comer y cientos, miles de artículos. Dejó inéditos dos libros, una novela prácticamente terminada y parte de unas memorias. Hubiese sido posible darles cuerpo único, con alguna aplicación de montaje, pero no interesó a ningún editor. El autor había fallecido y lo que quedaba de él eran los lectores añorantes de sus artículos gastronómicos.

Murió como un pájaro fatigado por los excesos de una migración, ante el televisor, creo que con placidez, como si al morir hubiese dejado atrás sus más recientes pleitos con la vida y consigo mismo. Como suele ocurrir, sus *protegés* periodísticos no estaban en el tanatorio. Pero la verdadera despedida fue un día azul-gris en Vilanova, lanzando sus cenizas al mar desde una embarcación con un acordeonista que tocaba habaneras, según dejó estipulado Domingo. Reconozco que algunos no embarcamos. Personalmente, temí que un golpe de viento nos rociase con las cenizas, así que nos quedamos en un comedor reservado del restaurante Peixerot, donde tanto se agradecía a Domingo sus generosidades de crítico gastronómico que, como todos los sentimentales desengañados, ni tan siquiera dejaba que le dieran las gracias. Aquel día fue una celebración de la gratitud. Exmujeres y amantes, hijas e hijos, tal vez algún nieto, viejos amigos, personajes de restaurante bajaron de la embarcación con un apetito intenso. Los que nos habíamos quedado en tierra habíamos cogido ventaja en el aperitivo. La propietaria —y posiblemente amante— de uno de sus restaurantes predilectos de Madrid, en silencio de reina madre, había liquidado varios gin-tonics agarrada del vaso con las dos manos. El viejo comecuras que siempre fue Xavier Domingo hubiese paladeado aquel adiós pagano, tácitamente amoroso, el agradecimiento de amigos y descendientes que no osamos expresar en vida para no merecer uno de sus bufidos concluyentes. La luz de aquel día memorable entraba por los cristales del Peixerot como entraban, incontables, los manjares que el Mediterráneo dona a los hombres desde hace siglos. Si no recuerdo mal, hablamos poco de Domingo, pero andaba por ahí maléfico, uno de esos sentimentales que rehúyen los sentimientos, estragado por las amistades que traicionan, escritor de nervatura italiana y sensualidad de civilización mediterránea.

Al evocar aquel festín de adiós a un individualista como Xavier Domingo, queda más claro que la civilización como forma de orden está en riesgo a cada instante, sin poder confiarse a los sistemas de compensación, lo que viene a ser una línea de fuego en la que el bien y el mal confrontan sus rostros en todo momento. La pasión por la libertad tiene sus roces con la macroterapia del estado de bienestar, del mismo modo que los misterios del silicio determinan —o complican— la capacidad de elegir, ese *free choice* que confundimos con avanzar por los pasillos de un supermercado sin saber qué copos de avena preferimos. En toda esa confrontación soterrada, la civilización —creo yo— se desgasta continuamente y pierde consistencia moral para mantener sus equilibrios. Es decir: las civilizaciones son mortales y la potencia del mal destructor rompe la balanza. Estamos en manos del desequilibrio, tanto en las notas a pie de página de un manual de psicoterapia como en el desacorde de una melodía.

VII

Horas de Altea - El naranjal - *ABC* de nuevo - La golfista castiza - Noche exorcista - Hot Bill - En Indianápolis - Atletas y jueces - Salustio a mano - Adiós a Lincoln - Deslealtad pujolista - Querida Clara

Fuimos con frecuencia a Altea. Bajábamos por la autopista del Mediterráneo y pasábamos a ver a nuestro viejo amigo Vicent Martí y su clan. Era un periodista jubilado por una embolia, sionista y pancatalanista. Con la embolia se había enclaustrado en un piso de la casa de pescadores de su familia, frente al mar, aunque sospecho que todo era una excusa para leer y leer. Allí tenía una librería —L'Espill—, buena prensa extranjera para la colonia de más allá de los Pirineos, un bar comodísimo que daba al paseo Marítimo. Procurábamos que fuesen largos fines de semana, escuchando las olas retirarse entre guijarros, hablando de libros y saboreando arroces de gama alta. Altea tiene sus mañanas radiantes que se desperezan como las barcas que regresan a hora muy temprana, surgiendo de entre la luz que fundó el mundo a la vez que el Mediterráneo.

Y por la noche alzaba la mirada y, sobre las cúpulas de cerámica azul de Nuestra Señora del Consuelo, el cielo era perfecto, con estrellas rojas, otras azul pálido o blancas, presentes en grupos cohesionados simétricamente como unos fuegos artificiales que se han quedado inmovilizados y aferrados a la bóveda celestial. Al caer la tarde íbamos por el rompeolas, a ser posible apartados de los turistas, aunque Altea era más bien un núcleo de extranjeros residentes —que por la mañana compraban la prensa en L'Espill y se tomaban el café en la terraza— y madrileños asiduos, de fin de semana y vacaciones, que concentraban sus noches en la zona del casco antiguo, en los flancos de la iglesia. Solían ser bares con buenas formas y conformados al gusto de un buen beber de gente madura, y con algún club de fumadores con cava de puros lujuriosa. Íbamos en verano y también en invierno, cuando las playas me gustan más, solitarias, sin más presencia que las algas y alguien que pasea un perro. En Mallorca había imaginado no pocas veces lo que sería pasar un invierno dando la vuelta a la isla, alquilando apartamentos por unas semanas o mirando por el ventanal de un pequeño hostal las palmeras mecidas con el viento del mar, y luego escribir todo eso. Son ensueños posadolescentes que entretenían entre clase y clase al profesor de inglés que yo era entonces, convencido de que tenía que escribir. También hubiesen podido ser inviernos en Altea, y después de una larga mañana de escribir, un aperitivo vital, arroz a banda y caminar lentamente hacia el sofá de la siesta. Largas décadas después, esa imagen de invierno de trashumancia por las costas de Mallorca, de apartamento en apartamento, me ilusiona cada vez que veo franjas de costa en A Coruña, en San Sebastián o en Cantabria. Sobre todo el Levante, descrito con la prosa de Azorín, Gabriel Miró o Gil-Albert. Hay una fragancia especial, un mundo sintáctico en esa prosa levantina, con sus naranjales, en los que Blasco Ibáñez logró representar pasiones y energías, mientras que Gabriel Miró, poco dotado para narrar, adjetivaba con una sensualidad preciosista y a la vez sorpresiva.

De regreso después de una de las primeras estancias, el día de la Asunción, pasado Castelló, se reventó una rueda y dimos tres vueltas de campana. Con ese toque necrófilo que la buena gente tiene con los accidentes de los demás, todos los que se pararon a ayudarnos decían que estábamos vivos de «milagro». Era verdad. Por suerte, Montse solo tuvo una leve contusión en la cabeza y yo rasguños en brazos y frente. El coche quedó destrozado por una piedra grande que entró por la ventana y se zarandeó en el coche pudiendo aplastarnos la cabeza. Comprobamos la eficacia amable de la Guardia Civil de tráfico y eso ayuda a sentirse mejor. Una grúa se llevó los restos del coche. La ambulancia, con dos objetores de conciencia en servicio social —y con la radio a tope de decibelios—, nos llevó al hospital comarcal de Vinaròs. En un domingo de agosto, la Guardia Civil y la Seguridad Social funcionaban. Fuimos en taxi a Benicarló para coger un tren. Los talgos iban a rebosar. Apalabré con un taxista que nos llevase a Barcelona. Tuvo que pasar a decírselo a su mujer y fuimos al naranjal en que vivía, en una pequeña villa entre frescores de huerta levantina. Tal vez por el *shock* posterior al triple vuelco del coche, mi memoria se vio inundada por la visión de un valle de naranjos que Santiago Rusiñol había pintado en Mallorca. Era *El valle de los naranjos*, que yo tenía presente porque era Biniaraitx, un pueblo junto a Sòller en el que de niño paseaba con mis primos, como el jardín de las delicias. Años más tarde, al otro lado del mar, después del accidente en carretera, como a borbotones de un arquetipo de la vida, hubiese podido tocar las naranjas doradas que pendían de las ramas, visión insólitamente acuciante, tanto como un sueño recurrente de aquellos tiempos en que subía y subía en ascensor desde la zona abisal de un mar y me iba quedando sin aliento, a punto de asfixia, hasta que el ascensor atravesaba la superficie del mar. La buena mujer del taxista quiso darnos de comer, como la mayordoma de una novela de Blasco Ibáñez. Montse y yo regresamos a Barcelona como encogidos, dándonos la mano, en plegaria sin nombre tras la proximidad de la muerte.

En *ABC* hubo un cambio y el nuevo director fue José Antonio Zarzalejos. Nemesio Fernández Cuesta presidía Prensa Española. Aunque no estaba al tanto de los entresijos, deduje que no era una operación cosmética sino consecuencia de la voluntad renovadora de la familia Luca de Tena, con don Guillermo al frente. Pronto tuve noticias del interés del nuevo director por mi colaboración a través de un intermediario de la casa que, con cada llamada, me indisponía más con aquella propuesta de irme a *ABC*. Tan viejo como una fábula, hay en los periódicos un procedimiento *ad hoc* para que el director desista de una iniciativa. Por ejemplo, cuando el director dice que quiere incorporar una firma nueva, el intermediario hace ver que lo intenta y luego le informa: «Es que pide demasiado dinero», «No entiende nuestro cambio» o «Me ha hablado muy mal de ti». Quien no haya pasado por circunstancias de este tipo no podrá entender que a veces habría que rociar el periodismo con DDT. Por una tan larga relación de confianza, le expliqué a Lluís Bassets lo que pasaba. Abundaron las llamadas de *ABC*, todas más bien disuasorias a la contra, zancadillas rupestres y viejos trucos del periodismo cutre. Finalmente, se nombró un nuevo jefe de opinión y todo comenzó a concretarse de modo creíble. Económicamente la propuesta era muy razonable y de estabilidad. No era tan solo eso: siempre he tenido, según un ciclo vital que ni yo mismo entiendo, el impulso instintivo de ir cambiando, tal vez porque para mí el periodismo ha sido solo —y no es poco— la mejor manera de vivir como escritor. José Antonio Zarzalejos intervino con autoridad y cordura en los últimos detalles y así regresé al periódico en el que había sido columnista, crítico de libros, editorialista y corresponsal en Londres. Escribiría análisis, «terceras», haría crítica de libros y estaría en el consejo editorial. Era a comienzos del otoño de 1999. Había escrito los relatos de *Maniobras privadas* y *Los geómetras y la novela*.

Del mejor Madrid, y con Esperanza Aguirre presidiendo la alta cámara, el homenaje a Antonio Fontán en el Senado fue una de esas ocasiones en las que una capital política como Madrid despliega el campo magnético del Estado como continuidad y forma. Esa es a la vez una fuerza disuasoria. Fue en verano del año 2000. El banquete comenzó con un minuto de silencio por las víctimas de ETA. Fue un instante de emoción, sentirse parte de algo indestructible porque proviene de siglos y del discurso político que está reflejado para siempre en el Diario de Sesiones. Si la religión tiene su liturgia, las grandes instituciones públicas requieren de rituales. Habría unas doscientas personas, el *tout* Madrid político y periodístico. Decir el *tout* Madrid, según yo lo entiendo, era decir un *tout* España, porque los comensales, en sus distintos estamentos y castas, representaban a toda la nación, más aún en el Senado, cámara —tan debelada— de semirrepresentación territorial. Y el *tout* España era un Estado con una pátina sedimentada desde los tiempos de la formación del Estado. Yo creo en eso.

Fundador del diario *Madrid*, figura determinante en la política de la Transición, Fontán era liberal, monárquico y del Opus, una combinación que hoy ya parece inconcebible, porque en esas cosas rige el reduccionismo.

Su *Nueva Revista* —en la que yo había colaborado con frecuencia— era de las pocas publicaciones liberal-conservadoras-católicas con credibilidad intelectual. Maestro de políticos y de periodistas, en algo tenía un paralelismo histórico con Ángel Herrera Oria, fundador de *El Debate* y de la Asociación Católica de Propagandistas, salvo que *El Debate* fue accidentalista entre monarquía y república y Fontán —como el *ABC*— era monárquico. En aquella sala magna habilitada para el banquete estaba la élite de poder. Se hallaban los que saludan afectadamente, los que te miran pero no te ven y los que convierten el saludo en un encuentro humano. Daba la impresión de que no solo homenajeábamos a don Antonio Fontán; también a la corporeidad simbólica del Estado y la capacidad de concordia de España.

Tiempo después, yo estaba preparando un prólogo a la traducción castellana de las crónicas parlamentarias de Pla —el gran *travelling* de la Segunda República— y pretendía situarlas en la tradición del periodismo parlamentario que comienza en las Cortes de Cádiz y que tuvo plumas de tanto vuelo literario como, por ejemplo, Azorín o Wenceslao Fernández Flórez. Como género periodístico, la crónica parlamentaria reprendió su fuerza estilística con la Transición y, desafortunadamente, había decaído, un proceso que —según constaté en Londres— también se daba en el Reino Unido. Supongo que había perdido lectores y, en el caso de España, los ecos procedimentales de la República de Weimar en la vida parlamentaria con la Constitución de 1978 habían postergado la vivacidad de los debates, los oradores con carácter y la réplica como arma sofisticada de la política. Del prólogo le había hablado a Esperanza Aguirre porque me imaginaba que en la biblioteca del Senado —un lugar sacrosanto de la Historia de España— estaban algunas referencias que me hacían falta.

Al cabo de un tiempo, inesperadamente, desde el gabinete de presidencia del Senado me convocaron para almorzar con la presidenta. Ya de entrada, el almuerzo fue muy fatigoso, pues Aguirre, sin preámbulos, comenzó a injuriar liberalmente a sus enemigos. Evidentemente, los que tenía en el partido. En su papel de aspirante a Margaret Thatcher, que calificaba de *wets* a los *tories* más europeístas y menos monetaristas, Aguirre los llamaba «blandos», argumentalmente por ser unos tiquismiquis ideológicos, pero en el fondo por cuestiones personales. Como presidenta del Senado carecía de *gravitas*. Además, en cuanto a la historia política o a las ideas, tocaba de oído, según la pauta de un desparpajo con acento inglés perfecto, un hándicap excelente en el golf y dotes ilimitadas para chismorrear. A mitad del almuerzo, debió de recordar la causa de mi visita y mandó llamar perentoriamente a una de las personas que dirigían la biblioteca. La convocada debía de estar almorzando y además no tenía sentido hacerla acudir de aquella manera a instancias de la presidenta. Aguirre la tuvo en pie mientras ella cargaba como un *panzer* contra su enemigo Ruiz-Gallardón. Luego le indicó a la bibliotecaria que se sentase y le ordenó que me atendiera. Le expliqué de qué se trataba y que, por vivir en Barcelona, no me era fácil consultar aquellos fondos y añadí nombres y títulos. La bibliotecaria, sentada rígidamente, humillada —sigo pensando—, sugirió algunos obstáculos razonables, pero Aguirre los desdeñaba repitiendo su ordeno y mando. Luego despidió a la bibliotecaria sin ninguna forma de agradecimiento, como quien salta con pértiga el cuerpo de un vecino que ha tenido una embolia en el rellano. De nuevo solos, siguió con sus improperios de marquesado de maja golfista que trata al mayordomo a coces. No pocas veces, y más en Barcelona que en Madrid, uno tenía —y tiene— la sensación engorrosa de que hay más sentido patrimonial del poder que altura institucional.

Al presentar su razonable —aunque no sé si bien razonado— decreto de humanidades, tomé parte en una conjura para darle proyección en Cataluña. La entrevistaron en TV3 y, de modo algo sorprendente, aceptó la traducción simultánea. Lo comentó como un capricho de la fortuna —algo en lo que no tenía nada que ver— en el almuerzo con un club *off the record* que teníamos en un reservado habitual del Racó d'en Cesc. Cumplió sobradamente con el *off the record* contra sus enemigos. Sin capacidad panorámica, gustaba de una muy poco liberal impunidad del poder. Tenía una debilidad por los aguiluchos imperiales. Procedían de la extrema izquierda y su liberalismo era de dogma en blanco o negro. Aparte de algunas figuras muy capaces, el entorno directo de Esperanza Aguirre acabó rodeándola de más trincheras que el frente del Somme.

Aguirre tuvo plaza en el primer aznarismo. En sus orígenes, el aznarismo había contado con los jóvenes del Clan de Valladolid, quienes dieron forma a la FAES. Pero los aguiluchos imperiales procedían de una generación posterior. Al contrario de lo que querría el victimismo de la Cataluña soberanista, no creo que haya un nacionalismo español masivo y en erección constante, pero los aguiluchos imperiales lo intentaban. Cuanto más aguirristas, más dogmáticos, como todo converso. Era un sentido de España más de clan excluyente que de una patria para todos. Pero a la vez, más proanglosajones que europeístas, no reconocían el legado intelectual de la España de siglos. Para ellos, Jovellanos era una estantigua, del mismo modo que no reconocían la suma de esa España de integración que en 1978 había ido más allá de la Institución Libre de Enseñanza y el carlismo. Para ellos, el krausismo era el premarxismo, y el carlismo, una excrecencia histórica de la España negra. No carecían de frivolidad. En cierta ocasión comenté a uno de sus mentores que en España hacía falta un semanario como *The Economist*, *The Spectator* o *The National Review* y me contestó que no era necesario porque ya los leían en inglés.

Después de uno o dos días en Madrid, regresaba a Barcelona en el puente aéreo, al lado de un alto ejecutivo adormilado, con un lamido de saliva en la mejilla, tal vez soñando polígonos industriales del paraíso. Se ajustaba la corbata de seda azul pálido con piquitos blancos. También viajaban prestamistas, vendedores de humo, estafadores y portentos del marketing que se ajustaban la camisa en los pantalones o se enderezaban las medias color ala de mosca. Asombra constatar cómo nos acostumbramos a todo, puente aéreo incluido. Confidencias de *business class*: el mundo comprimible, acomodable a la medida de los *finger* y a cierta chacota entre viajeros de siempre. Vuelos en los que parecía coincidir lo peor de cada casa, como el político que regresaba de Madrid roncando como un fogonero que resopla en las alturas, entre nubes algo aciagas. Algún personaje famoso daba pasos en el pasillo del avión, con una mancha de carmín en la corbata después de una siesta en un hotel por horas y un dry martini de más. ¿Cómo no sentir una piedad sin límites por aquella llegada pringosa después de un día asaltando Madrid?

Y así llegaba a Barcelona tarde, en el último puente aéreo. En una noche algo deteriorada por las horas de desgaste nervioso en Madrid, subí a un taxi. Tenía puesta una casete que parecía durar infinitamente, con los conciertos de Brandeburgo. Al llegar a casa, felicité al taxista por el concierto. Dijo: «Se lo agradezco. Esté seguro de que sin música clásica no podría hacer el turno de noche». Otras noches podían ser de una perplejidad tristísima. Entre el aeropuerto y el Putxet, aquel taxista melómano me había regalado algo así como un puñado de grandes perlas sacadas de un tesoro pirata. En lo más banal de la existencia, un repliegue del cielo nos protege, como si unos guerreros anónimos, con rostros adustos y responsables hasta la muerte, defendieran el último muro, la defensa a punto de desmoronarse. Son días en los que las ganas de vivir resisten con lo trágico que no nos abandona, incluso si aceptamos la futilidad. Hincamos unas espuelas imaginarias, vivimos a la sombra de una batalla nunca arbitrada. Estamos amenazados de muerte por un escape de gas o por el conductor que pierde el control del volante por haber bebido demasiado. Ni templos ni palacios: vivir con pasión, celebrar la fe por dubitante que sea, ser compasivos entre la Seguridad Social y la liturgia desmoronada. Ahí estamos, entre los lustrosos bancos de madera en capilla de la fe doméstica, personajes secundarios en un episodio del mundo.

Una de esas noches de rara insatisfacción con todo, salía de un bar con billares que estaba por debajo de General Mitre. La noche era clara y la calle estaba vacía. Ante la puerta de una especie de *after hours* merodeaban unos jóvenes excitados, con espasmos agresivos. Me fui para la otra acera y entonces salió por el portal de un bloque de pisos un sacerdote con sotana. Llevaba la estola puesta y un pequeño maletín. Me vino a la memoria cuando, en mi infancia, al pasar los sacerdotes —a menudo acompañados de un monaguillo— que iban o venían de dar la extremaunción, los transeúntes se paraban y algunos se arrodillaban hasta que el séquito se perdía tras una esquina. Aquel sacerdote con la estola puesta bajaba de algún piso tras haber dado la extremaunción a un moribundo. Iba a llegar alguien de la funeraria y los allegados vestidos a toda prisa, o tal vez fuese una agonía en solitario, en un piso con cornucopias ajadas y una sirvienta agria. Cuando el sacerdote pasó entre los jóvenes del *after hours* uno de ellos se le encaró hostilmente y gritó: «¡El exorcista!». Los demás callaron. Algo iba a ocurrir. Crucé de nuevo la calle y me puse al lado del sacerdote. No era una cuestión de valor. Simplemente, me habían estropeado una imagen de la infancia. Seguían gritando «¡El exorcista!». El sacerdote se había quedado quieto. Con la mano libre hizo un gesto para apartarme. Quise protegerle y les dije a los jóvenes que había que respetar «esas cosas». Nos dejaron tranquilos. Acompañé al sacerdote hasta una bocacalle antes de irme a casa. Me dijo: «Se lo agradezco pero "esas cosas" no se hacen para ir tranquilo por la calle sino para salvar almas». Tenía razón. Yo había sido cobarde y, además, desleal a una imagen que el pasado me había devuelto como una gracia. De vez en cuando todavía se oían gritos: «¡El exorcista! ¡El exorcista!». Vi bajar por la callejuela al sacerdote, con la estola y el maletín. Era como una ilustración de folletín decimonónico. Iba ladeado, tal vez orase por el alma del difunto o por la generación del *after hours*. Deseé que también rezase por mi alma extraviada, por aquella noche tan clara, y cuando crucé Mitre por la pasarela-puente sentí como si el viejo mundo estuviera a mis pies, siempre merecedor del perdón.

En Washington vi cómo las ardillas trepaban por los árboles de la Casa Blanca. En aquel fragmento de la Historia, el inquilino era Bill Clinton. En la ciudad de Washington todo respira política e incluso los chóferes de autobús tienen su versión personal sobre las relaciones geoestratégicas con Corea. El vicio tóxico de la política desparrama sus ácidos hasta las aguas del Potomac. Lincoln y Jefferson velan la noche de la política como recordatorio de las vanidades del mundo. Dando una vuelta por el Mall pensé: «¡Bendito imperialismo americano!» a sabiendas de que la «*pax* americana» ha carecido siempre de los poderes cohesivos que tuvo el Imperio romano, el *ius* romano. En fin, los Estados Unidos, en busca de territorio y materias primas, acabó siendo un imperio casual, mientras que la sociedad americana tiene espasmos de histeria y generosidad, paranoia y sentido de la libertad.

Clinton había respondido con creces a la figura del estudiante pos-68 que llega a la política por la protesta y acaba siendo un artífice del pragmatismo, con el acicate de su esposa Hillary, más radical que él, para allanar, no sin ambigüedades y compromisos opacos, la llegada a la Nueva Jerusalén. Con sus pantalones siempre demasiado anchos y sus chaquetas más largas de lo habitual, Clinton había llegado a ser un profesional a punto de perfeccionismo, más atento a las *policies* que a la Historia y con la peculiaridad de una libido que se entrometía en los laberintos de la vida institucional. Ya entrado su segundo mandato, podía aducir en su haber, y con el lustre de la tercera vía, una reducción del déficit y un ritmo consistente de expansión económica. Su país fue humillado en Somalia y se abstuvo en Ruanda. Firmó el tratado norteamericano de libre comercio y perdió el control del Congreso; fue reelegido en 1996 frente a Bob Dole, un republicano moderado y de apariencia desganada.

Cuando estuve en Washington, aún no había aparecido la becaria Monica Lewinsky dejando a Clinton a las puertas del *impeachment*. Por un momento quedó como un Peter Pan con pillería y un surtido de preservativos en la guantera del coche. El fuego graneado de los republicanos no dio en ningún blanco. En los Balcanes, la cumbre de Camp David y el acuerdo de paz en Irlanda del Norte, Clinton puso a prueba su capacidad de maniobra y presión, a años luz del estudiante avergonzado de su país por la guerra del Vietnam. Hizo lo que pudo para detener a Osama bin Laden tras sus ataques contra embajadas estadounidenses. Sabía lo que era Al Qaeda y lo que representaba Sadam Husein. Cuánto tiempo había transcurrido desde que en 1992 cubrí para *ABC* las elecciones presidenciales en California y Texas, donde pude observar la campaña del paranoico Ross Perot. Que ganara Bill Clinton, como se preveía, fue para mí una desilusión porque consideraba que Bush senior había sido un presidente muy sólido. Sigo pensándolo después de varias presidencias más.

Al llegar a Washington, fui del aeropuerto al hotel con un taxista iraní que añoraba a Jomeini, aunque llevase veinte años en América, y agitaba, como las masas que a finales de los setenta asaltaron la embajada norteamericana en Teherán, un diario iraní, hecho en los Estados Unidos, con la foto de la tumba y el hijo de Jomeini. Al llegar al hotel, vi el Capitolio desde la ventana de la habitación. Era un domingo benigno y translúcido, ideal para salir a la calle y repetir la partitura del viajero que no se resiste a venerar la ciudad ideal, desde el obelisco a Washington al Capitolio, cima de la ciudad neoclásica, nacida para explorar al máximo la propia existencia de los tres poderes.

Antes de ir a Washington, estuve tres días en Indianápolis, en un seminario del Liberty Fund. En el aeropuerto de Indianápolis me topé con el ilustre profesor de filosofía y, en tiempos, asesor de Margaret Thatcher, Anthony O'Hear. Compartimos taxi. Eran las cinco de la tarde en Indiana. El hotel estaba a unos diez kilómetros del City Center. En el taxi, O'Hear me explicó que había concluido un ensayo sobre lo que viene después del progreso, que era el tema del seminario. Con acierto, el libro escogido era *Libertad, igualdad y fraternidad* de James Fitzjames Stephen, que, para mí, fue un hallazgo impagable. Stephen estudia de qué modo las abstracciones que la Ilustración legó a la Revolución francesa se convirtieron en religión. A finales del siglo XIX, Stephen había reargumentado el valor de la política de prudencia. Curiosamente, O'Hear me dijo que Stephen no era más que un obsesionado contra el utilitarismo, de modo escasamente prudente. En su libro, decía mientras íbamos por autopistas que se superponían y entrecruzaban, trataba de sostener que el nuevo milenio se caracterizaba por el sentido de pérdida, especialmente respecto a la religión, al negarse que valores y sabiduría proceden del pasado, un pasado que el progreso olvida por sistema. En fin, el optimismo de la Ilustración llevaba a un callejón sin salida. Hacía unos años que oía hablar del «proyecto Ilustración» como un abuso del racionalismo.

El Liberty Fund, como fundación privada, se había constituido a inicios de los sesenta con dotaciones copiosas del empresario y filántropo Pierre Goodrich —y de su esposa— para pronunciarse a favor de una sociedad de individuos responsables y libres. En aquel momento, disponía de doscientos millones de dólares en activo. Una cierta idea de la civilización occidental, la iniciativa privada, la exención fiscal y todos los principios del Fund tenían estirpe reaganiana en los años en que tanto Bill Clinton como Tony Blair propugnaban la tercera vía, esa que por lo general no lleva a ninguna parte.

Mi contacto con el Liberty Fund comenzó a través de Digby Anderson en Londres. Aparte de su catálogo extraordinario de publicaciones de pensamiento liberal conservador, la actividad más expansiva de la fundación eran los seminarios que hacían en medio mundo. El Fund corría con los gastos y compensaba a los participantes con una gratificación muy razonable. Eso era fundamental y no por una mera cuestión de lucro: era un modo de reconocer que las ideas importan y que tienen un valor aunque no se les pueda poner precio. Cada semanario, todos en inglés, versaba sobre un libro que los participantes —una mezcla de procedencias nacionales— recibían con antelación. Los asistentes europeos solían tener una carga ideológica de la que se abstenían los americanos, al menos entonces, aunque la corrección política avanzaba ya como la marabunta. El director del seminario hacia una introducción muy breve y comenzaba el debate, respetándose matemáticamente los turnos de palabra. Solían durar entre dos y tres días, no se hacían en grandes ciudades, con almuerzos frugales, mientras que la cena siempre era espléndida. A continuación, en una sala o suite del hotel, llegaba el momento glorioso de las copas. Duraba lo que duraba. Si había algún exceso quedaba acotado por la fluidez de la conversación, cambiante, caballerosa, también osada, políticamente incorrecta.

En el vestíbulo del hotel en Indianápolis estaba Digby Anderson, rozagante, con el mentón empinado, sus ojos azul metálico, el paso de alguien que va de un cóctel a otro como llevado por una alfombra mágica. Iba a dirigir el seminario el profesor Nicholas Capaldi, a quien había conocido en otros encuentros. Confieso que me sorprendía que Nick Capaldi hubiese dado clases de Filosofía Pública en West Point. Era la sorpresa propia de alguien que, por muy proamericano que fuese, no conocía lo suficiente el fuste de la América de los Padres Fundadores. También estaba David Bovenizer, vicepresidente del Fund, con quien había coincidido en seminarios anteriores. Por su talla, sobresalía siempre, estoico, cordial, como en una mecedora en el porche del general Washington, entre dos hazañas tácticas. Era un conservador virginiano, caballero del sur, mente jurídica muy afilada, experto en los grandes bourbons. Los dos éramos del año 1949 y solíamos comparar la Historia que habíamos vivido. Aunque nunca he sido partidario del bourbon, pagué el peaje por las largas conversaciones con Bovenizer —un tipo recio, físicamente honesto, mirada azul, constitución de *quarterback*— cuando en la barra libre postseminario cada noche se abusaba elocuentemente de la bebida. El dogmatismo de Bovanizer —su única intransigencia— en materia de bourbon al día siguiente me tenía para el arrastre. Como reconocía, hubiese sido un paleoconservador de no ser por la aparición sintetizadora de *The National Review* de Buckley. Con la insistencia de lo que luego no se concreta, me invitó a visitar el Monticello palladiano de Jefferson, aunque su mentor remoto era James Madison. Sobre todo, hablamos de Tocqueville. Él prefería «la democracia en América» y yo tenía predilección por el Tocqueville del Antiguo Régimen. No hacía falta ninguna negociación para ponerse de acuerdo en la lucidez de los «Recuerdos». En un encuentro posterior, era Bovenizer quien defendía al Tocqueville del Antiguo Régimen y yo me decantaba por el análisis de la democracia en América. El bourbon lo hermanaba todo, como en aquellos bosques en los que Lincoln creció y tuvo que dirimir reyertas de taberna. Antes de irnos a dormir saturados de Old Kentucky, Bovenizer acostumbraba a disertar con pasión sobre la decadencia, de los Estados Unidos y de Occidente. Ya sé que esa decadencia es motivo elegíaco desde antes del Imperio romano, pero en aquellas veladas del Liberty Fund se estaba hablando de algo real y no de una nostalgia.

Entre encuentros, en Barcelona recibí de Bovenizer uno de esos tarjetones que usaban los caballeros del sur para citarse para una noche que, con la excusa de acudir a la casa pecaminosa de La Belle, iba a acabar en la querella entre los Estados y el cuerpo federal. Me pedía que, a ser posible, atendiera a su hija Faith, que iba a pasar unos días en Barcelona. Llegó con una amiga: aperitivo en el bar del Majestic, almuerzo en Les Set Portes y café en el patio del Ateneo, del que yo era socio durmiente porque aquello ya se iba convirtiendo en un *cafarnaum* étnico-separatista. Faith Bovenizer era una muchacha vivaz, muy observadora. Adoraba a su padre y contó que de pequeña le incomodaba tener que irse a la cama cuando su padre y sus amigos hablaban de decadencia y dejaban cadáveres algunas botellas cuadradas de bourbon. *«It rang a bell to me.»* Con tonalidades más al día, no dejaba de vivir plenamente la formalidad sureña. Fue una tarde especial. En el patio del Ateneo me sentí insólitamente a gusto, como si fuese un club para escritores que generación tras generación veían cómo las sombras domesticaban el patio hacia la noche. Al cabo de unas semanas nos llegó un paquete pesado, con mucho embalaje. Era un busto de Tocqueville. Lo mandaba Bovanizer en agradecimiento por las atenciones a su hija. Reconozco que nunca supimos dónde ponerlo. Tiempo más tarde, llegó otro tarjetón de Bovanizer. Iba a pasar por Barcelona la hija del gran filósofo conservador Russell Kirk, paleoconservador —según la taxonomía al uso—, pero también acogido por Buckley en las páginas de *The National Review*. Bueno, hija, nieta o sobrina. Felicia Kirk era de una inteligencia de alto coeficiente. Quería saberlo todo sobre la Europa de aquel inicio de siglo pero, significativamente, lo vinculaba siempre al pasado. Francia era De Maistre y Maurras. De España, como a Russell Kirk —traducido en la España del desarrollo por la editorial Rialp del Opus—, le interesaban Donoso Cortés y el carlismo. Quedó boquiabierta cuando le conté la expedición del pretendiente que llega a les puertas de Madrid y da marcha atrás. Años después, volví a ese episodio en una novela en la que aparecía el tradicionalismo de preguerra civil.

Me atraía la vida intelectual norteamericana, casi más que la europea, posiblemente por no ser ideológica. En la sede del Liberty Fund hubo las primeras copas de bienvenida en la biblioteca. En el seminario estaban un *senior editor* de la revista *The American Enterprise*, una profesora griega de Reading y Stephen Davies, autor del *Diccionario de pensamiento conservador y libertario*. También el profesor de Houston Lance Ross, un refinado de la ironía, un sociólogo de Chicago saturado de estadísticas, sudistas melosos, californianos soleados. Iban llegando los rezagados: una joven californiana que estaba al frente de un movimiento pro familia y natalidad, un tecnólogo casi utopista, un profesor de literatura con su simpatía optimista de tejano. Cena fría en el Liberty Fund, un gran edificio entre autopistas, y después copas en la *hospitality room*. De nuevo me sentía más a gusto entre americanos que con ingleses. Las sesiones eran un estímulo para la mente. En el bufé de mediodía me vi en medio de una conversación entre dos abogados, prototipos de una imagen de América, uno de Washington —del que Digby me dijo que era muy rico— y el otro joven, atlético y gallardo. Eran un juez de John Ford y el oficial de submarino que rescata a unas misioneras en un islote ocupado por el Imperio nipón. El viejo abogado —Lance Johnston— me dijo luego que el joven abogado había sido una estrella del fútbol americano y actor de televisión. El joven dijo que si había dejado el fútbol fue por una lesión y que dejaría su carrera legal —de mucho éxito, deduje— por volver a los estadios. Una curiosidad intelectual como cosa de familia, natural, era allí algo espontáneo. Por lo que sé, el vigor intelectual del mundo ilustrado norteamericano no siempre es respetado en Europa. Son un potencial de gran angular y una intensidad de lecturas anchurosas, en alguna universidad todavía exigente para contrarrestar el declive de la educación secundaria. Sobre todo, me admiraba de qué modo *think tanks* como el Liberty Fund, por iniciativa privada, reavivaban el gran simposio intelectual de Occidente y daban vida a las ideas liberal-conservadoras en los Estados Unidos. Había sido un renacer gradual, una lenta sedimentación. Lo veía como un paradigma de la semilla de mostaza y de que las ideas importan, incluso más de lo que creen los políticos con ideas. De las jornadas en Indianápolis me llevé una afirmación propia de *hospitality room*: «De todas las filosofías la que menos me desagrada es la filosofía de la Historia y me temo que no sirve para nada».

Con el Liberty Fund, asistí a los seminarios que se comenzaron a convocar en España, ayudando a seleccionar a los invitados. Sevilla y el hotel Alfonso XIII eran preferentes porque ahí Digby Anderson lograba buenos precios y porque le gustaban mucho. Como cautela, en caso de llegar tarde o saltarte las sesiones, el Liberty Fund ya no te invitaba más. Recuerdo seminarios con lectura de Tocqueville, Stuart Mill, De Maistre y del libro de Paul Hollander —presente en el debate— sobre las razones por las que intelectuales de Occidente —peregrinos políticos— habían viajado a países totalitarios en busca de la utopía. Se hacían amistades, se matizaban discrepancias.

De un seminario sevillano sobre Hobbes y la libertad, no puedo olvidar una noche en la que estábamos departiendo, ya copa en mano, en una sala de la planta baja del hotel, junto a una gran estancia en la que se celebraba una boda, cuando los invitados de etiqueta comenzaron a bailar sevillanas y nos fuimos asomando, hasta que de repente apareció un jinete a lomos de un caballo hermosísimo, negro azabache, como salido de un manual de mitología, al aire de paso. Un profesor *rara avis*, por liberal y francés, estaba deslumbrado. Mi amigo Eduardo Chamorro pareció tener ya *in mente* escribir aquella escena como epifanía de una forma de patria.

Aquello era pasión, en las antípodas del emocionalismo ya rampante, cuyo primer gran clímax global iba a ser la muerte de Diana Spencer. Como escribió Digby Anderson en su ensayo sobre la sentimentalización de la sociedad moderna, los sentimientos quedaron por encima de la razón, la realidad y el autocontrol. Donde antes predominaban las ideas o los intereses, ahora lo hacían los sentimientos, pero no sentimientos profundos y comprometidos, sino exhibiciones de sentimentalidad, con lo que se incluían sentimientos que la gente, de hecho, no tiene. Por eso la política —según Digby— ya tenía que ver más con lo que suena como bueno, parece bueno o caerá bien que con la realidad.

El personal del Liberty Fund me había hecho, con diligencia, contactos con *think tanks* y gestiones para que en Washington usase la *corporate card* en uno de sus hoteles habituales a precio de ganga. Me gustó el hotel Washington Cercle, y me alojé en una suite de ejecutivo con cocina. Por las mañanas, al saltar de la cama, veía la cúpula del Capitolio. Estuve devotamente en la Biblioteca del Congreso y deambulé por la Union Station, pero sobre todo me interesó hasta qué punto las grandes fundaciones y sus *think tanks* conforman un perímetro de ingeniería militar cuya misión es asediar el Capitolio y las acciones de los legisladores.

Pasé por los despachos ruinosos del National Journalism Center, dirigido por el conservador Stanton Evans. El sistema era sencillo: una red de profesores afines en el mundo universitario recomendaba a sus mejores alumnos para capacitarlos como periodistas, desde una perspectiva conservadora, en períodos vacacionales. Evans orientaba a sus pupilos y así conseguían tribunas de influencia. Una de aquellas noches estuve en un cóctel de la editorial Regnery, en el que estaba un tipo bastante desagradable —Bob Tyrrell—, que dirigía *The American Spectator*. Al día siguiente pasé por *The Washington Times*, un periódico ultraconservador y de escasa influencia, sufragado por la secta Moon. Estuve con el director del *magazine*, Scott Stanley, que parecía confundir el periodismo con una pelea a puñetazos en un *saloon* del Oeste.

Un congresista republicano conectado con el Liberty Fund me proporcionó un pase para el Capitolio. Pasé una larguísima mañana sorteando el intríngulis arquitectónico que conecta la Cámara de Representantes y el Senado. Seguí con la mirada a secretarias diligentes que lustraban toda la libido política y la carnal, erguidas en sus altos tacones, con piernas bronceadas y una carpeta en los brazos como si fuesen a fotocopiar la Declaración de Independencia cuando en realidad iban a enseñar el escote a un asistente de congresista que regresaba de Afganistán. Me siento en una tribuna de visitantes. La sesión del día es muy plana. A los pies del *speaker* —el sustituto—, un puñado de pajes, sentados en los escalones de la tarima, chismorrean. Egos parlamentarios muy voluminosos leen distraídamente el orden del día. En la tribuna, una intervención monocorde que nadie parece escuchar.

Después, la portavoz de la Heritage Foundation me guio por su sede, ilustrándome con humor sobre su funcionamiento, financiación e influencia en el Capitolio. Al final, entramos en un despacho muy angosto. Detrás de la mesa con montones de libros había un hombre de edad ya avanzada, con aspecto de jefe de contraespionaje, que me recordó la figura de James Eagleton. En los Estados Unidos aún saben llevar la pajarita y las gafas de intelectual, a diferencia de Europa, donde los genios de la alta costura van de intelectuales y los intelectuales no se afeitan. Era un diplomático, el embajador Charles Lichenstein, que estaba al frente del departamento para Europa.

Me dijo que años antes había leído apasionadamente las novelas de Gironella. ¿Cómo había cambiado tanto la Iglesia católica en España desde la guerra civil? Recordaba el dilema de los católicos de los Estados Unidos entre el alzamiento militar, que había liquidado un experimento muy incierto pero que defendía el catolicismo, y un bando republicano que con todos sus defectos era demoliberal pero que consintió una persecución religiosa que él —el embajador Charles Lichenstein— consideraba de dimensiones atroces. ¿Cómo habían sido las relaciones entre la Iglesia y la dictadura de Franco? ¿Era cierto que el Concilio Vaticano II transformó el catolicismo español y tuvo influencia en el cambio democrático? ¿Cómo se veía en España la figura de Juan Pablo II y su enfrentamiento con los teólogos de la liberación? Me dio la impresión profana de que al embajador le sobraba tiempo para conversar.

«¿Sin la mundanidad de la Iglesia hubiese sido posible decirle al hombre desde el púlpito lo que debería ser y, luego, en el confesonario, comprenderlo tal como es? Dios no podía consentir que nos condenásemos todos. Perdonar, olvidar y al mismo tiempo saberlo todo. No sé quién dijo que cuando el cielo se vacía de Dios, la Tierra se llena de ídolos.»

Le hablé del proceso de secularización acelerada de la sociedad española. Se trataba —dije— de una ruptura. Estuvo de acuerdo, pero añadió: «Ya son dos mil años. Hay que encajarlo todo. Imaginemos un observador de la Historia en el siglo VIII. Podía pensar que la Europa cristiana desaparecía. El islam predominaba. Pero la cristiandad se recuperó en unos tres siglos. Luego vivió otros bajones, pero así se llegó hasta el final del siglo XX».

Sorprendentemente, el abogado Lance Johnston me localizó en el hotel gracias al Liberty Fund y me invitó a una fina *brasserie* cercana a su bufete y muy suculenta. De entrada me dijo que le parecía una equivocación confiar Europa a una suerte de bricolaje institucional. «Pensemos que los Estados Unidos vienen de la Biblia pero han querido ser Roma.» «¿Todavía ahora?», pregunté. Johnston parecía sacado de una novela de Louis Auchincloss, patricio, de consistencia palladiana, todavía con un pie en la guerra civil, con su mechón canoso y un traje perfecto. Resultó ser un orteguiano con fragancia de dinero viejo. En una ciudad de molde romano como Washington, con las fiebres perpetuas del Potomac, ¿de qué se podía hablar si no del poder?

«¿Para qué leer teoría política teniendo Salustio a mano? Siglos después, todavía asombra cómo Yugurta consigue comprar embajadores, generales, senadores y casi toda la clase patricia romana. Un precedente para cualquier época.» Él no era reaganiano sino conservador, un nostálgico de las esencias del partido republicano.

Bajo una lluvia fina me acerqué al Public Policy Center, de Robert Royal, una avanzadilla de pensamiento cristiano y estrategia política. Royal tenía un no sé qué vaticanista pero sobre todo era un guerrero de Karol

Wojtyla. Al salir, anochecía y me despedí de aquel Washington desde el Lincoln Memorial, y después, pasando por el Roosevelt Memorial, llegué hasta el Jefferson Memorial bordeando el Tidal Bassin. Llegó la noche gris, fría, ventosa. Así me despedí de la gran república.

En el avión viajaba una estrella del pop, como un Gengis Kan. El viaje transcurrió con instantes de idolatría. Yo no tenía la menor idea de quién era aquel ídolo de nuestro tiempo, agasajado por las azafatas, con cola de mamás que le pedían un autógrafo para sus hijas. Constaté sin desagrado que me había quedado en los Beatles. Esos vuelos transatlánticos dan pie para repasar tu vida, aunque sepas que no suele servir de nada. Desde entonces asocio aquellos días en Washington a un claro entre dos tormentas.

En octubre de 1999, hubo elecciones autonómicas en Cataluña. Pujol tuvo más escaños y los socialistas, más votos, pero lastrados por el plus de representatividad que tiene el voto en los territorios menos poblados. Jordi Pujol presidiría la Generalitat con los votos del Partido Popular según lo estipulado en los pactos del Majestic, mientras los escaños de CiU en el Congreso de los Diputados daban su apoyo al Gobierno del PP. ¿Quién acabó siendo más desleal a aquellos pactos? Mi primera impresión es que TV3 y Catalunya Ràdio incrementaron su hostilidad al PP y eso dañaba aún más el pluralismo crítico que es un *sine qua non* de las sociedades abiertas. Yo seguía pensando que quedaba pendiente la posibilidad de un gran acuerdo, como el que habían tanteado, aunque infructuosamente, don Antonio Maura y Francesc Cambó para conjugar la derecha de Cataluña con la derecha de toda España. Si se encauzaba bien el pacto del Majestic se podía fundar una nueva estabilidad, para dar pleno sentido al Estado de las autonomías. Pero un pacto a la bávara no era factible dada la ambigüedad consustancial en el pujolismo, salvo que Unió Democràtica rompiera sus vínculos, lo que con éxito concretó la UCD de Adolfo Suárez con el centrismo catalanista de Anton Cañellas. Desafortunadamente, UCD se desentrañó en directo según el ritual del *seppuku* y Pujol digirió aquellos votos como la boa constrictora cuando ha engullido a un misionero rechoncho.

La vida era otra cosa, por supuesto, y ya decía el maestro Sainte-Beuve que al envejecer la gente en parte se endurece, en parte se pudre, pero no madura. Resistimos mal, aunque sepamos aprender las lecciones del dolor y la ausencia. Lo constaté cuando coincidí con Clara en la librería Herder, a la que yo iba a menudo por hartazgo de librerías progresistas en las que siempre hay un fantasma semiconocido que te recomienda ese libro que te repatea. Herder era una librería seria. Ah, ese microclima de las buenas librerías, con sus tesoros como recompensa para quien no deja de buscar sin saber qué. Libreros que te miraban por encima de sus gafas de media luna, con coderas de ante en la rebeca oscura y una pedantería memorística a prueba de fuego. De Clara recordaba su nombre de la facultad —Departamento de Filología Inglesa— y su forma de tener un control sobre las cosas de la vida y los demás. Coincidimos en el sótano de Herder, zona de tesoros por sorpresa. Con algunos años —décadas más— fue como verla en las clases del departamento, con una matrícula numerosa. La mayoría eran mujeres jóvenes y, con muy buen criterio, aspiraban a ocupar por oposición las cátedras y agregadurías de secundaria, por lo que daban más importancia a la filología que a la literatura. Era el momento en que el inglés se hacía hegemónico en la enseñanza, por encima del francés. Aquel departamento había quedado, por fortuna, al margen de la revolución de los pepenes. A las puertas del siglo XXI, ella no pasaba de los cincuenta y seguía con la misma mirada, siempre irónica, de mujer capaz de poner orden en lo que hiciera falta. El rostro atezado, nariz fina y sensualmente respingona, ojos azul celeste, cola de caballo rubia, frente de inteligencia natural, Clara me saludó con sorpresa y afecto. Llevaba años como traductora de inglés para editoriales de prestigio. Su aspecto no era ni profesoral ni ornamentado con esos tics rebuscados que dan un aire de *bas bleu* posmoderna. Había leído algunos de mis artículos sobre literatura. Ahí estábamos, entre los anaqueles de la Herder, en hora poco frecuentada. Con un toque elegante, con la palma de la mano virada por encima de la cintura sostenía el cuerpo con elegancia sucinta. ¿Vestía un traje sastre o es que yo —fetichista del conjunto Chanel— hubiese deseado que lo llevase? Aquella mano por encima de la cintura desplazaba la otra mitad de su cuerpo en línea recta, distendida, y eso arropaba la conversación sobre libros pero no libresca. Estábamos en casa.

No, ni tan siquiera —dijo— se había presentado a oposiciones. Ni podía así intentar el salto de un instituto de enseñanza media a la universidad. Tampoco había pensado en ser escritora. Le gustaba traducir, leer, y nada más. Pensaba que para traducir del inglés, el castellano tenía casi todos los registros, a diferencia del catalán. Me gustó porque yo llevaba tiempo diciéndolo sin que nadie replicase. Quién sabe si existe una *omertà* de las lenguas por la que uno está obligado a medirlas por sus aspiraciones de tribu culta más que por la dimensión real de su literatura. Clara estaba balanceando el cuerpo como para impulsar sus argumentos y plantar cara a los riesgos de una belleza madura. Me la podía imaginar hojeando el diccionario del doctor Johnson para paladear una vez más la agudeza de alguna definición léxica, pero no la veía casada y con hijos correteando ante su atril de traductora.

Salimos de Herder. No era exactamente como en el poema de Baudelaire: «*Ô toi que j'eusse aimée; ô toi qui le savais*». Era una pátina de cosas compartidas a lo lejos, como esa fragancia seductora de frutas exóticas que no te sorprende aunque no las hayas catado jamás. Pero sí, estaba casada y tenía hijos. Su marido «se ganaba bien la vida» y a ella eso le permitía traducir lo que le apetecía. Los hijos ya estaban en la universidad.

Pasamos, por Gran Vía, entre las hileras de motos de los estudiantes. En el patio de la Facultad de Letras, a diferencia de la fachada obtusa, la ágil destilación neorrománica del arquitecto Elies Rogent pautaba como siempre los arcos, el estanque central, los árboles bajos, sin empalagos medievalistas. No vi en el tercer piso, descubierto, la ropa tendida por las familias de los bedeles. He soñado muchas veces ese patio. Tal vez fluye en los sueños de múltiples generaciones, más allá de la psicoterapia.

Nos sentamos en uno de los bancos de madera, bajo los arcos, donde habíamos pasado más horas que en las aulas, a finales de los años sesenta. Clara estaba en silencio. Noté que le temblaba mecánicamente la mano derecha. Me puse a hablar de una profesora de edad, en el departamento de los años setenta, para quien no existía nada más que la pureza del inglés de la reina o, si acaso, de la BBC, entusiasmada con impartir la perfecta aspiración fonética de la lengua de Milton. Llevaba turbante, iba casi siempre con abrigo de pieles y dejaba copiar en los exámenes. No supe si Clara me escuchaba. Tal vez había poco más que decirse. Ella susurró: «¡Lo añoro todo!». Pensé que estaba a punto de dejarlo todo atrás, de dejar la vida o de zarpar hacia alguna isla sin nombre.

No tuve nada que decirle. Vi que una lágrima se condensaba en el borde exterior de su párpado y resbalaba por la mejilla atezada, una sola lágrima. Se levantó, puso su mano temblequeante en mi hombro y se fue como si se alejase de algo que solo existía para ella.

VIII

Con el corazón partido - Charlus en Pedralbes - Choques de futuro - Esos ángeles digitales - Del cisma al fulanismo - FAES - Sobremesas con Revel - ¿Convergència liberal? - Los milagros de Tavertet

Una noche apacible del año 2000 ingresé en el hospital del Sagrat Cor a causa de mi primer episodio cardíaco. Era una planta holgada, la doctora era de primera y, después de los primeros días, me dejaron pasear por el pasillo, en bata y pijama. Yo era uno de esos tantos seres humanos a los que cuando el corazón les falla cogen deprisa un taxi de noche con una grave presión en el pecho y a punto de perder la respiración. Sístole y diástole, arterias endurecidas, el paso del tiempo y la conciencia de que uno se va gastando sin darse cuenta. Pasillo arriba y abajo, miraba de reojo en las habitaciones entreabiertas. Entreveía escenas de costumbre inmemorial, del dolor y la entrega. No lejos de mi habitación, casi siempre a los pies de la cama, veía a un sacerdote joven con *clergyman*, de rodillas, abstraído en la oración. En la cama solo se advertían los bultos puntiagudos de los pies del ingresado. Otro día, vi salir de aquella habitación a un anciano arrugado como un gnomo viejísimo, moldeado según un hemisferio de nuez, arrastrando unas zapatillas relucientes y con una bata de color amarillo. El joven sacerdote le sostenía por el codo pero el viejo se zafó. Estuvimos caminando en dirección contraria. Soy propenso a inventarme una biografía para las personas que veo pasar desde la terraza de un bar o, hasta entonces con menos frecuencia, por el pasillo de un hospital de grandes baldosas, silencioso, hecho a la medida de la humanidad sufriente cuyo padecer —aunque no tanto como la existencia del mal— es uno de los más grandes misterios de la tutela divina. Interpreté que aquel mandarín remotísimo, en su modo de ver el mundo, era un magnate derrumbado por algún achaque digno de reyes y que el joven sacerdote que estaba mirándole desde el quicio de la habitación era la figura del samaritano profesional que reza en la cabecera de las agonías, en la celda lóbrega del condenado a muerte, en el pequeño piso de un pobre enfermo que atufa a fármacos caducados.

Si las idas y venidas en la silla de ruedas para análisis, electros o ecocardiogramas tenían que ver con la divisoria entre la vida y la muerte, no me di cuenta. Conectado a los controles, varias veces escuché el latido de mi corazón, como un péndulo grave, y lo vi agitándose en la pantalla convulso, como se desparrama, ineluctable, la lava de un volcán. Sentí discurrir la vida. Recé. Se diría incompatible el epicureísmo con la moral del deber, del mismo modo que flaqueza y caridad no van bien con el superhombre. Apostaría por aquella *pietas* que al dar grandeza a Eneas fortalece a quienes le rodean tanto a la hora del dolor como de la gloria.

Al llevarme en silla de ruedas a hacerme unas pruebas, el camillero —alegre y chismoso, intrigado siempre por mi condición de periodista que sale en televisión— me definió al vetusto vecino de la bata amarilla: «Uno de los grandes estafadores de Pedralbes. Se ha dado la gran vida». El sacerdote era su hijo, pero casi no se hablaban. Había llevado a la habitación de su padre una Virgen de Lourdes y un álbum con estampas de la pasión de Jesucristo. Como un avezado periodista de tribunales, el enfermero le había definido muy bien. Un estafador de Pedralbes. La joven promesa de una familia patricia que sale bala perdida y comienza estafando a su tía madrina. Suelen ser actores impecables, simpatiquísimos, muy señores, en la mejor de las condiciones para estafar a los menos favorecidos y gastárselo en ponerle un piso a una amante negra en la Barceloneta, pagar facturas atrasadas de sastrería y arruinarse jugando a la bolsa con esos ahorros ajenos. Se podía aderezar con un paisaje histórico: la burguesía catalana que se hundió con la guerra civil que nadie ganó, la desgana de Pedralbes en la vida pública.

En su rostro apergaminado aparecían muy de vez en cuando motas de ilusión, como un acné. Sus facciones se endulzaban y a la vez eran más posesivas, como el cazador atento a la presa. Lo entendí todo mejor el día en que le vi en el pasillo, en silla de ruedas, con el joven camillero entregado. Era una pareja feérica. La vieja historia sodomita del joven que se enamora de hombres viejos y el anciano que siente de nuevo el placer de ser deseado y dominante. Su rostro era de un dominio supremo, como el Charlus de Proust en pleno despliegue estratégico de seducción. En los repliegues de su rostro de *master* gerontocrático pugnaba por resucitar otro rostro, el de una mujer bellamente madura, una *dominatrix* a la que se sometía, con ondulaciones de cadera, el camillero risueño, sí, aunque más ambiguo que nunca. Ningún escultor hubiese podido fijar los trazos permanentes de la pareja porque estaban transformándose aceleradamente, a impulsos de un deseo que correspondía a una mutación del hombre, en busca de un nuevo ser. Me quedó grabada la imagen y constaté una vez más que los años nos enseñan poco, porque son más fieles a la ocultación que a la transparencia. El gran señor de la estafa y el joven pastor necesitado de rendirle pleitesía carnal. La silla de ruedas se perdió en el interior de un espacio paralelepípedo, para camillas rodantes. Pedralbes matrimoniaba con Cornellà entre nuestra planta y la de radiografías y analíticas. Sin duda, un momento de goce que no hacía daño a nadie, tal vez candoroso, pasar una mano juvenil por la calva arrugada o acariciar un muslo prieto.

El viejo estafador murió mientras dormía y el camillero, apesadumbrado en la medida de su conciencia de gratuidad, me explicó que el hijo sacerdote había estado presionando a su padre para que legase sus bienes a una institución religiosa. El enfermero me hizo un guiño cómplice al comentar que el fallecido solo dejaba deudas y que los cuidados del hijo, entre la Virgen de Lourdes y sus jaculatorias, no habían servido de nada. Por un prurito de observador de la comedia humana pensé que también era posible que esa fuese una manera de evitar, por parte del difunto, al camillero. Al poco me dieron de alta. Entró para despedirme el joven Ganímedes, inequívocamente a la espera de una propina. Algo le di. Al salir del hospital, paré en una iglesia contigua, di las gracias a Dios por todo y salí a la calle dispuesto a pecar si no quedaba más remedio.

Ya había llegado el teléfono móvil para exigirnos instantaneidad en todo, ignorando el *continuum*. El chip marcaba el latido del ciberespacio. El lustroso teléfono de baquelita negra que teníamos en casa de mis padres y que mi hermana utilizaba a todas horas con sus amigas de colegio de monjas se transfiguró en un artilugio móvil que te mantenía asido a todas las urdimbres del mundo. Comencé a escribir con bolígrafos Bic, pasé a teclear una Olivetti portátil, usé transitoriamente la máquina de escribir eléctrica y llegué al primer ordenador, un Amstrad que hoy sería comparable a una tartana analógica. Cuando me fui a Londres de corresponsal llevaba una tarjeta para transmitir por teletipo desde los centros públicos de telecomunicaciones y nunca la usé, porque me pasé al ordenador portátil y al fax. Luego ingresé en los dominios de internet propulsado por la fibra óptica y así hasta adentrarnos en un nuevo siglo en el que el silicio era la triple piedra de Rosetta mano a mano con el wifi. Los correos electrónicos te llegaban de madrugada y respondías al despertarte, todavía en pijama. No fui de los primeros en usar teléfono móvil, pero muy pronto me maravilló andar por la calle y entrar en directo en un programa de radio. Como en todo, precariedad y grandeza, pérdida y gloria, indignidad y honor.

Me hice un adicto a los futuros. El *shock* del futuro ya prenunciado por Alvin Toffler en los años sesenta alcanzaba tal aceleración que la futurología apenas tenía tiempo para escrutar el presente, el *shock* del presente. Tuve una muy primera noción de lo que venía en los ensayos que publicaba meteóricamente aquel personaje tan precursor que fue Jean-Jacques Servan-Schreiber —JJSS—, jovencísimo fundador de *L'Express*, político que nunca cuajó, kennediano parisién, que publicó *El desafío americano* en 1967, habló casi antes que nadie de la informatización de Japón y en los ochenta lanzó *El desafío mundial.*

Con el éxito de *El desafío americano*, Armand Carabén organizó la gira de Servan-Schreiber por España. En Barcelona el acto era con empresarios y no fue mal, pero en Madrid se hizo en la Facultad de Derecho y los estudiantes le echaron calderilla a JJSS, por no ser —decía Carabén— más que «un indigno apóstol del imperialismo americano». Quienes se creían en el umbral de la revolución negaban cualquier otro futuro. Era la moneda de dos reales con agujero frente al chip de silicio, la protesta contra un neocapitalismo que en realidad nadie logró definir. Si pienso en mis años de universidad llegó a la conclusión de que éramos los últimos en saber lo que realmente pasaba en el mundo y con qué celeridad había cambiado la sociedad española. Carabén era uno de los escasos catalanistas liberales que he conocido. Compartía con generosidad un ingenio intelectual de buen burgués europeo y de señor de Barcelona. Al escuchar la noticia de un despropósito político o de un absurdo del intervencionismo económico se llevaba la palma de la mano a la frente, con un movimiento de todo su cuerpo, siempre inquieto. Me admiraba que hubiese hecho lo que le daba la gana con el ritmo de su vida. Tenía el don de conversar y la suerte de haber sido amigo de Josep Pla. El joven Carabén fue un apasionado del jazz, con su amigo el actor genialoide Joan Capri. Pasó por la gerencia del Barça y urdió el fichaje de Cruyff. Tenía algo de patricio que no se toma demasiado en serio y a la vez de actor espontáneo, capaz de la mímesis humana que consiguen los buenos observadores. Por la noche pasaba por el bar Ideal. Un tal Mariano también pasaba cada día a las nueve de la noche y tomaba una copa. Siempre a las nueve en punto. Una noche llega Carabén y pregunta por Mariano. «¿Qué Mariano?» «El Mariano de Greenwich.» La vieja Barcelona. Carabén tenía la nariz de Jimmy Durante y la fineza intelectual de un mundo perdido. Preparaba entonces una antología del pensamiento de Bastiat. Se había puesto a navegar por internet y se demoraba en el portal de la Mises Foundation.

En los sesenta y los setenta, Alvin Toffler, malquerido por los aspirantes a volver a la gestualidad antimaquinista y a considerar la tecnología como un retroceso, anunció en sus libros hasta qué punto la aceleración del cambio estaba gestando ya la «tercera ola», posterior a la revolución agrícola y a la industrial. Estoy convencido de que la naturaleza humana es inmutable pero también creo que las revoluciones tecnológicas —el alfabeto, Gutenberg, la máquina de vapor— han cambiado el mundo, en una dimensión a veces con más impacto que la metamorfosis de las sociedades. Ha hecho más por la igualdad de la mujer la lavadora automática que Simone de Beauvoir. Es decir, la ola posindustrial, caracterizada por una intensidad de cambio excesiva para períodos tan breves de tiempo. Bueno, nadie trató con más rigor que Daniel Bell el giro posindustrial. Toffler vendió millones de ejemplares. Sumaba datos de fuentes muy heterogéneas —industria, economía, educación, ciencia, sociología— hasta perfilar una forma de conocimiento distintivamente posideológica. Daniel Bell también había escrito sobre el fin de las ideologías. Toffler diría que los despojos eran infraideológicos. Ahí estaba, a la velocidad de la luz, la sociedad del conocimiento. Quizás tanta velocidad aislaba a los seres humanos, a diferencia de los vínculos de las sociedades tradicionales, pero la tecnología no era el mal ni el bien, sino la autopista supersónica que te llevaba a pecar o a redimirte, al estoicismo o al exceso racionalista. Según Toffler, la tercera ola iba a alterar el orden de las familias, y es posible, pero, de nuevo, tanto para el bien como para el mal, para conectar mejor o para sumirse en una burbuja. En 1996, Toffler y su esposa Heidi escribieron sobre la política de la tercera ola, considerando que eran tan intensas las transformaciones tecnológicas que la política —los sistemas e instituciones políticas— estaba ya obsoleta. Proponían una democracia «semidirecta» pero sin mucho éxito. Pero *a posteriori* hubiésemos podido diagnosticar una parálisis de la praxis política. La futurología comete errores, sin embargo su naturaleza real no es predecir sino proyectar el presente en el futuro. Ciertamente, aprendí más leyendo a Toffler que a Foucault.

Lo leyó Ted Turner y de ahí —según dijo— le vino la idea de crear el canal CNN. Algunas ideas incluso mejoran la realidad, al menos las de Toffler.

Recelosos de la metástasis tecnológica, escritores muy selectos seguían confiando en la caligrafía, al menos para pergeñar una primera versión de sus libros, y había quien reclamaba, como gesto antitecnológico, escribir con pluma de oca. Se dijo que escribir con ordenador introducía toda suerte de prosaísmos automáticos y degradaba el estilo. Desde mi primer Amstrad me di cuenta de que los programas de tratamiento de texto permitían muchas más correcciones de las que hacía Flaubert, reescribir, reubicar, precisar adjetivos, modular efectos sintácticos. Lo crucial no sería el formato de los libros sino la decadencia del acto de leer. La tecnología digital acogía simultáneamente al Señor de las Tinieblas y a los ángeles neutrales. Inicialmente, leer o escribir ante la pantalla verde del ordenador en momentos de insomnio me parecía más estimulante que hojear un libro de bolsillo en la cama o escribir en un bloc. Al poco de maravillarte contemplando cómo el fax engullía los folios de un artículo y los plantaba en la redacción de un periódico lo que subyugaba a fondo era la infinitud digital.

Cómo de repente todo, desde los orígenes del tiempo, estaba en internet. Existe un vínculo entre prosperidad y conexión a la red, entre competitividad y experiencia online, aunque otros ya usaban internet para sus cartas de amor, descargar canciones y películas, para solaz porno o para jugar al bridge con un grupo de amigos invisibles que habitaban en Alaska. Incluso la televisión y la radio cambiaron. Era acabar siendo alguien no por lo que piensas sino porque estás en un plató. Un alud de irracionalidad iba cambiando el paisaje: contrarrestarlo podía generar mucha melancolía porque —como dijo Popper—

ningún argumento racional tendrá un efecto racional en un hombre que no quiere adoptar una actitud racional. Somos de naturaleza impura y por lo tanto no sabríamos dar con soluciones impolutas, si es que existen.

Llegaron las elecciones generales en marzo de 2000, de las que salió una mayoría absoluta del PP que algunos analistas demoscópicos no habían considerado probable. Los socialistas —y también los comunistas— tuvieron unos resultados aciagos. El secretario general del PSOE, el cabal y sólido Joaquín Almunia, dimitió. Como le había ocurrido al PP con líderes que se sucedieron de modo insignificante, al PSOE podía ocurrirle lo mismo y así fue. Por eso Aznar tenía un amplio margen de maniobra para reducir el paro lo antes posible y reactivar la economía con el euro en la línea del horizonte. Era crucial que el PP mantuviera —e incluso ostentase— una unidad frontal, por su propio interés y, sobre todo, porque no parecía que el PSOE estuviese presto para ser Gobierno, ni tan siquiera para reubicarse en un panorama del centroizquierda europeo, al modo de Tony Blair, sin desintegrar su gen de continuidad. Desde su fundación, el gran riesgo, la desazón del PSOE como partido, habían sido los traumas de división, tan perniciosos en los años treinta y que en Madrid, por ejemplo, seguían coleando. Dislocar la alternancia oscurecería la consistencia del modelo de 1978, con la Corona como cúpula de la España constitucional, porque el bipartidismo, con injertos rebrotes, estaba a sus anchas en el cauce de la monarquía parlamentaria. Aznar apostó por el centroderecha más amplio, aunque creo que su personalidad era más conservadora de lo que instrumentaba como política y partido de Gobierno. Para evitar la confusión entre la flexibilidad y el contorsionismo, en ocasiones prefirió parecer inflexible hasta la rigidez. Su dinamo estaba altamente cargada de voluntad. Ese es un valor más bien anacrónico y para no pocos filósofos *soft* resulta ser una antigualla.

La derecha de toda la vida me aburre y me exaspera a partes iguales. El fatalismo lleva a dogmas barrocos y a parálisis cismáticas, tanto en política como en religión. A veces los instintos de la derecha española la inducen a un fatalismo cuyas consecuencias toman forma de estrategias conformistas, reaparición atávica del fulanismo, picaresca levantina y un contentarse con las precarias parcelas de poder y simbolismo que le confiere estar en la oposición. El aznarismo ya llevaba años articulándose y su campo magnético de ideas fue FAES, fundada por el grupo de jóvenes políticos que flanquearon a Aznar cuando bajó de Valladolid a la capital. El Clan de Valladolid. Algo sé de FAES porque la conozco desde sus preliminares. He estado en muchos de sus seminarios, he dirigido algunos, como repetidas veces he sido ponente en su universidad de verano en Navacerrada. Lo que sé de FAES no tiene nada que ver con la contrafigura de caverna y ámbito de conspiraciones que se le ha atribuido. En FAES se hablaba de ideas y de estrategias, con invitados de amplio espectro, en un *think tank* a la americana que buscaba la capilaridad entre las ideas liberal-conservadoras y la praxis de partido en el poder. Fue amparo y proyección europea de la oposición al chavismo. No se excomulgaban la visión eurorrealista, el atlantismo, la economía de mercado ni la recuperación de un lugar para España en el mundo. A veces noté una inconexión entre la derecha de toda la vida y los neoconservadores que provenían de lugares tan poco de fiar como el trotskismo o el maoísmo, pero después de años de hegemonía intelectual de la izquierda el gran debate nacional se estaba reequilibrando.

Las élites de verdad nunca son estáticas. Si lo son, me imagino, son pseudoélites. Intelectualmente, la izquierda estaba colonizada por pseudoélites.

Al haberme impuesto evitar en este libro todo *a posteriori*, el pillaje practicado luego por algunas figuras del PP queda para otras páginas. El aznarismo tuvo sus fases de fertilidad y gestos fundamentales. Me pareció simbólico el día en que Aznar, como presidente del Gobierno, condecoró a Jean-François Revel con la Gran Cruz de Isabel la Católica, en 2004. Luego, en un almuerzo en la Moncloa, Revel ejecutó un *tour d'horizon* de memoria inexorable, capaz de una dialéctica que le aproximaba tanto a Tocqueville como a Maquiavelo. Nos deslumbró. Ni quito ni pongo que el menú de la Moncloa fuera equiparable al del Hispania o al de Ca L'Isidre porque fue en el Hispania de Caldetes, junto a Barcelona, y en los reservados de Ca L'Isidre cuando vi a Revel las primeras veces, incisivo, con vetas de brillantez, magistral. Sería en el año 1988, cuando Reagan presidía los Estados Unidos en una época próspera y estable para Occidente mientras el imperialismo soviético iba perdiendo bazas. Revel presentó su ensayo *El conocimiento inútil* en un sacrosanto reservado del restaurante Hispania. Su amigo Xavier Domingo y Néstor Luján rivalizaron en la composición del menú. Revel, el gastrónomo de *Un festín de palabras*, paladeó los manjares y se dispuso a explicarle a una concurrencia periodística mayoritariamente de izquierdas que *El conocimiento inútil* estaba dedicado especialmente a demostrar la complicidad de tantos intelectuales y periodistas con el totalitarismo. Desde la muerte de Aron, Revel era la conciencia liberal de Francia. Recordó cómo en 1976, ante las cámaras de televisión, Jacques Delors —luego santo del eurofederalismo— le había dicho que la agricultura soviética estaba en su mejor momento.

En todas las avanzadillas del liberalismo, en años tan difíciles, ahí estaba Revel con sus anchas corbatas y el rapado que culminaba una alopecia de tez rojiza, como un Erich von Stroheim en el papel de sacerdote hitita. Entre sus libros menos conocidos en España, su ensayo sobre Italia es de un brío permanente y su indagación en la obra de Proust logró salvar al pequeño Marcel de la podredumbre metodológica que le echaba encima la *nouvelle critique*. De sus últimos años tuvo gran impacto el alegato contra el antiamericanismo. Había caído el muro de Berlín; Deng Xiaoping procuraba que Mao no saliera de la tumba. Aun así, quedaban intelectuales que añoraban el comunismo con la pintoresca coartada de que era una buena idea que nunca fue bien llevada a la práctica. En *La gran parada* Revel se maravillaba de que la izquierda europea no hubiese asumido con claridad el hundimiento del comunismo. Cuando comía en Ca L'Isidre, con buen apetito aunque con moderación, un relieve de pequeñas arterias ilustraban su cráneo como en un globo terráqueo de biblioteca de la Ilustración. Para no sucumbir a la memoria idealizada, recuerdo un almuerzo en honor de Revel, en Barcelona, en el *foyer* del Teatre Nacional. El *conseller* de Cultura llegó tarde, sin disculparse. Según era un uso de la época, casi obsceno, comenzó a hablar de restaurantes top de Barcelona. Almas caritativas le recordaron que Revel era un escritor gastronómico magistral. Sin perder su hilo, el *conseller* pasó a hablar del Barça, y todo quedó como estaba sin que Revel le tirase un plato por la cabeza.

Al final se había constituido la fundación Catalunya Oberta. Propuse una declaración de objetivos y Lluís Prenafeta los aceptó sin cambiar una tilde. Al salir del notario, después de constituirnos en patronos de Catalunya Oberta, Carabén me dijo que si muchos de aquellos firmantes eran liberales él era Napoleón. Así fue escorando la fundación de Prenafeta. Según podría verse en las actas de la fundación, en caso de que estén en algún archivo, los votos nacionalistas fueron sobreponiéndose a los liberales. Armand Carabén y yo mismo quedamos en minoría. Y Carabén luego también —como dijo— se autodisolvió. Todo pasó a otra fase. Vendrían la marcha de Pujol, los gobiernos tripartitos de Maragall y Montilla, con la presencia —para mi indisculpable— de ERC. Ya entonces, cuando a Convergència le habría convenido reavituallarse de ideas en la oposición, el elemento liberal era imposible, o tal vez había sido una empresa inútil desde el primer día.

Me sería fácil escribir un retrato de Prenafeta conociendo lo que pasó después, pero insisto en que en estas páginas escribo lo que viví entre 1993 y 2006 y, rehuyendo la tentación del que se hace trampa en los solitarios, a eso me remito. ¿Era Prenafeta liberal? Por lo que luego vi, era un depredador sin sentido de la formalidad institucional, pero eso no quiere decir que creyera en el esencialismo nacionalista, sino en el poder —el poder de Pujol— y en el hecho de que darle a Convergència un giro liberal no sería un desatino. Yo lo veía así, también porque haría más porosa la tangencialidad entre el centroderecha de España y de Cataluña, por muy improbable que fuese.

Pero en su día, al intentar Prenafeta que Xavier Domingo dirigiera el *Avui* —un producto provinciano y servil—, el fundamentalismo situó a un personaje como Max Cahner al frente de la cuestión, lo que convertía el intento liberal en una peregrinación a Montserrat. Así, Prenafeta, un día en plena fortuna y otro al borde de la ruina, desembolsó los costes de la fundación. Seguían los almuerzos dorados en el reservado grande del Vía Véneto, con su tenue bruma de humo habano. Salvo que contradecir sea una forma de halago, no vi a Prenafeta deseoso de halagos. Más bien estaba acostumbrado a la obediencia de los periodistas afines. Solo se me quiso imponer una vez. Comíamos en el motel Empordà, cocina de primera y con la imagen perenne de Pla junto al pianista. Prenafeta se iba impacientando con mis objeciones a la inmersión lingüística. Estalló. De regreso a Barcelona, me dijo que no se lo tuviera en cuenta porque de esas cosas sabía poco. Tal vez es que, en el fondo, no le importaban. Por otra parte, ¿deseaba la gran masa de votantes no nacionalistas del pujolismo la inmersión lingüística? ¿Sabían en qué consistía y qué efectos tendría, qué derechos iba a conculcar? Más bien sospecho que, como decía Ernest Lluch, fue un acelerón, pero un acelerón no predeterminado sino largo tiempo soñado —y fuera de la realidad— por lo peor del nacionalismo, que es la mafia sociolingüística. En todo caso, aquel acelerón fue uno de los máximos errores de Pujol si hablamos de sociedad abierta y una victoria si hablamos de nación imaginaria.

De Prenafeta prefería, ciertamente, sus dotes para la seducción a su pulsión manipuladora. Sus esfuerzos por manifestarse según la *finezza* italiana de matriz maquiavélica a veces contrastaban con unas formas sociales abruptas o con anecdotismos como beber en porrón y ponerse la servilleta sujeta en el cuello de la camisa, lo que también podía ser un gesto anticonvencional y una manera de marcar distancias con los modales de Pedralbes. Era comprensible porque, en sus años en la Generalitat, los poderes de Pedralbes habían acudido obedientemente a su despacho. Él se sentía más a sus anchas con los *self made men* de pelaje diverso, con un pequeño emporio a partir de un negocio del extrarradio que, bien sea por la conveniencia de mimetizarse con el poder o por abrirse nuevos mercados, se habían aproximado al pujolismo. Aquellos hombres, como Prenafeta, eran muy listos. Él dejaba pasar el tiempo antes de retirar su confianza a quien la había manoseado abusivamente.

En aquella ciudad precismática, había abundancia de gurús pirenaicos. Comienzas con la superstición de las buenas —o malas— vibraciones y acabas de hinojos ante un tótem maléfico. Tuve trato con un ejecutivo de la Barcelona postextil, cuya hija se había ido de casa abducida por una nueva religión. Abusé de su confianza y congoja adaptando el caso de su hija para escribir un relato. La historia real concernía a una muchacha de dieciocho años, pasiva y callada, pero siempre tensa. Se fue para un largo fin de semana con unas amigas, en el Pirineo de Lleida, y ya nunca regresó a casa, salvo para pedirle dinero a su padre a fin de contribuir a los gastos de lo que ella llamaba «el Templo». Como si acudieran a san Juan bautizando en Betania, la prueba iniciática de la secta era retrotraerse, bajo el agua, a su primer aliento para luego autorregular la respiración. La oferta era la gran golosina: lo mejor de cada religión. Nadie era padre ni madre: todos eran hijos de todos. El rol de pontífice se asumía por orden alfabético. No existía el poder. Por lo visto, creían en la agricultura biodinámica. Al cabo de unos meses, la chica llama al padre para decirle que acaba de tener un hijo y que el bautizo será en el Templo. El padre acude «sin saber por qué», según me dijo. De toda aquella franja pirenaica, los miembros de la secta —vestidos con túnicas— bajaban con fanales de papel, invocando a Mahoma, Moisés o Buda. Luego cantaban himnos que mi amigo no logró entender. Sonaban pífanos y gongs. La chica estaba muy demacrada, pero parecía arropada por la felicidad. Ya estaban todos junto al altar del Templo. La escena olía a incienso y cera. La nueva madre se arrimó al altar. El pontífice alzó al bebé como un trofeo y lo proclamó hijo de todos. Se recitaron versos de poetas inmortales por ser la voz de todos los dioses y de la Gran Madre. Mi amigo pensó en llevarse por la fuerza a su hija y su nieto, pero comprendió que ella quería estar allí, ser la madre de todos los hijos. Alguien habló de la justicia del compás. Hubo un murmullo de mantras. La nueva madre de todos parecía en trance místico. Su padre se fue como pudo, sin entender nada de lo que había visto.

Creí entender que más que un anhelo del espíritu era una consecuencia de la sociedad de la abundancia y del desperdicio. Entonces rige el viejo principio chestertoniano: si uno deja de creer en lo que toca, acaba creyendo en cualquier cosa. En los noventa, los peregrinajes de aquellas sectas desquiciadas desfilaban por las estribaciones pirenaicas. Abundaban los gurús argentinos —no sé si por su fluidez expresiva o como eco de un Buenos Aires abarrotado de psiquiatras de tendencia abradacabrante— que predicaban durante los fines de semana para captar adeptos que luego constituían comunidades e indefectiblemente identificaban al profeta con el dios venidero. Una suerte de *omertà* mantenía impunes a unos gurús que podían llegar a tal carencia de escrúpulos —del hombre sin atributos al siglo sin escrúpulos— que depredaban las fortunas de sus seguidores para construir un templo o para mayor gloria del fundador. Al instalarnos en Barcelona, esa credulidad fue una de las cosas que más me desagradó, entre otras cosas porque cualquier viejo conocido se pasaba los fines de semana recitando mantras nepalíes o adorando a una virgen capaz de hacer milagros. Uno consideraba natural que esas cosas sucedieran en California pero no en Mataró. Los hijos de la Cataluña rica, supuestamente ilustrada, europeísta e hipermoderna se rendían a los pies de un profeta, siempre que fuera ajeno al dogma cristiano. Eran gurús de una desfachatez delictiva y otros, mejores y peores, creían en lo que predicaban. Se trataba de un zigzag ya conocido: tras las ideologías cerradas, los dogmas irracionalistas seducían a la generación que había estrenado el descrédito de la autoridad, roto con los vínculos de la tradición y renegado de la familia como consistencia frente al caos de la naturaleza.

En el *hit parade* de profetas e inventores de religiones fulgía Raimundo Panikkar, adorado por sus seguidores tal vez porque era ininteligible. Podía comenzar un libro escribiendo que se había iniciado en la hermenéutica diatópica —que superaba la diacrónica— casi poniendo en riesgo su vida. Para sus muchos fieles era como ver pasar un arcángel con plumaje hindú. En la India fue atacado por unos simios. Él quiso mostrarles buenas vibraciones y reía, pero cuanto más reía, más se enfadaban los monos. En su retiro-santuario de Tavertet, enseñaba a participar en «la armonía del ritmo de la realidad». Según el propio profeta, aquello sería una proeza histórica, porque «la realidad no es monista ni dualista: lo metapolítico es la intersección del hombre en el todo». Para Panikkar y sus adeptos el remedio de la crisis ecológica era la revelación ecosófica, al igual que la desmonetarización de la economía resolvía la monetarización frente al imperio tecnocrático. ¿Cómo interpretaban esas teorías los discípulos que acudían a Tavertet y tenían el privilegio de acariciar la túnica de lino del profeta? Desde luego, para la Barcelona que a finales de los sesenta había aclamado a un pensador como Herbert Marcuse sin haberlo leído, Panikkar aportaba un elemento de deslumbre. Aunque remotamente, algo tendría que ver con la idea de una anarquía teosófica y vegetariana que en el pasado había quemado iglesias y perpetrado atentados.

IX

La trampa báltica - En el Bull and Bear - Mesa de despacho - Un cardenal montañista - Santiguarse en Sant Adrià - Y Harry Potter voló - Asesinato de Lluch - Terminator Gore - Vestíbulo maragallista

En una tarde otoñal de luz mortecina, sentado en una de las butacas de su cubil de trabajo, Jordi Pujol me hizo una proposición inesperada. Estaba repantingado, cerrados sus párpados de estatua de la isla de Pascua. Como de costumbre, había hecho su *tour d'horizon*, prologado por el habitual «Y usted, ¿cómo ve eso?», al que no hacía falta responder porque él era quien tenía todas las respuestas a sus preguntas. Acababa de comenzar el segundo mandato de Aznar. Estábamos en uno de esos silencios en los que lo mejor es que suene el carillón del Palau de la Generalitat. Entonces me dijo, arrugando más los párpados, algo así: «A nosotros nos iría bien alguien como usted». Me cogió desprevenido. Me esperaba una de aquellas confidencias que repetía en el *tête à tête* con sus visitantes rotatorios —creo que tenía su lista conveniente, otra astucia más— pero no una oferta. Se me ocurrió decirle que en Convergència ya contaban con escritores o intelectuales más indicados que yo. Abrió los párpados de modo fulminante. Me miró y no dijo nada. Por supuesto, entendió que mi respuesta era una evasiva. Quizás fuese irónica pero Pujol no entiende la ironía. ¿Cuántas veces había hecho ofertas de aquella naturaleza en su cubil, con sus pilas de prensa europea, moviéndose como un rinoceronte? ¿Cuántas veces le habían dicho «sí» y cuántas «no»? Luego pensé con evidente ingenuidad que buscaba contrarrestar —o camuflar— su manifiesto *pendant* esencialista —herderiano— con alguien que, como era mi caso, era liberal-conservador, crítico con el socialismo, que escribía en catalán y no era nacionalista sino autonomista, partidario de una aproximación estratégica real de todo el centroderecha. Pero no era eso. De haber aceptado su invitación, ¿qué *sine cura* pensaba ofrecerme? Convergència recompensaba bien a sus intelectuales, siempre de medianía porque Pujol se consideraba el supremo pensante de la catalanidad.

Tal vez buscaba peones para una maniobra envolvente que completase por fin la simbiosis —electoralmente tan provechosa— entre sus ambigüedades nacionalistas y la pulsión conservadora —de orden, si se quiere— que le entregó el poder durante tantos años, especialmente cuando la UCD se hundió. Ese encuentro ha merodeado por mi memoria no pocas veces, por una cuestión de autoestima, por pasajera —o tramposa— que fuese, y porque me llevaba a un recodo mental de Pujol que rompía con el convencionalismo convergente, de cada vez más anquilosado. Antes y después, otros convergentes con pedigrí me hicieron un comentario equiparable. Les gustaba lo que escribía como liberal-conservador, pero qué lástima que no fuera nacionalista. No sé si después de negarse durante años a reconocerse conservadores siéndolo en grado extremo —por lo menos del 31, alto grado masónico de los grandes inquisidores—, el cuerpo les pedía asumirlo, siendo también cierto que al final eran más integristas que conservadores, al igual que no manifestaban demasiado su catolicismo, por mucho que fuesen devotos de la Virgen de Montserrat.

Con la mayoría absoluta del PP, correspondía algún

símil expresivo puramente pujolista. En aquella circunstancia eran los hielos bálticos. Al helarse el mar Báltico se producía un cambio cualitativo a peor. Dijo y repitió: «El Báltico se ha helado. Mal momento para Cataluña. Nos quedamos a la intemperie». El Báltico se había helado. Es decir, en Madrid había un Gobierno con mayoría absoluta y Cataluña debería pagar peaje. Según leí después, los esquimales aprovechaban el invierno polar para arracimarse en sus iglús en estado de exaltación religiosa y darse a la práctica del sexo colectivo. Viendo a Pujol tejiendo redes en su leonera, estaba claro que el pujolismo y sus fieles, los *truly believers* y los de ocasión, no iban a quedarse quietos en su iglú.

El Báltico: solía poner cierto énfasis en esas cosas. En su *gravitas* casi nunca completa, en un rostro zigzagueado por los tics y la reiteración de gestos, con efectos casi cómicos, todo quedaba siempre pendiente de un doble sentido. Cerraba los párpados. Se levantaba una y otra vez del tresillo. De vez en cuando, en sus breves paseos, como de celda carcelaria que da para unos pocos pasos, quizás sin darse cuenta, de modo compulsivo, sus calzoncillos le debían de quedar encasquillados en la raja de las posaderas. Sin parar, con una mano libraba sus calzoncillos de ese deslizamiento un poco de posguerra acomodada y seguía dando la perspectiva báltica. Con las debidas distancias, a Napoleón se le podía observar una vibración en la pantorrilla izquierda como anuncio motor de alguna de sus grandiosas intuiciones. Como de costumbre, decía que sin TV3 y la inmersión lingüística Cataluña ya no existiría. Luego criticaba el relativismo, hablaba sin buenismos de la inmigración y desconfiaba del multiculturalismo. En esas cuestiones, los monólogos de Pujol eran de un instinto conservador y paternalista, pragmático pero identitario. Ese era su *modus vivendi*.

En aquel despacho de trabajo había una especie de rinconera media luna. Aquel día se quedó parado, con los puños en la rinconera, de espaldas a su visitante y hablándole a la pared. ¿Se creía lo que decía o simplemente teatralizaba? De hecho, la tesis báltica era una versión hiperbólica, típica de Pujol, pero lo cierto es que salías de la sesión de hipnotismo con la imagen de los hielos bálticos en la cabeza. Al contrario, era demostrable que CiU se movía tan bien o mejor con el Báltico helado que sin helar, pero cundió la idea de que el segundo mandato de Aznar era nefasto para Cataluña, sin tener en cuenta todo lo que había ido bien en el primer mandato con los pactos del Majestic y que seguía en pie. Ante la posibilidad de entrar en el Gobierno de España, le oí aludir a un discurso de José Antonio Primo de Rivera que habla de los catalanes como pueblo sentimental. La verdad —pienso— es que, como los antropólogos no digan lo contrario, en todos los pueblos hay un cierto sentimentalismo, pero me parece un truco desvaído usar este argumento. Quiero decir, que no es un argumento. Es una excusa. Decía que De Gaulle «no tenía nada, pero siempre tenía al alcance la cruz de Lorena». ¿Es que Cataluña es Francia o es que Pujol es De Gaulle? Ese día, y así lo anoté, le vi en forma, aguerrido, muy confiado en sí mismo. El Báltico helado era su hábitat predilecto porque respaldaba su victimismo sin que cesasen las transacciones en Madrid. Por eso no entraría en el Gobierno de España. En el vestíbulo de la sede de la Generalitat, los *mossos d'esquadra* chequeaban la identificación de los visitantes, la plaza de Sant Jaume estaba abarrotada de turistas sudorosos, y mientras tanto los hielos del Báltico bendecían al Pujol más taimado.

Aquel año celebramos el cumpleaños de Montse en Nueva York, con limusina esperándonos en el aeropuerto con un chófer cubano y estancia en el Waldorf Astoria. Un feliz capricho. A la llegada, cuando oscurecía, salimos a callejear. En un hotel, sigo creyendo que más por destino que por azar, vimos anunciada la cena con actuación de Michael Feinstein, un *crooner* que en aquellos tiempos nos gustaba. Reservamos mesa. El *maître* aceptó la petición de un pastel con velas. La concurrencia, como es costumbre, amable, aplaudió al apagarse las luces y aparecer la tarta. Después de la cena, Feinstein se sentó al piano: los Gershwin, Irving Berlin, Sinatra, Cole Porter. La felicidad, el estado de gracia. Un piano, una voz.

Edvard Grieg daba por supuesto que su música, seguramente por nórdica y de inspiración folklórica, tenía un cierto sabor a bacalao. En otras tantas partes hay música popular que huele a pies sucios. Al programar la música ambiental de los ascensores a menudo se condensan todos los símiles evocativos que vinculan la publicidad de desodorante y un *alegretto* trillado. Hay música para todo. El doctor Johnson mantuvo la sensatez al escribir que la música es un método para emplear la mente sin tener que pensar. Un sistema que nace de lo equívoco, una geometría en el tiempo: dulces o abruptas, se sabe que las músicas contribuyen al pasado que no habíamos vivido. Así pasó aquella primera noche en Nueva York.

Después de subir al Empire State Building pensé que por aquella vez ya lo había visto todo, y luego, en general, me pasé los días en el hotel, leyendo las grandes revistas americanas, compulsivo con el mando a distancia de la televisión, a la espera de las noches, que mayormente pasamos bebiendo, comiendo y fumando puros en el estupendo bar Bull and Bear del hotel. Entonces, desde quién sabe cuándo, ya era un viajero radicalmente sedentario, de los que llegan a Viena y se quedan en el hotel leyendo sobre el Imperio austrohúngaro. Con los años la pereza de viajar me convirtió en un sedentario de piso y ascensor. Infatigable, Montse recorría la ciudad. Sí, fuimos en carruaje por Central Park, visitamos la Public Library y vimos en el MOMA una exposición de fotografías de Walker Evans. Me di cuenta de que en aquellas instantáneas nadie sonreía. El sesgo de Evans me irritó. Anduvimos hasta Wall Street. Era un gozo saber que en una planta del Waldorf Astoria había vivido el general MacArthur al regreso de su regencia del Imperio nipón. Mientras mantenga las formas, el mundo de los Estados Unidos es el más cálido y abierto que conozco e, incluso en sus momentos de debilidad existencial, mantiene un tono de vida intelectual con energías superiores a las de Europa. Sus fatigas son más de transición, mientras que en Europa, donde el pensamiento —salvo Soljenitsin— no ha recibido la fuerza creativa que algunos esperábamos del Este cuando cayó el muro de Berlín, producimos excesos de retórica y de autoinculpación. No es menos cierto que los fenómenos de hipocondría colectiva suelen comenzar en los Estados Unidos para llegar luego a Europa, como el victimismo, lo políticamente correcto, el expresionismo abstracto, el realismo sucio y el antitabaquismo.

En *ABC*, mientras tanto, de cada vez más vinculado a la nueva estrategia del periódico, me percaté de que en el consejo editorial se iban asentando posiciones de moderación innovadora. El presidente de Prensa Española, Nemesio Fernández Cuesta, y el director de *ABC*, José Antonio Zarzalejos, marcaban el nuevo rumbo. Hacía aconsejable remozar el lenguaje del periódico para que sus principios pudieran consolidarse con los nuevos tiempos. Lo que no me esperaba era la propuesta de Nemesio Fernández Cuesta, secundado por el director: representar a Prensa Española en Cataluña, con el propósito de intentar una aproximación al mundo empresarial catalán, mantener contactos con el poder político y económico preservando por encima de todo la identidad histórica de *ABC*. No podía negarme, aunque perdería la libertad plena del escritor *free lance* y me vería obligado a los modos de simulación que requieren esas tareas. A sabiendas de que simulo con gran defectuosidad en la vida social, me embarqué. En el *ABC* de Cataluña había una redacción poco nutrida pero espléndida, de las mejores de Barcelona. Tenía la sede, casualidad irónica, en una planta del edificio donde estuvo Banca Catalana. La llevaba un joven periodista de raza, Pablo Planas. El pujolismo, aunque en etapas previas había intentado neutralizar al *ABC* hasta el punto de que había logrado introducir a un editorialista de su máxima confianza —al que yo había sustituido en los primeros años noventa—, imponía sus etiquetas, y el *ABC* era la caverna, el españolismo anticatalán. Avanzada la tarde, Planas y yo practicábamos el rito del whisky en el bar del Majestic. Entré en una fase más intensa de almuerzos y encuentros de contacto. Pronto entendí que introducir en la edición nacional más información sobre la vida empresarial en Cataluña topaba con inercias y prioridades en Madrid. Dimos la información cultural desde el prisma de una Cataluña bilingüe. En la edición de Cataluña introdujimos más información religiosa, porque la prensa de Barcelona —tal vez porque Cataluña se secularizaba aventajando a toda España— daba por hecho que el progresismo equivalía a dogma laicista.

Era en aquel tiempo cuando de vez en cuando veía a Filólogo, hasta que nos hartamos mutuamente. Es normal que, si en un mismo individuo las células cambian a distinta velocidad, las relaciones entre los individuos sean en no pocas ocasiones un choque entre ritmos biológicos. Filólogo era una especie de erudito con cien proyectos inacabados. Vivía con sus correcciones de alta calidad, de revisar originales muy a fondo y, sobre todo, de traducir del castellano al catalán las memorias y manifiestos de no pocos autores nacionalistas —políticos, sobre todo— cuya causa última era, paradójicamente, la defensa de la lengua catalana. Llamémosle hipocresía lingüística. A Filólogo eso le importaba poco: su interés definitivo eran las mujeres. Solía mofarse de la monogamia, del mismo modo que consideraba antitéticos el amor y el matrimonio. En definitiva, propendía al masoquismo y a ser engañado por sus sucesivas amantes. Para más inri, estaba convencido de que los demás —incluyendo sus amores— tenían que darle siempre la razón. Eso le llevaba a mendigar asentimientos. Luego se compadecía. Se encaprichaba de mujeres jóvenes, a menudo inestables y con trabajos peculiares; con una aspirante a *sommelier* tuvo un fracaso inmensurable. Después de cada una de aquellas relaciones a salto de mata, Filólogo quedaba desolado y eso, curiosamente, le daba vida. «Les doy una sola oportunidad y si no la aprovechan, ¡puerta!» Consecuentemente, ellas le daban puerta con frecuencia.

Una de las cosas que la experiencia enseña es a no meterse en las batallas amorosas de los demás, ni tomar partido por uno o por otro, ni aconsejar en ningún sentido, porque el perjudicado finalmente siempre eres tú. Lo más indicado es escuchar con una fingida atención, como si te importase algo que un amigo haya descubierto que su esposa le engaña con el quiosquero. Así que, de modo ineluctable, Filólogo me reprochó que no le diera consejos. Nos fuimos distanciando. Supe que, para sorpresa general, se había casado con una mujer mayor, poseedora por previas nupcias de un imperio inmobiliario de oficinas de alquiler. Me pareció una forma dignísima de convertirse a la monogamia, subiendo en el ascensor de la hipergamia.

Al instalarnos en Barcelona un buen amigo me aconsejó: «Los domingos acércate a Santa María del Mar, a la misa del cardenal Carles». Así fue, con el efecto añadido de que en su homilía el cardenal comenzaba en valenciano-catalán y luego pasaba al castellano, una y otra vez. Decía misa para la Barcelona real y no para la oficialmente nacionalista. Le visité varias veces en el Palau del Bisbe. Decía: «Cuando vine a Barcelona me insistieron mucho en que las misas debían decirse en catalán. Lo asumí, no muy convencido porque entiendo que lo fundamental no es la lengua sino que llegue la palabra y, sobre todo, el mensaje de Dios». Y luego añadió: «Para mí la Iglesia no es una academia de idiomas». Era ya la etapa última de Juan Pablo II, por el que fui regresando a la fe de nuestros padres, como si recompusiera un mosaico desquiciado por el paso de los cosacos.

El cardenal era un personaje aproximadamente chestertoniano. No creo que entendiese los cambios sociales de la época. Llevaba los aparejos de montañista en el coche y de regreso de alguna visita pastoral se encaramaba a las cimas. Es cierto que no logró interpretar las nuevas tensiones pero es que su tarea no era la sociología. No lo sé: ¿vivía anclado en unas formas eclesiales que estaban en riesgo cierto de extinción? Desde el primer día, la clerecía nacionalista —intrigante en grado sumo— se le resistió. Con dinero procedente de instituciones públicas algunos sacerdotes *abertzales* publicaron de vez en cuando un panfleto contra el cardenal, y le atribuyeron el concubinato con la esposa del chófer. Si su vida era el espíritu, su mundo temporal no tenía nada que ver con lo que estaba pasando en las familias, en las conciencias de los individuos, en las nuevas costumbres, por no hablar de la política. Una de las últimas veces que le vi me dijo que, afortunadamente, dados los desastres que habían pasado en la historia del pontificado, la Iglesia llevaba ya un tiempo con grandes pontífices. Y luego preguntó si era verdad que la política, la banca, todo, estaba en manos de los masones. Noté que eso le inquietaba mucho. Era un efecto de reloj atrasado que, al menos para mí, lo hacía aún más pastor de almas en un mundo desquiciado. Le dije que, por lo poco que sabía, la masonería todavía tenía cierto poder en el socialismo francés y que se notaba en el Parlamento Europeo, pero más como una red residual de intercambios que como un enemigo de la catolicidad. Por otras razones, los momentos de la vida en los que la luz cristaliza como un estado de gracia parecían favorecer mi acercamiento a la fe cristiana, frente a las idolatrías de supermercado, devociones de *reality show* y lo que quedaba de ideologías nacidas para dividir y enfrentar a los hombres. Al hablar con el cardenal Carles me vino a la cabeza aquella idea de que el absurdo no es el objeto de la fe. Es decir: puesto que el mundo es absurdo, la fe es posible.

Con la proximidad de un nuevo siglo, era como si el terrorismo hubiese multiplicado su capacidad asesina. Una mañana, temprano, bajo la ducha, oí la noticia de un atentado en Sant Adrià de Besòs. El comando Barcelona había asesinado a un concejal del PP. En Sant Adrià estuvieron la fábrica de Bultaco y algunas fundiciones antes de que la industria pesada cerrase las puertas. En la lontananza, estaban las tres chimeneas de FECSA, pero Sant Adrià era un tejido de empresas medianas y economía de servicios. Caminé con pesar. Entré en un bar. Unos hablaban de cría de canarios y en la televisión daban *Ironside*, precario *remake* de *Perry Mason*. Otros comentaban el buen humor de la víctima de ETA, padre de familia, deportista, ejecutivo de una empresa multinacional. Pasaban hombres indefinidos arrastrando el carrito de la compra. Los seiscientos alumnos del colegio Sagrat Cor desfilaron para manifestarse en silencio ante el ayuntamiento. De la casa de Ruiz Casado bajaban unos familiares con lágrimas en el rostro. El edificio estaba casi debajo del escaléxtric de la autopista, junto a una pequeña rambla con árboles y niños. Me vinieron a la memoria conversaciones con supervivientes de Hipercor. La noche antes, Ruiz Casado había cenado con un concejal de Convergència. «Era un hombre de bien», me dijeron algunas mujeres agitadas que reclamaban la pena de muerte. Solo el mayor cinismo, la figuración de lo inhumano, puede poner en duda que ser edil sea uno de los grandes honores de los hombres de buena voluntad. Observé más fatalismo que excitación. Tal vez por un sentido de la emoción, me vi en una pequeña comunidad que pretendía preservarse del determinismo impersonal de un cinturón industrial. Ruiz Casado era uno de los suyos. Todos se conocían y todos le conocían. Se decía que alguien había seguido los pasos de la víctima para informar a sus ejecutores. Había jubilados en bermudas, viudas con peinado de laca, amas de casa con bata de boatiné y rulos. Entonces alguien se santiguó. Vi al presidente del Gobierno, en Barcelona aquellos días, subiendo a dar el pésame a la familia del concejal asesinado. En contraste con la dignidad de las gentes de Sant Adrià, unas noches después, en una cena, le oí decir a un periodista que

Aznar se hacía preparar los atentados cuando estaba en Barcelona. Le pedí que se retractase y lo hizo, pero con la miseria moral de un periodismo sin principios que siempre puede caer más bajo de lo que puedan suponer sus lectores.

Como una grave paradoja pascaliana, mientras ETA mataba en Barcelona Harry Potter se hacía famoso en todo el mundo. En el año 2000, llegó a las librerías *Harry Potter y el cáliz de fuego*, cuarta entrega de la serie que la escritora J. K. Rowling había comenzado a escribir cuando estaba en el paro. Con la cuarta novela ya era millonaria. Después de cada una de las novelas de Harry Potter, las hipótesis sobre la siguiente ya llenaban páginas y páginas de internet. No se agotaban la fábula, las transiciones entre la hermandad y el terror, entre la irrealidad y el tacto de lo insospechadamente verídico. Cuando Dickens publicaba en Londres *La pequeña Dorrit* por entregas mensuales, los buques británicos aún no habían amarrado en los muelles de Nueva York y ya se les preguntaba a los viajeros cómo andaban las desgracias de la muchacha.

Para sus muchos lectores, en las novelas de J. K. Rowling —para mi gusto, un punto reiterativas y desmañadas—, la magia de Harry Potter sostiene a sus espaldas el volumen esférico del mundo, la incierta posibilidad de los cambios y la fuerza magnética de lo atávico. Al leerlas, chicos de todo el mundo vivían largas noches pobladas de escobas aerodinámicas, varitas mágicas, ausencias aterradoras, aliados poderosos y enemigos más que terribles. Nunca es demasiado tarde para imaginar. A eso, ¿no se le llama esperanza?

ETA era una máquina de destruir vidas y esperanzas. Se sintió la congoja total de Barcelona al saberse del asesinato de Ernest Lluch, el 22 de noviembre de 2000. Había aparcado en la segunda planta del garaje de su casa. Apareció una sombra de ETA y le disparó en la nuca. Le dejaron en un solar cercano. Una vez más, y de modo muy especial para tanta ciudadanía, esos tiros en la nuca iban mucho más allá del asesinato. Eran un triunfo de la inhumanidad, la secuencia irrefragable de Hipercor. Me costó escribir un artículo, sin dejar de verle con su flequillo irredento, enamorado y tan feliz como al ser confundido con el primogénito del actor Walter Matthau. Buscar una vía para la paz en el País Vasco fue su penúltima pasión, como ETA sabía. Sus maestros y sus alumnos quedaron estremecidos por el horror, también sus adversarios políticos, sus lectores, sus enemigos de partido, quienes admiraban su amena destreza intelectual en una tertulia radiofónica al pormenorizar sus alegatos austracistas. Recordé sus lecciones en un largo paseo aparentemente despistado por el paseo de Gracia de Barcelona o en una mañana dominical en el club de polo, junto a su casa, con cierta perplejidad de los socios menos socialistas. Como rector de la Universidad Menéndez Pelayo, le había visto, en Santander, más que feliz. A la vez, se hizo un adicto de San Sebastián.

Disponía del chisme como condimento de civilización. Cada vez aparecía más atraído por el *grand style* político de Tarradellas. Era siempre «el profesor Lluch». Me recomendó, casi como imposición, la lectura de su tan admirado Albert Otto Hirschman —muy poco convencional y de erudición enrevesada—, pero no sé si lo entendí bien, aunque me aclaró los porqués de algunas especulaciones de Lluch. De aquel precursor de una inflexión en el capitalismo me quedó la idea —si es que logré captarla bien— de las soluciones secuenciales: avanzar con lo que hay, sin pretender reformas o cambios integrales, sin pretender que todo se haga al mismo tiempo. Con motivo de una de mis críticas de libros, Lluch me llamó para reafirmar la importancia del liberal-conservador Antoni de Capmany, al que consideraba el auténtico precursor de la Renaixença. Eludía el reduccionismo nacionalista, buscaba el gran angular sustentado con la erudición, la pasión por el detalle. Al referirse a la cultura escrita en Cataluña, decía que, desde hacía siglos, Cataluña no se expresaba literariamente en una sola lengua y que, por tanto, representaba una descompensación —la nacionalista— reducir la historia cultural solo a lo escrito en catalán. Su tesis austracista llevaba a reconsiderar todo el siglo XVIII y los mitos sobre 1714. Defendía la calidad intelectual de la Universidad de Cervera. Ya refiriéndose a su estancia profesoral en Valencia, decía que el pancatalanismo —como yo había visto en Mallorca— provocaba anticatalanismo. Me sorprendió que compartiéramos el respeto por Balmes como escritor político.

ETA mataba más que nunca, y de alguna conversación con Lluch se deducía angustiosamente su asunción de ser un objetivo del terror. El atentado de Hipercor en 1987 me pareció que ocurría a dos pasos. Entonces yo vivía en Mallorca. Aquel día estaba en Barcelona. En un programa de TV3 me preguntaron si defendía la pena de muerte. Respondí que lo urgente era la cadena perpetua sin paliativos. Me miraron como a un brontosaurio que cruza el semáforo. Entre controles policiales y atascos, de camino al aeropuerto, en la radio del taxi escuché cómo en Catalunya Ràdio se instruía a los oyentes para exigir a la Guardia Civil que presentase la identificación. Todavía me horroriza, más allá de la peor revulsión, la frivolidad con que una cierta Barcelona ha querido ignorar a ETA mientras mataba en otros lugares e incluso cuando mataba en Cataluña, y más si era en un cuartel de la

Guardia Civil en Vic. No es nuevo que la sociedad catalana no sepa o quiera saber lo que le pasa.

En la manifestación de repulsa al asesinato de Ernest Lluch la mayoría compartía su rechazo a ETA. Las pancartas aprobadas decían: «Cataluña por la paz. ETA no». Otras pedían diálogo. Confieso que, en contra de mis emociones, no fui a la manifestación porque me temí lo que iba a ocurrir. De repente, la periodista encargada de leer el manifiesto final consensuado por los grupos convocantes se apartó del guion negociado y se dirigió a Aznar: «Ustedes que pueden, dialoguen». ¿Dialogar sobre qué y con quién? Aquel cambio de argumento tenía inductores. Los términos consensuados como lema de la manifestación no fueron respetados. El signo de la manifestación fue alterado impropiamente, dañando la unidad del acto. Lo dejo a la conciencia de quienes cometieron un error inexplicable o una tergiversación inmoral porque lo que importa es la memoria de Ernest Lluch, en nombre de las libertades.

Aquel mismo noviembre el recuento de las elecciones presidenciales norteamericanas, con el duelo entre George W. Bush y Al Gore, fue una película de misterio de serie B, con el melodrama de Florida entre recuentos ajustados y embrollos judiciales. Con escasa ventaja George W. Bush fue elegido presidente de los Estados Unidos, y muchos solo sabían que era gobernador de Texas y que su padre estuvo en la Casa Blanca. En las primarias republicanas, aunque con escaso margen, buscó asegurarse el voto republicano conservador, desplazando al senador McCain —confieso que era mi predilecto— y cultivando el voto moderado al que inicialmente optaba con su lema de «conservador compasivo». Propugnaba algo que después sorprendería: nuevas actitudes ante la inmigración y un tipo de reducción fiscal que repercutiera en la calidad de la escuela y la protección a la familia.

Como ocurre en el caso de tantos hijos que crecen a la sombra de un padre poderoso, Bush jr. llegaba marcado por el hierro del rancho paterno, pero los analistas le reconocían una pasión política veraz y capacidad para la acción. Aunque sus amigos le veían capaz de seguir una estrategia, sus adversarios le criticaban la falta de paciencia. Es anecdótico, pero lo cierto es que el rostro de Bush jr. me desconcertaba hasta el desagrado. Era un rostro yuxtapuesto. De una parte, la nariz de su madre —la formidable Barbara Bush— y, de la otra, la frente de su padre, pero apagada, con una boca destinada a reír como un patoso que celebra sus propios chistes.

Aunque inexpresivo y segundón, Al Gore, más joven y vicepresidente con Clinton, recordaba a Superman. En 1997, el historiador Arthur Schlesinger escribió que Al Gore podría ser el primer hombre del siglo XXI. Lo que no sabíamos es que, siendo el mayor enemigo del cambio climático, gastaba veinte veces más electricidad que el hogar medio norteamericano. Quien abraza una gran causa con maniqueísmo acaba siendo un sepulcro blanqueado. Tanta hipocresía destiñó la capa de Superman. En realidad, era un pagano de placa solar.

En la Casa Blanca, Bush hijo cometió errores, pero fueron pocos comparados con los líos en los que Al Gore hubiese metido a la humanidad entera. Yo pensaba que si bien George W. Bush no era el gran líder que hacía falta en un mundo globalizado, Al Gore era uno de los fraudes más aparatosos de la política del siglo. Por lo que vi, el forcejeo dialéctico entre los dos candidatos a la presidencia tuvo poco color: Gore engolado, enaltecido por sí mismo; George W. Bush, como campechano un poco malapata, un rasgo que algunos comentaristas consideraban fingido para no pasarse de listo. Se enfrentaban una concepción intervencionista del Estado y un modo de entender la preponderancia del individuo frente a la inercia redistributiva. Gore representaba —mucho más que Clinton— el afán mediador del Estado, frente a un Bush jr. decantado por un retorno de los poderes al individuo. Al Gore reclamaba la paternidad de internet, un patrimonio de gran provecho político. Otros comentaristas creían que Gore no pudo contribuir a la concreción de internet, puesto que ningún Gobierno puede contribuir a nada que luego funcione. Después del recuento bizantino de los votos de Florida, el poder y la gloria eran para Bush jr., aunque la duda y el embrollo judicial ofuscaron su ajustada victoria. Al Gore iba a dedicarse a producir vídeos en los que anunciaba el fin del mundo para anteayer.

Más allá del nuevo inquilinato de la Casa Blanca, había un mundo cambiante y desconocido, resbaladizo y traicionero. Un mundo muy incierto, constitutivamente ambiguo. Aun así, las élites ajenas a la impureza propia de la escena internacional estaban con una Europa que creía vivir en un mundo ya postrágico y las apuestas por un nuevo orden mundial llegaban imbuidas de universalismo, de nuevo increíblemente ajenas a la existencia porosa del bien y el mal, entre el caos y el equilibrio. Por mi parte, recelaba del cosmopolitismo selecto, de cada vez más atento a las lecciones del realismo cristiano de Reinhold Niehbur, como no ignorar que las concretas apariciones del mal en la Historia son la consecuencia de una raíz más profunda del mal o que la ambigüedad moral es parte constitutiva del poder.

Sobre todo, me intrigaba la política exterior que propondría Bush jr. Su padre aportaba el experimentado equipo con sello de *realpolitik*, el vicepresidente Dick

Cheney —un hombre clave para la independencia energética de los Estados Unidos—, y no faltarían los consejos de Kissinger. Pero al nuevo presidente le falló la economía hasta extremos recesionarios y la burbuja puntocom le estallaría en las manos. A los nueve meses de aquel día de noviembre, llegó el 11-S.

Todos los gurús suspiraban por la aparición de una clase media global. Emergía con vigor no siempre bien regulado el crecimiento de países como Brasil, India, Rusia y, sobre todo, China, con las ventanas abiertas a todo y ya efervescente en la Organización Mundial del Comercio, aunque un sentimiento de desposesión podía reactivar antiguos nacionalismos proteccionistas. Occidente había optado por quitarle plomo a la represión de Tiananmén para seguir comerciando con China y, sobre todo, aproximarla a la de por sí rocosa competencia multilateral, inevitable. China iba a ser el gran juego.

Al hablar de decadencia, ¿caemos en un *ricorso* o es que se trata de experiencia humana acumulada? En 1935, Valéry escribió que ya no miramos al pasado como un hijo mira a su padre, del que puede aprender algo, sino como un hombre hecho mira a un niño. Pero a finales de 2000 se tuvo la impresión pasajera de que no quedaban tantos asuntos pendientes y de que decaer —aun en un mundo arisco, encrespado y con bombas lapa a cada esquina— era algo que se podía contener con un bucle de fibra óptica. Pero olían a muerte las zonas de conflicto, crecían las deudas nacionales, el islam radical se hacía presente y la Unión Europea daba pasos en falso. En un mundo de formas morales desestructuradas, ¿cómo sobrevivir sin buscar el sentido de lo que somos y lo que hacemos? ¿Tenemos arraigos o somos okupas en una sociedad que repele?

Pasqual Maragall retozó posolímpicamente, pero no llegó al poder en las elecciones autonómicas de 1999. Aunque fue de nuevo la candidatura más votada, CiU ganó en escaños. Después de quince años, Maragall había dejado la alcaldía de Barcelona para ser —después de un año profesoral en Roma— candidato a la presidencia de la Generalitat. La costumbre es decir que Maragall fue un espléndido alcalde, y la verdad es que la ciudad, con los Juegos Olímpicos, se abrió al mar, esponjó barrios muy deteriorados y trazó rondas. En la medida en que una imaginación política en plenitud de agitación neuronal sobrepasa los formatos de la ciencia táctica, definir a Pasqual Maragall no es fácil, tal vez porque algo muy confuso se interpone entre el personaje y su retrato. En teoría, aquel Maragall procedía de la escuela regeneracionista y había vivido los valores de la Institución Libre de Enseñanza. Su catalanismo era dinásticamente inmejorable, como nieto de Joan Maragall. Podía dar la impresión errática de anticipar reformas del Estado como quien diseña el jardín del chalé en una servilleta de papel. Por ejemplo: según él, España era un proyecto y Cataluña, una realidad. Es una concepción honrosamente redentista pero alejada de la historia reciente. Insiste Maragall: «Cataluña es verdad, España es, más bien, un envoltorio, una cosa que se puede recrear». Lo más característico en su discurrir era ese impacto de imaginaciones simultáneas que alcanzan forma de tropel, para difícil aprehensión del común de los mortales. Tal vez sus palabras al ser aprobada la candidatura olímpica de Barcelona son las que mejor lo definen: «Lo que es bueno para Barcelona es bueno para Cataluña; lo que es bueno para Cataluña es bueno para España. *Visca Barcelona*». Se olvidó de decir también que lo que es bueno para España es a la vez bueno para Barcelona y Cataluña.

Hablé por primera vez *in extenso* con Pasqual Maragall en el bar del Parlament, junto a una ventana que da al parque de la Ciutadella. Le hablé de su padre, Jordi Maragall, un intelectual de rigor aunque de producción restringida. Le había conocido algunos años antes, en un encuentro sobre la cultura en el Estado de las autonomías, en un parador extremeño. A Pasqual Maragall, sobre todo, le interesaba proyectar un partido demócrata a la americana como coalición aclimatada de valores e intereses. Divagó: «En el PSC hubo sorpresa y perplejidad cuando Tarradellas fue a ver al rey a Madrid en lugar de ser elevado al poder por una asamblea de parlamentarios aquí, en la Ciutadella. El alcalde —Socias— tenía la llave del edificio donde había estado el Parlament de Cataluña. Todo parecía estar a punto». En silencio, jugó con unas migas de pan. «Quizás sí, quizás en definitiva Tarradellas hizo lo que más convenía.» En el trato directo su voz era soñolienta y nasal, la mirada angosta bajo unos párpados apiñados, el pelo ya cano, cierta desmaña gestual, los hombros algo cargados, la sonrisa entre aniñada y benévolamente artera. Tenía un corte de afeitado en la mejilla. No mostraba la prevención de los políticos nacionalistas al tratar con el *ABC*. Ya tenía la adhesión sin condiciones del periodismo de izquierdas y la animadversión tenaz de los periodistas cruzados del pujolismo. Tal vez por eso, para quienes éramos indígenas en la tierra de nadie, aquel Pasqual Maragall fue siempre accesible. Estaba en otro tempo, en el escorzo, en la impremeditación seductora. Si según la distinción magistral lo clásico son las formas que pesan y lo barroco son las formas que vuelan, Maragall era entonces un político barroco, cambiante. Como la escultura barroca, según la definen los tratadistas, rehuía el contorno, la fijación en una silueta determinada.

Adelantaba la frente fruncida como quien exhibe un nuevo concepto, como quien ofrece un cruasán recién sacado del horno. Era uno de sus exotismos creer en la política como pedagogía y a la vez rehuir la síntesis que esclarece. Aquel día me dijo que aparcaba su trolebús federalista para la alternancia en la gestión del bienestar de la ciudadanía catalana, en términos de competencia con los otros gobiernos autonómicos. Y luego: «Una diferencia entre Madrid y Barcelona es que el empresario madrileño que tiene una novia se hace fotografiar y el de Barcelona lo evita siempre que puede». Es el *going public*. Era un catalanista más bien laico, pero no agnóstico. Tal vez le hiciera falta para competir con Pujol, si bien no necesitaba legitimarse. Como socialista, estaba lejos de la radicalidad, aunque, supongo que por instinto, era un político experimentalista. Sin embargo, era un buen observador: «Es curioso que la gente de Convergència no sean tan buenos empresarios como los de Unió».

Sonrió cuando le hablé de las tensiones PSOE-PSC, para no decir nada, salvo explicar la enésima idea de España. Cuanto más cerraba los párpados, más parecía estar chateando online consigo mismo o acumulando tantos mensajes que el resultado final era un largo carraspear o ese chisporroteo confuso de las radios mal sintonizadas. En la Barcelona infinitamente progre gozaba de una reverencia mediática que era algo más que el estado de gracia.

X

Fin de siècle en Fontclara - Nuevos tiempos - Después del siglo XX - Los hechiceros sobreviven - Periodismo *full time* - Can Massana & Co - Una hiedra en el camino

Celebrar en su casa de Fontclara la llegada del Año Nuevo y el nuevo siglo —o el final del siglo XX— fue una idea que Leopoldo Pomés milimetró con diplomacia muy fina. Fuimos en tropel, vestidos de etiqueta por orden de Pomés. Su clan operó afectuosamente con alta precisión y por eso entrar en un nuevo siglo fue al mismo tiempo la noche de Belén con los Reyes Magos, la noche de San Juan y la noche de las Perseidas con su llovizna de estrellas. Nos sentimos espléndidos, estupendos, las señoras con el revuelo de sus trajes de noche y los señores con esa capacidad que el esmoquin tiene de dar sobrio aplomo al cuerpo más deslavazado. Las chimeneas crepitaban con altas llamas, entre el fulgor rojizo de los rescoldos, en pleno concurso de voces que hablaban de la vida, ingeniosas, frívolas, inquisitivas, con candor irónico e ironía cándida. Es en estas fiestas epifánicas cuando, en medio de una conversación, entre músicas y canciones, risas y abrazos, súbitamente se da, como el zigzag de un relámpago, un esquince del recuerdo: aquella noche quedé, por un minuto, ensimismado por la memoria de un rostro que me esperaba desde el pasado y cuya identidad mi mente no pudo recuperar, como el afásico que queda extraviado entre dos sílabas.

Mucho antes de la cena, se añadieron sucesivamente nuevos comensales, según un guion no escrito pero presente al modo de un reflejo de las hilanderas, con la rueca velazqueña ya en movimiento, para hilar los mitos agazapados en la composición humana. Madejas de deseo iluminan de forma queda el tapiz del fondo, tenue y algo más, inasible, la felicidad fugaz de la última noche de un diciembre. Creo que aquella noche logramos superarnos. Tantas risas, tantas confidencias, no pocas reconciliaciones, a sabiendas de que en el nuevo siglo seríamos los mismos, los que le tienen miedo a quedarse solos en el ascensor, los partisanos de la última copa, los desconfiados y los ingenuos. Poldo Pomés oficiaba o, dicho de otras maneras, era quien era, y eso hilvanaba aquella velada con gnomos, futuras pesadillas y choques en el pasado.

«¿Hemos llegado tarde?»; «Para comenzar, prefiero un gin-tonic»; «¿Alguien sabe el menú?»; «¿Películas con Nochevieja?: *El apartamento*, *El bulevar del ocaso*, *Algo para recordar*, *Tristes*»; «Fíjate que a veces prefiero Nat King Cole a Sinatra»; «Sí, desde que me separé me siento adulto»; «Cosas del corazón: nunca me olvido de la Cafinitrina, oro puro»; «¿Las niñas?, con los abuelos»; «Nunca te he olvidado»; «Sueño más y mejor»; «Me ocurrió en un *relais châteaux*. Un fiasco»; «¿Esquiar? Solo para pijos convergentes»; «Creo que estamos en la misma mesa»; «Ya sabes, el tiempo se alimenta de vida, como en un poema»; «A ver si ponéis música más *in*»; «Al final, lo que luce es el clásico vestido negro»; «Puerta del Sol no, por favor». Apoyado en el quicio de la puerta que da al pequeño salón, copa en mano, contemplé ese minué natural de los cuerpos que en la sala grande se aprestaban a una larga velada en Fontclara; y Poldo Pomés iba a ser el mago de la noche, taumaturgo mayestático contemplando a una pareja de mujeres que se contorsionaban con audacia al ritmo de alguna música de época cuyas voces me eran desconocidas. Fue autor y actor principal de aquella comedia ligera de una noche de diciembre con sus enredos, equívocos y un final feliz para recordar cuando el nuevo siglo escenificase de nuevo el choque entre la caballería polaca y los *panzer* de Hitler.

Los diálogos se deshacían y reanudaban, con interlocutores distintos que acababan siendo los mismos, mientras otras parejas conectaban por primera vez en silencio, sentadas en alguno de los sofás, sin dejar de pertenecer al todo de la noche, como en una huida hacia delante que tenía un sentido aunque fuese irreconocible. Gozamos con los disparates de toda noche especial, con el roce de astros femeninos, algo que es reconstituyente para el misántropo semipensionista que soy.

Doce campanadas, doce uvas —en mi caso, doce sorbos de whisky— y dar el primer beso a tu mujer en un nuevo milenio, prometiéndose ser mejor. Entrado ya el nuevo siglo, la noche tenía algo muy confuso de confirmación del amor. Así fue como el siglo comenzó, con unos días y noches gloriosos. Eso incluye un paseo matutino de Año Nuevo y nuevo siglo que nos dimos por los límites de Fontclara antes del último aperitivo de champán y zumo de naranja, el embrujado cóctel mimosa. Un ganso se paseó un momento por el césped. Pasamos junto a un almendro en flor, hacia un entorno de encinas. Pisé bellotas secas y vi el culo de un conejo que se escondía. La verdad es que es un portento de la conciencia que podamos ir envejeciendo biológicamente y a la vez sintamos con juventud nuestros actos y decisiones. De regreso a Barcelona, miré las choperas con el agrado de siempre. Aquellos chopos, casi hacinados para erguirse mejor, cualquier día podrían desaparecer, pero quedarían en los cuadros de la escuela de Olot y en los poemas de Josep Carner. Pensé que los chopos solo existen en plural, bebiendo de un torrente.

Ya en Barcelona, tomé nota del tránsito entre dos siglos y de las horas venturosas de Fontclara. Da buena vida saber que la amistad no está en alquiler. Había propuesto a Edicions 62 un dietario del primer trimestre de 2001, para edición en catalán y castellano, que se llamaría *Cien días del milenio* y cuyo original debía ir entregando sobre la marcha para publicarlo lo antes posible. No fue una mala idea.

Mirando hacia atrás sin ira, pensé también en lo que había vivido del siglo xx, siglo terrible, por el que había merodeado durante ya cincuenta años. Mi primera España eran a la vez los desfiles del Día de la Victoria en Palma y lo que le oía comentar a mi padre —antiguo azañista y buen lector— sobre las virtudes de la democracia. El franquismo eran el No-do y mi padre saliéndose del cine cuando lo proyectaban.

Aunque sabía que era pronto para ponerme a leer Historia de España, mi padre me sugirió mirar las ilustraciones de la *Historia del mundo* de Pijoan y las de la *Historia de España* del Instituto Pallach. Me quedó muy presente el fusilamiento de Torrijos en las playas de Málaga, como lo pintó Gisbert y años más tarde vi en el Museo del Prado. El conspirador liberal y algunos de sus compañeros se niegan a que el pelotón de fusilamiento les vende los ojos. Era una imagen idealizada, para subrayar más aún el absolutismo mezquino del reinado de Fernando VII, pero era historia viva de España. Me quedó *in mente* una España con dos ideas enfrentadas, aunque me di cuenta de que las dos Españas eran un mito insostenible y de que en la España real, la que hacía Historia, tenían que ir cabiendo todos, los constituyentes de Cádiz, moderantistas y exaltados, los caballeritos de Azcoitia y la memoria de la pasión carlista, la Institución Libre de Enseñanza y el integrismo, el novecentismo y el anarcosindicalismo, porque España es un todo, de comuneros y *malcontents*, proteccionistas y librecambistas, de monárquicos y republicanos, de nacionalistas y autonomistas y a la vez de centralistas, hasta configurar una suma de patrias que gradualmente incorporan el lugar natal. El hogar es el primer vínculo con la vida, la pequeña unidad social a la que pertenecemos es «el primer principio, el germen, de nuestros afectos públicos», dijo Burke.

Distinguir entre Estado, nación y patria no es una cuestión casuística, pero para mí los tres conceptos están tan entretejidos que los aplico de modo simultáneo. España, como nación y como Estado, ha tenido y tiene sus disfunciones, como cualquier otra nación-Estado y, a la vez, concentrarla en esas tensiones o deterioros —el «España me duele»— ha sido injusto. Algo ocurre, ciertamente, cuando el himno nacional de un país como España no tiene letra. A estas alturas, en un mundo en el que las minorías secuestran la agenda de las democracias, darle al himno nacional una letra en la que todos los factores centrífugos se sintieran —y en realidad no se sentirían— representados es uno de aquellos esfuerzos que solo conllevan frustración, pero la realidad de lo que, a pesar de la política, une a todos los españoles va más allá de distinguir entre nación y Estado. No me he alejado de lo que me enseñó mi padre, estimar el paisaje, las conexiones orgánicas con el pasado, de patrias que se encajan como una muñeca rusa. Ser español va más allá de tener un pasaporte o un DNI. Ponerlo en duda ¿es principalmente una distorsión generada por la dictadura de Franco o viene de mucho más allá? Creo en una España surgida de la tradición cristiana, pero convivo en una España donde hay masones y separatistas. Como dijo Renan, todos los siglos de una nación son páginas del mismo libro, en las que se mantiene vivo el afán de un futuro colectivo como un compromiso con la memoria de todos.

Me opongo a todos aquellos que querían ver la desintegración de esa España en la que me siento a gusto con Garcilaso, Verdaguer, Ortega, santa Teresa de Jesús, Ramón y Cajal, Balmes, Costa, Pla, Galdós, y que han dado prioridad al deterioro de lo que ha sido el zócalo de nuestro futuro como España. Una nación —dice Braudel— emprende una y otra vez su búsqueda y su afirmación, una capacidad evolutiva que se nutre de un *stock* de vastos inconscientes sin márgenes, mitos y sistemas ideológicos que se reunifican y arraigan. No tengo memoria de haber pensado que España fuese una entelequia.

La primera vez que me di cuenta de muchas cosas que ocurrían más allá de Palma y de la isla de Mallorca fue en 1956, con la represión del levantamiento de Hungría —célebre portada de la revista *Destino*—. Más tarde, la revista *Destino* sería la educación sentimental —literaria, intelectual, vagamente política— del adolescente que en aquellos años, de España, lo más inmediato, aparte de los manuales de Historia —por lo general inanes o con una épica vana—, era escuchar relatos de la guerra civil, filtrados por su concreción en Palma y la isla: los aviones republicanos —como los pilotos italianos que desde Mallorca bombardeaban Barcelona—, el funesto desembarco republicano en las playas de Manacor y los relatos de horror de una criada mahonesa que había vivido aterrorizada por los anarquistas que tomaron Menorca. Lo que pasaba en el mundo era aquella miscelánea llamada No-do.

Pocos años después, un militar con empaque y nariz proboscídea proclamó otra república en Francia y, al poco, Fidel Castro bajaba de Sierra Maestra. Eso no me importó tanto como un enamoramiento de infante, pero al construirse el muro de Berlín vi algo que sentí que no debía suceder: imágenes de alemanes huyendo del Este, en el punto de mira de los *vopos*. Al poco, mi padre, anticlerical de un catolicismo abierto, se puso a hablar del Concilio Vaticano II —con la satisfacción de que lo que él pensaba comenzase a ser—. Cuando la radio dio la noticia del asesinato de Kennedy estábamos en casa, sentados en torno a la mesa camilla. A pesar de su sordera, el abuelo Mas quedó abrumado por la noticia. Para los chicos, los Estados Unidos eran los portaviones de la Sexta Flota que anclaban en el centro de la bahía, los vuelos de prácticas de sus cazas con su impacto sonoro al traspasar la barrera del sonido y, para mí, también los conciertos que daban en el paseo Marítimo sus bandas, con el sortilegio rítmico de una *jazzband*. Así mismo, en los veranos los adultos se sentaban en la terraza por la noche para creer ver el paso de la luz intermitente de un satélite ruso —un Sputnik—. Alguna vez se decía —tal vez un tío lejano algo alocado— que Rusia no estaba tan mal porque allí lo repartían todo y la escuela era gratis. Me cayó bien que el nuevo primer laborista británico, Harold Wilson, fumase en pipa. Un Breznev de rostro abotargado tomó el poder en Rusia.

Ya en la Universidad de Barcelona, en 1966, fui un rebelde confuso, seducido por la palabra «anarquía» y contrario a la hegemonía del PSUC en el patio de Letras. Vi el arranque de las manifestaciones que estaban a favor de la democracia, no burguesa ni formal. Llegó la guerra del Vietnam. Estuve en contra pero no me tomé ni la molestia de ver dónde se situaba Vietnam en el mapa. Compré en Perpiñán el *Libro Rojo* de Mao y no pasé de la primera página. Así ya me escamó la Revolución Cultural china, con sus jóvenes guardias rojos enloquecidos. En la guerra de los Seis Días, sin tener conocimiento de la cuestión, me alegré de la victoria de Israel. En un bar de la plaza Villa de Madrid, al salir del comedor universitario de la calle Canuda, en una tertulia con becarios sudamericanos, la muerte de Che Guevara cayó como una bomba. Mis amigos estaban por el castrismo, mientras que los becarios defendían, con pasión, la democracia en su país. Así llegó mayo de 1968. El psicodrama en las calles de París o Berkeley nos afectó más que el final de la Primavera de Praga, pero para entonces yo comenzaba a entender que la opinión se rige por una doble vara de medir. Recuerdo que cuando el hombre pisó la Luna yo había buscado la soledad en un bar del barrio chino de Palma, porque todo me era ajeno, incluso —o más— mi propia vida. Era un *contramundum* de juventud, de pasiones sin sentido. Luego, acepté que la realidad me importaba más, hollada ya la Luna por el comandante Armstrong.

En virtud de un intercambio educativo entre España y el Reino Unido pasé el curso 1971-1972 en Irlanda del Norte, en plena acción asesina del IRA. Me permito afirmar que leer la prensa británica —y también el *Irish Times*, el mejor periódico de la República de Irlanda y no nacionalista— fue como hacer un máster, al igual que ver los informativos de la BBC en la sala de estar de la casa en la que me alojaba. Propenso a tener una ligera idea de cómo iba el mundo, sobre todo por ver entre las sombras de la guerra fría desde el mirador anticomunista, aquello me iba a servir para que la curiosidad por la política internacional llegase a pasión y luego a escribir sobre esas cosas en los periódicos. En resumen, mi modo de ver el mundo pasaba por seguir el espanto al otro lado del telón de acero, ya fuese en Cuba o en Polonia, creyendo firmemente en la idea del mundo libre, que identifiqué con Occidente. Sentir el temblor de la calle cuando estallaba una bomba del IRA me hizo apreciar el orden tanto como la libertad, indisolubles. Pensé que la salida posfranquista pasaba por el conde de Barcelona y la estrategia evolucionista, factible por la consolidación de las clases medias. Quien no aprecie la trepidación del cambio en 1975 se pierde un auge de la libertad, a pesar de la gravísima crisis petrolífera. Fue una indiscernible mezcolanza de impaciencia y de madurez porque el país seguía adelante. Regresó la monarquía como un árbol con raíces ancestrales y una ancha copa que abarca el futuro.

Durante los dos mandatos de Ronald Reagan, entre 1981 y 1989, no entendí el declararse a favor de sus ideas como una forma de provocar a los conocidos de izquierdas sino como una identificación con la gran alianza liberal-conservadora, la defensa de la economía de mercado y una estrategia contundente frente al expansionismo de la URSS. En España vivimos la crisis de la UCD, el advenimiento socialista, el terror etarra, un centroderecha sin líder y una sociedad que cambiaba con impulsos de vértigo. El 23-F, episodio de vergüenza inconmensurable, me pilló en mi despacho de la conselleria de Educación y Cultura del ente preautonómico balear hasta que dejé la política, pasando por el CDS por mi propensión suarista. Sobre todo, pude dedicarme a escribir *full time*, publiqué mis primeros libros y fui colaborando de cada vez más en los periódicos, hasta profesionalizarme al cien por cien. Así estuve en *Diario 16*, junto a César Antonio Molina, en *El País* de la mano de Lluís Bassets y en *ABC*, por deseo de Luis María Ansón. Me había casado con Montse Garriga y vivíamos en el pueblo mallorquín de Alaró, con cinco perros y dos gatos. En 1993 supe de la muerte del veterano corresponsal de *ABC* en Londres, Alfonso Barra, y opté a sustituirle. Todo se aceleró y en poco tiempo firmé mi primera crónica desde Londres, en pleno thatcherismo. Luego cayó Thatcher, entre otras cosas por los dilemas del partido *tory* sobre la Europa comunitaria. Aunque de modo residual, exmetrópoli de un gran imperio, en Londres se pensaba el mundo. En la prensa de calidad y la BBC aprendí algo todos los días. Se hundió el Imperio soviético, los Balcanes estallaron. Pasarían cuatro años antes de que un día de verano de 1993 Montse y yo aterrizásemos en Barcelona para vivir allí trece años antes de irnos a Madrid. Más allá de nuestras vidas, la Historia proseguía, con fatalidad e indecencia, con progresos y sin mucha grandeza.

Supuse que el nuevo siglo, en el mejor de los casos, sería trivial y opaco, con el sobresalto trágico a la vuelta de la esquina, un mundo técnicamente más dotado para prosperar pero con el riesgo de largos eclipses, como toda la Historia de la humanidad, solo que a un nuevo hiperritmo de transmisión y metástasis, la instantaneidad de la fibra óptica, omnímoda y veraz más allá de toda pauta natural. Las crisis morales llegarían agigantadas por un efecto mimético sin fronteras. ¿Cuál sería la fuerza de Occidente?

Con la China pujante podría ocurrir como cuando, al final de los Cien Días, con el ejército de la coalición antinapoleónica —defensora del orden legítimo—, a las puertas de París, Talleyrand escribe en una carta: «Nadie obedece, y nadie se atreve, empero, a mandar». Ya vivíamos el salto del totalitarismo a las fiebres relativistas. Lo previó Chateaubriand en unas líneas de *El genio del cristianismo*: «Muy cerca se está de creer todo cuando en nada se cree: hay adivinos cuando no hay profetas; sortilegios, cuando se prescinde de las ceremonias religiosas; y las cavernas de los hechiceros se abren cuando se cierran los tiempos del Señor». No faltaron precedentes: por ejemplo, el conjunto escultórico *El fin del siglo xx*, ejecutado por Joseph Beuys en los ochenta con vigas de basalto, fue la premonición desazonadora y bárbara de un nuevo siglo concebido para el horror y la banalidad, al acecho de la agonía del arte.

En España, todo lo que fuera consolidar el bipartidismo, dar razón al sistema autonómico, crecer y mejorar su posicionamiento internacional —sobre todo tener peso en Europa— habría de sumarse a una voluntad férrea de renovar el sistema educativo. Eso requería un periodismo riguroso, de calidad. No siempre lo conseguíamos. Coger el puente aéreo un mínimo de dos veces a la semana me cansaba más que una condena a trabajos forzados y sin embargo me sentía a gusto en Madrid, con el *tour* de todas las semanas en *ABC* por uno u otro despacho, y antes de coger el puente aéreo asistía a la reunión de cierre, tan vibrante en los días de estruendo político. En no pocas sesiones de FAES, los aguiluchos imperiales seguían con el marcaje a todo lo que fuera moderación. No eran muchos pero ubicuos, más sionistas que Beguin, más proamericanos que Rush Limbaugh en Fox News, más neoconservadores que los conservadores, porque es la reacción neuronal del converso, además de la estridencia carpetovetónica de algún seguidor de las hazañas del Capitán Trueno.

Lo importante era la pátina de *ABC*, a pesar de las intrigas habituales en todo periódico. Le agradecía al director su confianza. En las etapas que estuve en *ABC*, la noche de los premios Cavia me ponía muy sentimental. Algo flotaba en la gran sala, junto al patio andaluz —trasladado íntegramente desde la sede en Serrano— y el busto del conde de Barcelona. Era como si lo mejor del periodismo reviviera para organizarse en corrillos un punto maliciosos pero felices de conocerse. En aquellas noches me sentí siempre parte de algo que por unas horas nos hacía mejores. Asistía el *tout Madrid*, la familia real, altas autoridades del Estado, miembros del Gobierno, periodistas, toreros, escritores, cantantes, actores, políticos, empresarios, con don Guillermo Luca de Tena y sus hijas representando la continuidad histórica de *ABC*. Año tras año, los Cavia tenían algo irrepetible, más allá de la formalidad y el ritual. Allí me dijo Francisco Umbral que yo era un escritor burgués porque no sufría escribiendo. Quizás. Burgués, ojalá, pero desde luego siempre disfruto escribiendo, una columna, un poema, un ensayo. ¿Qué significa escribir artículos ágiles? ¿Ligeros? ¿Casticistas? ¿Vituperio directo? En toda radicalización de la política, el columnista puede dejarse llevar por el maniqueísmo. Yo creo que a uno no le pagan para simplificar sino para revelar matices. Uno de los años, el premiado fue Jean D'Ormesson; otro, Indro Montanelli. Pero en algún momento todo eso cambió.

Uno de los desplazamientos a Madrid era para participar en «Los desayunos de TVE» que presentaba Luis Mariñas. Generalmente yo llegaba a Madrid con tiempo para cenar con alguien y me alojaba en el hotel Conde Duque —en Valle Súchil—, del viejo estilo que siempre me ha gustado. A la mañana siguiente iba a Torrespaña. Era parte de mi rutina semanal. Arreglábamos el mundo con el conserje del hotel. Entraba en la librería Marcial Pons, especializada en historia, compraba alguna pieza sabrosa y pasaba unas horas leyendo en la cama antes de cenar —por ejemplo— en Solchaga, recia carta, ultratradicional. Y me gustaba, más que aparecer en televisión, la tertulia posterior con el invitado a los «Desayunos», en el pequeño salón con su tresillo notarial, mientras los dirigentes sindicalistas de la casa montaban guardia con esa abulia belicosa del no querer trabajar pero cobrando. Al cabo de unos años me llegó un fax de TVE para decirme que ya no contaban conmigo para el programa de las mañanas. Supe que había dos optantes que habían sido muy diligentes a la hora de hacer valer sus méritos en altas instancias. Años después, coincidí con Mariñas y me preguntó si tenía suficiente mala leche para abrirme paso a codazos, porque le había sorprendido que no luchase cuando TVE prescindió de mí. Me salí por la tangente porque no iba a decirle que creo en el libre despido y que —puesto que mi pecado es el orgullo— uno vale por lo que vale, no por lo que hace saber que vale. Así es como me iba en aquella buena época del periodismo. Volví a ver de vez en cuando a Mariñas, siempre generoso, sin mala leche, gallego como Dios manda. Murió a los sesenta y tres años porque alguna batalla de la vida le partió el corazón. Al saber de su muerte, no sé por qué, me vino a la memoria una tarde en la que salía del hotel Conde Duque y oí a un joven que hablaba por iPhone: «Dile que no se olvide de regar el bonsái». España imitaba a la sociedad del conocimiento y a la civilización de la abundancia.

En el puente aéreo, viajaba en *business* entre otras cosas porque podía coincidir con políticos y personalidades públicas por uno u otro motivo dispuestas a la indiscreción. Correspondía intencionadamente a la búsqueda de un nuevo *standing* de *ABC* como periódico de referencia en Madrid para los núcleos económicos de Cataluña, sin el *parti pris* de si existe una nación que se remonta a la Edad de Piedra. No me corresponde juzgar si aquello dio algún resultado porque en la fase de ahondamiento el Grupo Correo —luego Vocento— se hizo con *ABC* y acabó cualquier consideración estratégica a largo plazo. Especialmente, en los vuelos de regreso a Barcelona después de almuerzos abundantes, consejos de administración provechosos o del acto litúrgico-catalán de visitar ministerios, los empresarios y políticos que de ida leían los periódicos o repasaban dosieres, ya caída la tarde, en los penúltimos vuelos del puente aéreo, dormitaban o te hacían el relato de grandes jugadas político-empresariales no siempre concretadas, pero sobre todo deslizándose por el tobogán del *off the record*. Era habitual un preámbulo detallista sobre si se come mejor en Madrid o en Barcelona, un guiño aludiendo a una azafata casi absorta en su sexualidad y luego las cosas de Estado, público o privado.

Tengo muy presente la figura física de un habitual del *business*. Confió selectivamente en mi discreción durante los años que estuve en *ABC*. Era un *insider* de toda forma de poder. Luego le perdí de vista hasta que quedó tangencialmente implicado en una trama *offshore*. Salvó los muebles y se fue a vivir a Suiza. Desde entonces, y ya puestos en el AVE, el puente aéreo dejó de ser lo que era. Bronceado de golf, cintura trabajada en el gimnasio, la fisonomía anodina de una tercera generación de pequeños propietarios rurales desplazados a Barcelona, la mirada rápida de un depredador caritativo, mi predilecto tenía una nariz como partida por la mitad. Le pesaba el complejo de bajito: llevaba alzas de vaquero tejano y tenía que dar un salto para ubicar su maletín en el estante del avión. Divorciado, adoraba a su hija, que se había diplomado en IESE y hacía las prácticas en un despacho de Boston. Trabajaba como bróker para familias bien: es decir, dinastías de Barcelona cuyo fundador había creado una gran industria, la segunda generación la había puesto en riesgo y la tercera la había vendido a una multinacional o la tenía en manos de altos ejecutivos cuyo mérito consistía en reportar dividendos anuales. Aquel bróker asesoraba en situaciones de alto riesgo, lo que le convertía en el confesor de sus clientes. Su garantía, y me lo explicó muchas veces, era no tener ambición social, algo que negaba cualquiera de sus gustos. Pero, para ser rico, pagaba el precio de no presidir esas instituciones recreativas de Barcelona en las que se come bastante mal con la condición de llevar corbata. En fin, era un *off the record* de familiaridades de gusto discutible: el rey Juan Carlos era un cachondo; la tribuna del Barça, un coto de chatarreros; Pujol cumplía la palabra pero de lo de Banca Catalana quedaba mucho por trillar; ¿qué culpa tenían los empresarios de haberse tenido que entender con el felipismo?; el ministro de tal era pedófilo; aquel banquero se acostaba con la presentadora de un *reality show*. Intercalaba comentarios sobre la calidad de las pistas en Baqueira Beret, los gestos de salivación por las virguerías de los nuevos cocineros o beber cava con porrón. Era un *miles gloriosus* titulado en ciencias empresariales.

Como escritor el personaje me despejaba misterios de la sociedad catalana y luego me contaba intríngulis útiles para las páginas de economía de *ABC*. Después chequeábamos la información e intentábamos colocarla en la edición nacional, una sección en la que los intereses y las premuras de Madrid taponaban la entrada de noticias económicas de Cataluña. Era lógico pero se hacía fatigoso para los redactores de economía de Barcelona.

Si de Madrid llegaba con tiempo, a menudo quedaba con Montse en Pablo's, una pequeña coctelería por encima de Mitre, no lejos de casa. Era un bar de luces amortiguadas y parejas —directivo y secretaria, tal vez— que se tomaban una copa —posiblemente después de una refriega carnal al final de la jornada— y, sin mucho acaramelamiento, pasaban un rato. Éramos bebedores de barra. Pablo, de gran discreción, se sentía muy orgulloso si le pedías cócteles con pedigrí histórico. Me recordaba el Victory, junto a la rambla Cataluña, al que iba cuando me acercaba a Barcelona desde Mallorca. Pablo's era menos populoso, sin bebedores que alzasen la voz como en una subasta de coches embargados.

Luego cenábamos en Can Massana. Sin aderezo impune, en Can Massana la comida era gloriosamente casera, con las mejores patatas fritas que he comido jamás. Todo tenía un toque vetusto, casual, sin vanidades. Lo llevaban dos hermanos sardónicos, indiscretos y rápidos. Había un piano siempre en silencio y un rumor de cocina que abría aún más el apetito. No sé por qué razón, especialmente el fin de semana, Massana atraía a los pijos posmodernos. A mí, entre semana, me gustaba porque no era pijo ni posmoderno, sino una fonda de siempre, con una luz endeble, camareros en mangas de camisa, la barra con licores antediluvianos y una carta sin sorpresas.

Era conveniente evitar Can Massana los viernes porque era el día del editor Jorge Herralde y su *troupe* antes de irse a tomar copas al Giardinetto de Poldo Pomés, donde dominaba toda la planta baja una barra ideal, con esa curva que el viejo escritor cegato y su fiel Leopold Bloom aprecian tanto en el Mulligan's de Dublín. Publiqué algunos libros en Anagrama sin ignorar que Herralde, como editor, estaba muy sobrevalorado, aparte de ser un tacaño consistente. Como lector era insustancial, según comprobé al oír sus lecturas comentadas. Tenía entonces una mirada de prepotencia insegura, muy indefinida, y gustaba de castigar a escritores, críticos y agentes literarios. Respondía a los halagos con una suficiencia de aspirante a déspota mesopotámico, a imitación de quién sabe qué editor italiano con el que se hubiese codeado en la Feria de Frankfurt. Su mundo reflejaba la caída en picado de aquella Barcelona editorial que en los años sesenta había tenido su mejor vuelo. Como *remake* fallido, Anagrama tenía el mérito de haberse impuesto en un cierto vacío de poder literario, jugando muy certeramente la baza de los suplementos de libros —*Diario 16*, *El País*, *ABC*, *La Vanguardia*— que competían, para beneficio de los críticos, que cobrábamos más que nunca por pieza. En ese terreno, Herralde alcanzó el podio y el periodismo cultural le aclamaba periódicamente como el señor de Hawái. Con aquellos escritores que más dependían de él usaba una sorna autocrática, fría, siempre previsible. Sus miradas de reojo solían ser de pastor que controla el rebaño y se está pensando cómo engrosarlo y con qué cabra simular la cópula.

De regreso a casa, en las palmeras de Mitre las cotorras prófugas de sus jaulas de oro parloteaban y convenía tener en cuenta lo agresivas que podían ser. Ya entonces, con la revolución verde, los animales habían pasado a ser seres supuestamente incapaces de dañar a los humanos salvo si se los atacaba, pero mientras tanto las defecaciones de las palomas estaban corroyendo las catedrales góticas de la Europa grande. Después del grave error del buen salvaje rousseauniano habíamos pasado al cocodrilo evangélico. El petardeo de un autobús era un delito mientras las placas tectónicas de toda la vida derramaban la lava de los volcanes o hendían la corteza del planeta dejando a naciones enteras a la intemperie. Era como tomar un menú vegetariano frente al mar por donde avanza la oleada destructora de un maremoto.

Aquella ruta era propicia a las reconciliaciones maritales después de algún altercado. Del mismo que en la vida matrimonial hay cónyuges muy diestros en la arquitectura militar —bastiones, antefosos, casamatas—, los hay que se desenvuelven, casi vocacionalmente, en la estrategia ofensiva, de modo especial en la guerra relámpago. Pueden convivir un constructor de baluartes defensivos como Vauban y un practicante del *blitzkrieg* como Guderian pero, aunque parecería lógico, no se da el caso de cónyuges que sean diestros tanto en la ofensiva como en la defensa. Luego, luminosamente, queda siempre la posibilidad de que sobreviva el amor. Yo creo que lo peor es la guerra de trincheras, porque infunde desamor y, según pasa el tiempo, desemboca en el odio. Sin amor no hay la Tregua de Dios. La conflagración estancada tiene nimiedades memorables, pero puede acabar propendiendo a la indiferencia, que es esa estampa de un matrimonio que no tiene nada que decirse, frente a frente pero sin mirarse, en un restaurante. Con el tiempo, una mínima implosión puede destruir esa textura de los afectos, que requiere de una paciencia pospasional y que avanza con la brisa en las velas y no con viento racheado.

Una de esas noches íbamos para casa con una sensación de felicidad invencible, cuando a mitad de camino cayó un chubasco. Fue una cortina de agua que distorsionaba las luces y los volúmenes. El puente pasarela sobre General Mitre quedaba sombrío bajo la lluvia intensa, como un amarradero medio en ruinas, azotado por olas oscuras, del que se parte hacia la isla de los muertos que pintó Bocklin y musicó Rajmáninov.

Calados hasta los huesos, al abrir la puerta de casa oímos la intensidad de un aleteo y el chirriar de pájaros. Habían entrado por la puerta que daba al patio, huyendo de la lluvia, dándose contra las paredes y los cristales, buscando la leve calidez de la parte posterior de la televisión o el ordenador. Los fuimos ahuyentando con la chaqueta o un periódico. Gemían, chillaban, daban mucha grima. De repente nos dimos cuenta de que la gran hiedra que cubría las cuatro plantas del edificio, cuya parte trasera daba a nuestro patio, se había desplomado con el chaparrón, cayendo con todos los pájaros que la usaban como refugio o para anidar. En el suelo, la hiedra presentaba su anverso y reverso, desmadejados, de un verde oscuro brillando bajo la lluvia. Era como el despojo de un río sagrado de Ranchipur. Después del safari, quedaba el piar de unos gorriones que se habían puesto detrás de los volúmenes de la *Enciclopedia Británica* y algún otro pájaro que se extravió por el piso.

A la mañana siguiente, supimos que con el percance tempestuoso a nuestra buena vecina y propietaria Rosa Salvatella le había fallado por completo el corazón. Antes de acercarme al quiosco, entré en la iglesia dels Josepets, con sus peldaños que la mantenían por encima de la plaza de Lesseps, esa que a todas horas siempre tiene algo de descampado con anorak. Aquella parroquia había sido la capilla de un convento de carmelitas descalzas, ya derruido. Sentado en los últimos bancos, recé sin perder de vista al sacristán sigiloso que recomponía el altar después de la primera misa. Allí, en la cripta, estaba enterrado el Baró de Maldà, personaje patricio del siglo XVIII que dejó escrito un dietario extenso en el que abundaban las comilonas, hipocondríaco, respetuoso con la vida, gregario, inexactamente ilustrado, y prosista de andar por casa si tenemos en cuenta a los prosistas de la Europa del Siglo de las Luces. Al leer páginas de los sucesivos volúmenes del *Calaix de sastre* que escribió me viene la nostalgia por el mundo prerrevolucionario, ganas de ser un tradicionalista *fainéant* que va de chocolatada en chocolatada y vive de modo tan entretenido y cordial que puede saltarse la Historia. Benignamente indiscreto, su versión del mundo venía a ser la misma que la del sabio quiosquero de Lesseps. Leer al Baró de Maldà da ganas de desayunar dos veces. Quién sabe si habría que tomar rapé. Quién sabe si la plaza de Lesseps perdió su alma el día que dejaron de circular los tranvías. Los nuevos arquitectos la habían despojado de espíritu. Pero no dudé que el alma de Rosa Salvatella había alcanzado ya la inmortalidad.

XI

Las torres más altas - ¿Somos entropía? - Piso en Balmes - Aparece Artur Mas - Escenarios de corrupción - Fèlix Millet - La princesa de Costitx - Espías en Marrakech - El pianista del Mamounia - Scruton entre serpientes

La Historia como azar te abruma cuando estás haciendo la siesta en tu casa y dos aviones se estrellan contra las torres de Manhattan. Ya zapeando de la CNN a la BBC, Fox News o Bloomberg, no hay casualidad posible y de nuevo te pesa la Historia como tragedia sin nombre. Las primeras hipótesis sobre un ataque islamista encajaban con aquella humareda y los muertos de una nueva guerra contra la civilización de las libertades, del derecho y de la *christianitas*. Las calles del mundo estaban semivacías. En casa sonaba el teléfono, pero fueron llamadas muy breves, de angustia y, lo digo sin reparos, deseo de represalias inmediatas. Cogí el metro en Lesseps hacia paseo de Gracia. En *ABC* escribí un artículo sobre las guerras del siglo XXI. Aquellos días había estado leyendo —increíbles azares de la lectura— el libro de Martin van Creweld sobre la transformación de la guerra. Publicado en 1991, diez años después aquella tesis se hacía realidad: la guerra convencional quizás se acababa, pero la guerra, *per se*, estaba viva y coleando, a punto de entrar en otra época. En el metro había una mezcla de inquietud e ignorancia. Me excitó tanta trivialización de la tragedia. Deduje que las nuevas masas, después de la agitación del espectáculo enorme, acabarían ignorando el peligro islamista.

El siglo XXI recomenzó aquel 11 de setiembre, como una quebradura del eje del planeta. Si el terrorismo islamista atacaba Nueva York es que atacaba a todo Occidente, como en el período que comienza en 1914, el más bestial de la Historia registrada. Transcurrimos de la inseminación recíproca de los grandes totalitarismos del siglo XX al choque de civilizaciones. Nos asola que el lenguaje resulte imposible después del Holocausto, pero el arte ha de seguir siendo una apuesta por la trascendencia, en pugna con la finitud.

Los primeros comentarios que oí en la calle eran de espanto, aunque con el tono de quien contempla un espectáculo que le es ajeno y del que, en no pocos casos, se daba la culpa a los Estados Unidos. Luego circuló —y circula— la especie de una conspiración judía. Alegría en Palestina. Pesar en Occidente. El antiamericanismo revivía, rotundo y analfabeto. Los mejores servicios de inteligencia ya llevaban mucho tiempo indagando en las redes islamistas e identificaban a Al Qaeda como la peor amenaza. A la semana del 11-S, los Estados Unidos iniciaban la acción militar en Afganistán para atajar a Al Qaeda, protegida por los talibanes. Su líder, Osama Bin Laden, estaba en Afganistán.

Parte de Nueva York había quedado como fuera del tiempo, un averno perimetrado a la velocidad del láser, devastado por un nuevo y viejo horror que habíamos preferido ignorar a pesar de los avisos. Símbolos que eran la pujanza tanto de la libertad como de la codicia pasaban a ser el botín de quienes ocuparon Constantinopla, asediaron Viena o invadieron España, al modo de un lapso de siglos entre Mahoma y Lincoln, entre la Hégira e internet. Azorados por el filo de la espada enemiga, los pueblos niegan su propio carácter, niegan la humillación para sobrevivir entre sus propios despojos. En ningún instante pensé que el terror islamista ganaría aquella guerra que él mismo había declarado, pero por fuerza condicionaba a las sociedades abiertas que optasen por mirar para otro lado o por ofrecer comprensión al enemigo. Después de una masacre no se presenta la otra mejilla.

Para André Malraux todas las mañanas eran la entrada de Alarico en Roma. La desmemoria —como es constatable— conduce a un negativismo inconsciente, que se suma a la negación articulada. Al mismo tiempo, los agentes maléficos sacan provecho, como el general serbio Ratko Mladic, que justificaba sus crímenes en Srebrenica diciendo que había llegado el momento de vengarse de los turcos. Por otra senda, la movilización total del pensamiento heideggeriano sobrevivió a las ruinas del III Reich y se reinstaló como ideología del deconstruccionismo, mucho más atractiva para muchos que la tragedia checoslovaca en 1968. Aún humeantes los cascotes de la tribalidad balcánica, reaparecía —por mucho que se haya negado— el choque de civilizaciones. Los biólogos consideran que la vida es la lucha permanente contra la propensión a generar entropía y, puesto que no podemos esquivar esa entropía, a los organismos vivos no les queda otro margen distinto al mal menor: es decir, ralentizarla en busca de un orden constante. En cierto modo, ¿puede decirse que solo somos entropía? Después de las Torres Gemelas, ¿qué?

Lo turbador y fascinante es que, inmediatamente después de la tragedia, nos tomamos un café o resolvemos un crucigrama. Antes del ataque al World Trade Center, nos habíamos mudado a la calle Balmes, entre Marià Cubí y Laforja, por encima de Travessera. Aquel 11 de setiembre, mientras las televisiones daban una y otra vez la imagen cataclísmica del desplome de las dos torres, me asomé a Balmes esperando no sé qué.

Me gustan las casas vividas, con espejos de baño envejecidos, el roce de los años en las butacas y, apoyado en el suelo, ese cuadro que no sabemos cómo colocar. En el piso de la calle Balmes, de inmediato habíamos pasado a esa ventura doméstica que consiste en confiarte, en arraigar entre cuatro paredes. Desde que nos casamos, hemos tenido la suerte de ir de casa en casa, dando por hecho que cada una era la casa de nuestra vida, para madurar, reír y envejecer. En la calle Balmes, con poner cristales dobles, recuperamos la calma del Putxet. Era un piso muy espacioso y holgado, en zona de clase media formal, en un edificio de toda la vida, con portería, ascensor de puertas clásicas y una amplia escalera de caracol con rellanos para dos pisos, barandal forrado de madera y vecinos que se daban los buenos días. Los libros cabían, el parqué había resistido los años y quedarte en casa era una victoria de la libertad.

Desde el primer momento, en las mañanas de Balmes, me acostumbré a desayunar en el pequeño bar K, una costumbre que duró largos años. Al bajar a la calle, ver la suave curva de Balmes —más dócil y menos majestuosa que la gran curva de Regent Street trazada por el genio de Thomas Nash— me invitaba a vivir sin pesares, predispuesto a la razón y a la fe, y a considerar la raza humana como algo distinto a la zona de simios en un zoológico. Ese era un instante de plegaria sucinta, poco sacrificial, porque luego miraba calle arriba y allí estaba, como desembocadura de una suerte de belén, la dulce mole del Tibidabo. Reconciliarnos con nuestra propia existencia, tan finita y limitada, depende de estas primeras miradas del día, tanto como de las pequeñas barras de pan, justamente crujientes, con jamón, que el dueño de bar K, sin mediar palabra salvo el «buenos días», me servía en la barra.

De Barcelona prefiero las mañanas claras, con un toque de burguesía que tal vez nunca existió, mientras que en la semioscuridad de los establecimientos menestrales el día ha comenzado frugalmente, subiendo la cortina metálica como quien cumple una penitencia muy por debajo del pecado cometido. En cuanto a las muchas horas húmedas de Barcelona hay que dejarlas pasar en un bar, con aire acondicionado y sin hilo musical. Hay una Barcelona de trazo grueso, dominada por milhombres que hablan del Barça y de política global, y otra de té con leche, acuarelas matutinas habitadas por señoras de clase media con clase que nunca salen de casa sin un collar de perlas, aunque arrastren el carrito de la compra, y que desayunan con una hija punk que pronto va a casarse con un campeón de Baqueira Beret. Ya no es la Barcelona burguesa ni lo será nunca, pero pudo serlo. En aquellos años, los porteros, antes uniformados, se pusieron a barrer la acera con camiseta con eslóganes pop.

Ensimismado en la perduración de sus poderes, Jordi Pujol llevaba tiempo dándole vueltas, a regañadientes, al propósito de buscarse un sucesor que se ajustase con docilidad a lo que algunos todavía consideraban el proyecto de *fer país*. Previamente había eliminado a quienes podían competir con él, pero el tiempo había ido transcurriendo, el mundo cambiaba, el pujolismo se había agostado y una gran parte de la sociedad catalana no sabía dónde estaba. Tal vez con la idea de ganar tiempo y lograr que se destruyesen entre ellos, colocó a Artur Mas en Economía —y luego como *conseller en cap*— y a Duran i Lleida en la conselleria de Governació. Eran dos responsabilidades indefinidas *ex profeso*, como solía hacer Pujol. Desde que en Irlanda del Norte leí las vicisitudes de los democristianos de Unió Democràtica, con Pau Romeva fusilado en zona nacional y Maurici Serrahima encerrado en una checa de Barcelona como presunto jefe de Falange, sentí proximidad con aquel partido de cuadros, aunque su coalición con la Convergència de Pujol —un movimiento, más que un partido, de y para la ambigüedad— me distanciaba. Con todo, Duran i Lleida podía ser el hombre que diese el giro pospujolista, mientras que Artur Mas no tenía perfil ni sustancia. Antes de que Artur Mas fuese nombrado *conseller en cap*, estuve hablando con Duran en su despacho. A diferencia de las huestes nacionalistas, sabía cómo iba el mundo y tenía una cierta idea de la moderación y de cómo preservar el vínculo de Cataluña con España. Me dijo que si Pujol designaba a Mas como sucesor, nombrándole *conseller en cap*, él dimitiría. De pie frente al gran ventanal de su despacho, contemplamos la sombra poderosa de la ciudad. De nada sirve especular sobre cómo habría sido el pospujolismo con Duran, ni qué hubiese pasado si Unió se hubiera desgajado de Convergència; aun así, todavía pienso que fue una oportunidad perdida. Pasqual Maragall llevaba una nimia ventaja en las encuestas. Duran estaba muy bien visto en toda España. Algunos prohombres de Convergència pedían a Pujol que designase a Duran. Finalmente, como un esqueje del pujolismo dinástico, el candidato fue Artur Mas. Desayuné con él en un comedor de la Generalitat. Su mirada, clara aunque fría, quedaba absorbida por una geometría facial angulosa cuando apretaba las mandíbulas. El día anterior, el gurú informático Nicholas Negroponte había hablado en Barcelona, en un congreso de algo. La revolución digital había comenzado. Negroponte había hablado de lo que podía suponer la aportación de ordenadores de bajo precio en la economía de África. Vi a Mas presidiendo el acto. Al día siguiente, me preguntó cómo veía yo el futuro político. Con candor pedante, le dije que un líder para el nuevo siglo tenía que estar en la cresta de la ola *high tech*. Negó con la cabeza. Creo que lo entendía pero le rebotaba, como si él mismo se hubiese programado para atenerse al prosaísmo pujolista, según su papel en el guion. Sin concretar, insistió en la Cataluña *business friendly* y en los méritos de la economía liberal, sin ninguna referencia al alma nacionalista. Creo que ni tan siquiera le interesaba saber lo que era eso. Era lo que había y el poder estaba allí.

Algo olía a corrupción en aquellos momentos. Aunque no hacía mucho tiempo que a los pequeños sus padres les aconsejaban lavarse las manos después de tocar dinero, ya imperaba la cultura del pelotazo y de los políticos con sus sacos de plástico llenos de dinero negro. Los científicos dicen haber aislado el olor del dinero, ni perfume ni aroma. Es el olor metálico que desprenden las monedas debido al contacto con la piel sudorosa. Mandeville conoció el olor del dinero. En su *Fábula de las abejas*, cuando algunas abejas se hartan de que la colmena viva en el lujo y en el confort, imponen un sistema puro e irreprochable. Llegan la pobreza y el declive. Mandeville deduce que las virtudes públicas se sustentan en los vicios privados. Un costumbrista burgués como Mesonero Romanos coincide perfectamente en que sin vicios humanos no hay prosperidad ni progreso. Sin lujo ni vanidad, inspirada en el desprecio de los placeres mundanos, la sociedad se convertirá —dice Mesonero— en un cuerpo raquítico y apocado.

Incluso desde un punto de vista utilitarista, la corrupción encarece, causa inseguridad jurídica e incluso, al margen del deber ciudadano, corroe ese elemento de reciprocidad que también es un componente de la ética. Pero las motivaciones del *homo economicus* no tienen por qué ser frontalmente incompatibles con las virtudes del ciudadano. La corrupción no es de derechas ni de izquierdas, sino un efecto tóxico del poder. La corrupción, como la santidad, es una manifestación de la naturaleza humana. Lo importante es que las leyes estén bien hechas, que se cumplan y que exista un sentido del bien común, ya delicuescente con el nuevo siglo. En las sobremesas siempre ha habido alguien dispuesto a decir que, al menos en los países latinos, un poco de corrupción engrasa las poleas del sistema. Solo un poco. Lo decían algunos contramaestres del pujolismo. Esa pizca de corrupción acaba siendo un alud. Deteriora el sistema. Corroe la política.

En los días expansivos de la corrupción en Mallorca, cuando estaba allí unos días, regresaba a uno o dos bares en los que tenían cobijo la pequeña turbamulta de noctámbulos, políticos fracasados, picapleitos temibles y, con el tiempo, protagonistas ante un juez de las fiebres de corrupción pública que ya intuí cuando estuve un tiempo en política. Era un espectáculo incómodo. Estaba allí, en la barra, tomándose el aperitivo, un condiscípulo del bachillerato en el colegio de San Francisco y te contaba su reciente crucero por el Índico. Luego pasaba a rememorar los profesores que habíamos compartido: el señor Sampol, de Latín; Villalonga, de Historia; Payeras, de Literatura; Nadal, de Matemáticas; Ramón, de Francés, y sobre todo, como un tótem temido por varias generaciones, la figura del padre Toni —*es ca de bou*—, que dirigía el colegio con mano de hierro, logrando a bofetadas que fuésemos el centro privado con mejores resultados cuando íbamos al instituto a examinarnos de las dos reválidas. Y así concluía el aperitivo, después de aconsejarme un nuevo bistró francés con las mejores ostras. Al poco, acababas sabiendo que aquel viejo camarada de pupitre iba a pasar por el juzgado y tenía ya una celda habilitada en la cárcel de Palma. Ocurre en las sociedades desvinculadas —no por perversión, sino por falta de costumbre— de una cierta idea del bien común y en las que solo la rectitud y la transparencia institucional —el imperio de la ley— podrían evitar el chapoteo en los páramos de la corrupción.

Al haber conocido personalmente a dos o tres políticos corruptos, de mayor o menor cuantía, creí comprender que todo giraba en torno al sentirse impune. El corrupto se aloja en una burbuja que le parece inviolable, como una cristalización matemática. Los cálculos del corrupto, según cree, nunca pueden fallar. Algo le hace invulnerable: en consecuencia, más osado. Latente siempre está la corrupción como atavismo. El señuelo consiste en ofrecer una ilusoria proporción entre riesgo y beneficio. Sea en el hoyo nueve del campo de golf o en una esquina de la Puerta del Sol, la tentación es la misma. Luego uno la celebra con caviar o con bocata de tortilla. El timo rudimentario del billete de lotería premiado sigue funcionando igualmente en la era digital. Los cibernavegantes comenzaron a recibir ofertas colosales de banqueros de los Emiratos Árabes Unidos o de viudas de estadistas africanos en apuros transitorios. El fraude piramidal o esquema Ponzi —por el nombre de su urdidor— funcionará mientras se añadan nuevos inversores atraídos por beneficios fuera de lo común. Luego la pirámide, carente de base, se desmorona. La policía esposa al émulo de Ponzi: hay que buscarse al mejor abogado.

Por lo que vi, que corromperse fuese tan fácil, tan atractivo, era atribuible no pocas veces al consumo de cocaína, que genera una propensión apolínea a desconectar de la realidad hasta negarla. La cocaína puede haber sido uno de los amortiguadores en la conciencia del corrupto y, sobre todo, en la construcción de su impunidad. Todo era irreal y, por tanto, aunque el dinero se trasladase a un *offshore*, ni pasaba ni podía pasar nada.

Existe un tipo de votante al que no le importa el grado de corrupción de los políticos que le representan siempre y cuando acceda a sus solicitaciones. Eso estaba ya en los consejos electorales que Cicerón le daba a su hermano. Que de noche llenase su casa de gente, que fueran muchos los que dependieran de la esperanza de una ayuda, que acabasen siendo más amigos de lo que eran, que sintieran el halago en sus oídos. En fin, que todo el mundo prefiere una mentira a un no. Prometer, ofrecer: finalmente, cumplir con lo que se disponga de dinero público. Es el territorio pringoso y oscuro de la compraventa democrática. Los partidos políticos se desprendían de sus personajes con sombras de corrupción por presión ambiental y no por un principio selectivo.

Fueron años —demasiados— en los que la corrupción dejó de ser un vicio privado y se propagó con efecto mimético, competitivo. Arraigó el desuso de las virtudes públicas. Al final no había diferencia entre el corruptor y quien se dejaba corromper. En Mallorca, presencié el arranque de la corrupción pública. Quería escribir un relato sobre un almuerzo de corrupción pero desconocía las formas concretas de una especulación inmobiliaria a partir de alguna complicidad municipal. Le pedí orientación a un amigo, abogado y político, para disponer de veracidad técnica. Le llamaré D. Me ayudó hasta el punto de que, para concretar, le presenté un cuestionario y lo respondió con los detalles de recalificaciones de suelo, permisos de obras, soborno de funcionarios o concejales. Escribí y publiqué el relato, sin afán de literatura de denuncia, sino como una escena cotidiana en la que de forma sesgada corromperse era algo natural y casi beneficioso para todos. Si alguien leyó ese relato no creo que se diera cuenta de que la historia partía de operaciones concretas, traspasos, planes de urbanismo, calificación de solares, permisos de construcción.

Escribir sobre D. involucraba afectos y me obligaba a borrar pistas. Disfruté con él muchas noches alocadas. Con unas copas se transformaba y todo le parecía posible, como si aquella noche fuese la última en el confín de un imperio en el que los más libres se lo merecían todo. Comenzabas la noche en Palma y la acababas en un rincón remoto de Mallorca viendo salir el sol con sujetos inverosímiles que entraban y salían de los escenarios de D., del mismo modo que un jefe de pista con chistera tiene a todo el circo en danza con un chasquido del látigo. Con las copas se liberaba de una presión, no sé cuál, y se convertía en un adolescente dispuesto a quemar la noche. En una discoteca del Jonquet, que cerraba de madrugada, dominaba la barra como si fuese el príncipe de una generación perdida, riendo, como cuando apostaba con rapto en el casino de Santa Ponça. En la discoteca, cuando me iba hacia el lavabo, notaba movimientos de pánico: algunos arrimaban la espalda a la pared o apagaban un cigarrillo con el zapato; otros escondían sus porros o iban a tirar de la cadena para lanzar al olvido su cocaína, según supuse. Me veían como si fuese una amenaza inmediata. Hacía horas que los heroinómanos, abundantes en aquellos ochenta, desfilaban hacia su infierno. Todo se debía —supe luego— a que D. había hecho correr que yo era un comisario de policía. Su inconciencia tenía glamur.

En política hubiese podido serlo casi todo, pero escogió los atajos entre la vida pública y el bufete, una posición que en aquellos años permitía aproximarse al dinero rápido. Vi algunas reconversiones obscenas de jóvenes políticos que había conocido en UCD y que, al pasarse a la infame Unió Mallorquina, robaron todo lo que pudieron. Unió Mallorquina, cuya líder era conocida como la Princesa, tenía garantizada, según el tarifaje del *quid pro quo*, la protección de un grupo mediático que podía destrozar la carrera del político más honesto en cuestión de dos titulares de portada.

La pasión de D. eran los coches. De noche, en pleno paseo Marítimo, tiraba en seco del freno de mano, el coche daba un giro copernicano y luego reemprendíamos la marcha. Se hizo construir una casa —arquitectónicamente muy desafortunada— a la entrada de un pequeño valle. El garaje era vasto porque la casa estaba construida para los coches y no para las personas. Como quien tiene un sacerdote que cuida de la capilla solariega, D. cada día tenía un mecánico, unas horas. Le cuidaba los coches mejor que un jardinero de bonsáis. Lo que me chocaba era que tanto bólido resultaba excesivo para las cortas distancias de Mallorca. A diferencia de otros conocidos que olían a corrupción y ofendían al prójimo con sus exhibiciones de nuevos ricos, aparte de estafar al contribuyente, D. salía indemne. Era un funámbulo perfeccionista, según supe después. Sometido a la presión, como esos repliegues tectónicos que conforman falsos metales preciosos, su inconsciencia se convertía en una frivolidad errática, con lo que aparentaba menos listeza de la que tenía. Quiso ser *cool*, pero ciertas formas de apariencia social —no sé si por un algo de familia— le impresionaban en extremo. Hubiese podido ser un esnob —y lo intentaba—, pero esa presión le marcaba demasiado salvo cuando, con unas copas, emergía su ego más desenvuelto, osado. Se ponía los guantes de conductor y agarraba el volante con un ademán ansioso. Arrancaba y a partir de aquel momento tu destino estaba en sus manos. Nunca hablamos de dinero. Yo le consideraba un derrochador de energía.

Si no das demasiada importancia al dinero, valoras la bulimia económica en razón de si tiene estilo o es si como meter las manos en el plato. D. llevaba con alegría su bulimia económica y le fascinaba la fama, pero con la debida superficialidad. Eso es, era uno de esos frívolos que seducen incluso a quienes aborrecemos la frivolidad. ¿Fue la frivolidad o un complejo social lo que le llevo a enriquecerse pisando la línea de sombra de la ley? Me lo pregunté algo tarde porque le había conocido viviendo con el margen de glamur que es posible en una sociedad insular. Todavía no sé cómo mi instinto de clase media no me anticipó que D. iba a acabar mal.

La Mallorca de Unió Mallorquina y del PP de Jaume Matas era distinta a la corrupción magnética que actuaba en Cataluña hasta llegar al cabalístico 3 por ciento. Para el pujolismo de entonces podría usarse el símil astronómico de un planeta mayor que ilumina dos categorías de satélites, familiares y de partido. Ya parecía ser una red de expolio, a gran escala, una red urdida por poderosos en cualquier esfera de poder. Me remonto a años antes del escándalo Fèlix Millet. Me sentía a gusto con la misión imposible —aunque a veces yo la creyera factible— de aproximar el diario *ABC* a la sociedad catalana, sobre todo a lo que —a falta de otra catalogación— llamaríamos clases dirigentes. Entonces me vino a la cabeza romper con el tabú divisorio: ¿por qué no familiarizar más *ABC* con el sistema simbólico del catalanismo empresarial, guardando las distancias? Y ahí estaba el Palau de la Música, como gineceo de la catalanidad burguesa, siempre reivindicado como una institución fundamental para la identidad de Cataluña. Comprobé que su presidente,

Fèlix Millet —heredero de una dinastía clásica—, resultaba asequible por las razones que fueran, no sé si entonces ya económicas o por la ductilidad extrema de alguien que se adaptaba a todo y no quería que la prensa le indagase, a quien nunca oí decir no o poner obstáculos patrióticos a la propuesta de vincular *ABC* a algunas promociones musicales del Palau.

Millet, al menos así lo aparentaba, era un hombre que escuchaba y que te trataba bien. Daba la sensación de flotar en un baño maría de *seny* pragmático, después de las generaciones épicas que habían contribuido al mito purista del Palau. Su padre había sido presidente del Orfeó Català y su abuelo lo había fundado. Dio instrucciones para una reunión de su *staff* conmigo. Los había que consideraban el *ABC* como epítome de la España negra y otros ya llevaban el dosier de cómo colaborar. Comenzamos con el patrocinio de unos conciertos vespertinos de fin de semana. El logo de *ABC* constaría en el programa y en las entradas. El coste era muy bajo. ¿Sirvió de algo?

Secundado siempre por su colaboradora más directa, Millet a veces parecía estar rumiando. Luego atendía a su equipo técnico, siempre que le dieran la razón. Así perfilamos otras colaboraciones de *ABC* con el Palau en conciertos, hasta que la gente de marketing del periódico, genéticamente adversa a lo que es el periodismo y por naturaleza obtusa salvo para su interés corporativo, se opuso con excusas presupuestarias. Era algo habitual. La cuestión era cómo evitar que eso nos desligase del Palau. Millet lo entendió y seguimos como estaba previsto pero sin pagar.

Fèlix Millet tenía un rostro con algo de mandarín oriental, con los ojos mates y a veces empañados. Un mandarín de sonrisa maliciosa cuando tenía un rasgo de humor. En ocasiones se quedaba algo boquiabierto. Años después oí decir que desde joven vivía en una nube etílica, pero no lo sé. Una noche cenamos en *ABC*, en Madrid. Todo le parecía bien. Encajaba en la pátina del abolengo monárquico, lo que culminó en admiración al visitar el famoso patio andaluz. Millet habló afectuosamente de Madrid y de cómo la vieja ciudad de castizos y funcionarios se había convertido en una capital financiera. Hablaba castellano con un leve deje barcelonés, pero de expresión atildada. El lenguaje ejecutivo del presidente de Prensa Española le encajaba. Explicó con detalle cómo había estado a punto de presidir el Barça el año 2000. Al terminar la cena, casi a la hora en que se tiraba el diario, paseamos por ese vientre de ballena bíblica que son los talleres de un periódico, con su fragor, miles de ejemplares yendo a parar a las furgonetas. Esa noche, en los talleres, le vi disfrutar como un niño. En *ABC*, Millet parecía sentirse muy a gusto. Nos dio un plazo ilimitado para colaborar con el Palau sin tener que contribuir económicamente. Está claro que con lo que ocurrió años después todo eso puede interpretarse de otra manera, pero ese era Fèlix Millet, llevado en volandas por la inmunidad de su linaje, privadamente blindado, intocable, dueño y señor. Pronto entendías que todo le daba igual, pero, si estaba a tu favor, las cosas iban a ir bien.

Luego ocurrió que el Grupo Correo entró en *ABC*, en 2003 se convirtió en Vocento y toda la operación en Cataluña quedó en nada. Era otra mentalidad. Por aquel entonces, el caso Millet ya había emergido. La apropiación era sideral. Entre otras cosas, se supo que Millet había financiado un partido independentista sin pasado, presente ni futuro. Poco después nosotros nos fuimos a vivir a Madrid, con alivio. Y Millet acabó episódicamente en la cárcel.

Un precedente para cualquier época, Roma, ¿madre de la Historia? Sin duda, paradigma permanente de toda historia política. Según los anales, al marchar de Roma expulsado por el Senado, Yugurta volvió la vista atrás y dijo: «¡Ciudad venal y que perecerá al momento, si encuentra un comprador!». Visto tantas décadas después, es una enorme ironía que Jordi Pujol se apartase del Gobierno de Felipe González por mor de la corrupción del PSOE. En el caso de Cataluña y el Palau, la *omertà* era oligárquica; si hablamos de Mallorca era *omertà* de isla mediterránea con tics de insularidad mediterránea. La presión de la oligarquía en Barcelona llevaba guantes; la de Mallorca podía ser rústica.

Aparecer dentro de unos siglos en las páginas de un nuevo Suetonio o retratados por el Saint-Simon venidero daría otro lustre, más gracia, a aquella galería de personajes corruptos, pero en la franja carcomida entre el XX y el XXI ni tan siquiera daban para un episodio de novela picaresca. La ingeniería financiera de sus atracos al Estado tal vez fuera brillante u original, pero ellos, con sus claves *offshore* y sus grandes despachos en las instituciones capitales del Estado, eran ganado de tienta. El caso del director general de la Guardia Civil ocupó una hornacina en el museo de la infamia. Y otros tantos se agolpaban a las puertas de la galería de figuras deformadas por los espejos o en aquel café de un pueblo de Mallorca que había coleccionado aberraciones de la especie animal que no desmerecían los horrores de incubación en los presagios extremos de la Roma antigua. Eran terneros de dos cabezas metiendo la mano en la caja. La corrupción que había hundido al felipismo ¿era la misma que más tarde despuntaba en los años del PP? ¿Era la misma que había existido en la Roma menos heroica?

El caso del director general de la Guardia Civil que

se escapó a Laos me había quedado muy claro en la memoria porque, al saltar la sospecha de su corruptela, pidió entrar en el programa radiofónico de Luis del Olmo —eran los años de «El estado de la nación», con Tip y Coll— para refutar las acusaciones. Habló con una energía imponente, sangre fría, con la potencia de un toro bravo resistiéndose al chiquero hasta convencer a muchos de los que escuchábamos de que era el servidor más impoluto del Estado aunque fuese Luis Roldán, el hombre que se había quedado con las pensiones de los huérfanos de la Guardia Civil. Pero aquel día, al escucharle en la radio, dando la cara con la verdad por delante, sospecho que no fui el único en dudar de las acusaciones. Luego hubo muchas más.

Aún adolescente, conocía de vista a Jaume Matas porque la tienda de electrodomésticos de su padre —Eléctrica Matas— estaba a dos pasos de nuestra casa en Palma. En las vacaciones escolares —como hacíamos muchos— ayudaba en la empresa de su padre, comerciaba con televisiones de buenas pulgadas y, en cierta ocasión, estuvo en nuestro edificio para enroscar unos tubos fosforescentes nuevos, subido a una escalera de tijera. ¿Quién pudo corromper a aquel muchacho que se hizo a sí mismo? Pasó por un ministerio, fue escogido para sustituir a Gabriel Cañellas a causa del escándalo del túnel de Sòller —una fruslería con lo que vendría luego— y acabó dejándose imbuir por la impunidad total, algo recurrente en los políticos corruptos que había tratado en años anteriores, como la presidenta de Unió Mallorquina, Maria Antònia Munar, antigua UCD, y con largos años por delante en presidio.

A ella la traté cuando era la alcaldesa más joven de UCD y creo que todavía estudiante de Derecho. De su pueblo, Costitx, llegó a hacer una suerte de Disneylandia.

En el período preautonómico, muchos políticos de UCD estaban encandilados con aquella muchacha pizpireta, atractiva, de una coquetería muy natural y más astuta de lo que parecía. Lo iba a presidir todo. Como *consellera* de Cultura nombrada por Cañellas, consiguió la simpatía de la izquierda nacionalista cediendo en todo. Las veces que hablé con ella estaba claro que sus tácticas eran a muy corto plazo, de hoy para mañana, pero le dieron resultado.

Genéricamente, había grados de sospecha: de Cañellas pensé que, por su proceder político tan mediterráneo, ajeno al Estado, sin la clara noción de lo que es público y privado, había actuado por vía directa y que —según me decían— los seis millones de pesetas del túnel habían ido a parar a las arcas de su partido y él, al juzgado; con Matas la sospecha era que, en un momento de su trayecto tecnocrático y de política limpia, un gran corruptor le había mostrado el maletín nuclear, mientras que Maria Antònia Munar, finalmente, ya se había desenvuelto en otro clima, prediseñado, porque Unió Mallorquina fue un partido creado para ser bisagra decisiva en los consejos insulares, sedes de presupuestos muy a mano, y, más aún, con competencias inicialmente atribuidas al Gobierno autonómico, un partido que había ido conformando un sistema siciliano sin control, algo que algunos advertimos al haber visto por dentro la debilitación del poder autonómico en manos de los consejos insulares. Era el humus imprescindible para volver al caciquismo, que tenía precedentes históricos modernos, precisamente por la fragilidad de toda articulación institucional interinsular. Aquel micropartido logró ser fundamental, tanto con el PP como con la izquierda, para tener el poder en las islas Baleares por falta de mayoría absoluta. En realidad, Unió Mallorquina fue inventada pura y exclusivamente para eso. La «princesa» llegaría a la culminación de sus sueños tutelando con chic de peluquería diaria la gestión del Ayuntamiento de Palma, del Consell de Mallorca y del Govern balear. Hay quien no se contenta con una concejalía de Palermo si a la vez puede aspirar al Principado de Mónaco. Como anécdota, recuerdo que estuve en Lausana y me maravilló el gran planetario. En un artículo en el *Diario de Mallorca* sugerí que a Mallorca le daría tono científico tener su planetario. Munar me llamó para comentarlo y nos vimos. Hizo algunas preguntas elementales y después se dedicó a hablar mal de AP, que era su socio mayor. Al cabo de unos años supe que había puesto un observatorio astronómico en su *power base* de Costitx.

Matas, en cambio, era un tecnócrata, un buen político profesional con un aprendizaje intenso. Alguien con quien se podía llegar a acuerdos. En las ocasiones que le vi, como si se sintiera obligado, me preguntaba si quería hacer cosas, algo, con su PP, y que él estaba abierto a todo. Lo que me sorprendía es que aquel hombre cauto acabase en actos de corrupción tan poco prudentes. Pienso que fue el mal alumno de alguien más corruptor.

No son pocas las torpezas históricas de la derecha balear y su naturaleza obtusa parece mantenerla en una imprevisión estratégica de orden connatural. Lo que está claro es que en la comunidad balear el voto territorial descompensa el voto individual. En cambio, según Popper, si el pueblo gobierna a través de sus representantes, y por mayoría de votos, es esencial que la distribución numérica de la opinión entre los representantes refleje de forma tan fiel como sea posible lo que prevalece entre quienes son el verdadero origen del poder legítimo: el propio pueblo.

En días de entretiempo, Gerry Frost, halcón de la guerra fría que había conocido en Londres, director del Institute for European Defence and Strategic Studies, hizo que me invitaran a un cónclave de Le Cercle en Marrakech. Tenía prevención en cuanto a un vecino como Marruecos, hostilidad contra el islam y un prejuicio contra Marrakech como gineceo para intelectuales franceses de izquierda. Así llegué, en vuelo Barcelona-Casablanca-Marrakech, y así me fui, confirmadas mis reticencias. Eso era en verano de 2002, con dos horas de diferencia. Me alojé en un *riad* —residencias de paso de los grandes comerciantes del desierto— convertido en pequeño harén por un exdiplomático europeo, un histérico rodeado de efebos magrebíes, en plena Kasbah. El taxista me dejó en un callejón, ante una puerta secundaria del *riad*. Estuve largo rato dándole a la aldaba del portón sin que abrieran. Me observaban unos ciudadanos tan ociosos como siniestros y entré en pánico, como nunca me había ocurrido en el extranjero. De repente, la puerta se abrió. Cuando desempacaba la maleta por primera vez sentí el rezo del muecín, como el canto del gallo de Pedro. Era una habitación que daba a un callejón donde jugaban muchos niños. Era algo que no había visto desde mi propia infancia. El eco de los altavoces de lata del muecín pasaba de largo. Los niños jugaban a lo de siempre. En el patio del *riad*, con sus pequeñas fuentes simétricas y el ir y venir de mozos cetrinos, el posadero nórdico me hizo traer algo de comer y me interrogó. Tenía otros huéspedes de Le Cercle y quería saber de qué se trataba. Me lo inventé todo. Por una puerta trasera del hotel, salí a un callejón con gatos que maullaban, hambrientos, y un espeso olor a fruta podrida. En casa, antes de cenar, los niños canturreaban las tablas de multiplicar. Llegué a los zocos, con pastelerías adorables y moscas zumbantes, mozos imberbes en oferta, y me di la primera vuelta por la gran plaza de Yamaa el Fna. Me senté en un café —Café Glacier— a resguardo del vaho del desierto y del tufo municipal y espeso. Divisé en otro café al escritor español que había propuesto el retorno de don Julián a reconquistar España para el islam. Estaba absorto, junto a su acompañante. De aquella plaza se ha escrito mucho: ni noté perfumes de té, ni premoniciones del gran desierto. Vi, en cambio, una suerte de alegoría viviente del comercio en la vida de la humanidad, y el modo de circular de las motocicletas, a lo loco, sin parar y sin rumbo aparente entre la multitud abigarrada, se me antojó una forma muy ilustrativa de aquel orden espontáneo con que los pensadores liberales explican la mejor evolución de las sociedades. Instinto de orden en el desorden circulatorio sin alarma ni queja de los transeúntes que iban a comprar una radio-transistor, aplaudir al hombre envuelto en serpientes escurridizas o sentarse en torno a los contadores de cuentos. Era la celebración del trueque y del intercambio. Las mujeres circulaban con libertad, a veces a la cabeza de un séquito de hijos, a menudo vestidas a la europea, a diferencia de lo que había impuesto siempre el viejo islam y con más intensidad desde el retorno de Jomeini.

Las reuniones de Le Cercle eran al cien por cien confidenciales y al poco pude saber por qué. Era una especie de club de centroderecha fundado de acuerdo con una idea de Churchill a fin de mantener el espíritu atlantista. Aquella idea había sido concretada como organización por lord Amery, Antoine Pinay y Konrad Adenauer. En 2002 era un conciliábulo atlantista convocante de políticos, periodistas, intelectuales, economistas y una dosis sugestiva de servicios de inteligencia. Las sesiones, con mucho nervio dialéctico, se celebraban en el hotel La

Mamounia de Marrakech. En plena inquietud mundial tras el 11-S, las sesiones solían acabar entre pros y contras sobre una intervención contra Sadam Husein.

Presidía Norman Lamont, exministro de Economía con John Major, que cuando la crisis de 1992 —el Viernes Negro— tuvo que anunciar la retirada de la libra del Mecanismo Europeo de Cambio y lo hizo con notoria frescura. Aquel viernes, George Soros especuló contra la divisa británica, ganó mil millones de libras y se convirtió en un profeta liberal. Entonces alguien en París dijo que había que enviar a los especuladores a la guillotina, como en tiempos jacobinos. Lamont tenía las cejas hirsutas y un rostro de hurón. Generaba una desconfianza instantánea y más si uno le había visto anunciar, carente del mínimo aplomo, aquellas devaluaciones. Era un euroescéptico ostentoso. El otro bloque serían los participantes franceses, chiraquianos, opuestos al euroescepticismo posthatcherista y a un atlantismo excesivamente lineal con los Estados Unidos.

Al entrar en el salón del hotel Mamounia donde se celebraba el cónclave —y se alojaba una parte de los asistentes— deduje que las autoridades marroquíes asumían algunos gastos porque a lo largo de las sesiones pronunciaron discursos sin fin que nadie escuchaba. Los tenores eran británicos y franceses, con sus respectivas arrogancias, sus desdenes y hostigamiento. Del pequeño grupo portugués conocí a dos miembros de la familia real, muy versados en política internacional. Seguía viva la complicidad luso-británica que ya había constatado en Londres. Allí el Foreign Office se fiaba más del corresponsal del *Diário de Notícias* que de cualquier corresponsal español. Y los conservadores portugueses son, intelectualmente, de mucha finura. Qué gran imperio fue Portugal.

La figura intelectual más prominente era Roger Scruton, el filósofo conservador británico. Con su cresta *poil de carotte*, se movía hábilmente desorientado. Hizo como si me reconociera cuando le hablé de un encuentro de Londres y de mi colaboración con su revista, *The Salisbury Review* y, como en aquel primer encuentro, acabó preguntándome si su antiguo alumno Álvaro Pombo, «tan extraño», se había convertido en verdad en un escritor destacado en la España de aquellos años.

En las varias sesiones hablaron Charles Powell (sir), que había sido asesor de política exterior de Thatcher, muy odiado por los *tories* europeístas. Afectado de expresión, con una ironía desafinada por un ego de intrigas de embajada, comenzó con una traca de sarcasmos contra Bruselas, de poca diplomacia. Era casi como si el atentado del 11-S fuese culpa de los eurofederalistas. Roger Scruton abogó por los Estados nación frente a la supranacionalidad europea y el derecho internacional. La globalización —dijo— erosionaba las lealtades patrióticas. Previsiblemente el plato principal era el terrorismo yihadista y las argumentaciones laberínticas sobre si castigar o no a Sadam Husein por el 11-S. Un antiguo alto cargo de los servicios británicos de inteligencia habló del fallo sistémico en el espionaje e información de seguridad de los Estados Unidos. Defendió el retener datos sobre mensajes de telecomunicaciones. William Hague, exlíder *tory*, criticó la creciente distancia entre los Estados Unidos y la Unión Europea. Europa seguía sin aportar dinero para tecnología en el campo de batalla. De todos modos, Bush hijo en aquel momento ya estaba totalmente resuelto a liquidar el régimen de Irak.

Un miembro del Parlamento de la India, secretario privado de Rajiv Gandhi cuando lo mataron, atribuyó a la oposición el apoyo al terrorismo separatista en Cachemira. En cambio no creía que China estuviera implicada en la guerrilla maoísta en Nepal. Sobre economía habló Hamish McRae, futurólogo económico, profesión de tan alto riesgo como cruzar las cataratas del Niágara sobre un alambre, de quien había leído con provecho su libro sobre el mundo en 2020, publicado en 1994. Más distancia entre ricos y pobres. China y la India como superpotencias. Envejecimiento dramático del mundo, bajarían las tasas de fertilidad en Europa, el poder se iba a alejar más de Europa, *boom* en exportaciones y flujos de capital; a mercados globales, riesgos globales. Presión fiscal. De la inflación a la estabilidad de precios. Según lo que se vio después, el jefe del servicio persa de la BBC se equivocó en todo. Entra en la paga. Un empresario venezolano fue premonitorio en su anatomía del chavismo. Anunció que el partido Primero Justicia, fundado por Julio Borges, a quien yo había conocido en FAES, ganaría terreno lentamente. Otras intervenciones —vicepresidente del Consejo Mundial de la Fe, el presidente del Parlamento marroquí sobre el Magreb y la Unión Árabe— fueron lo de siempre.

En los años en los que viví en Londres trabajando como corresponsal de prensa leía *The Salisbury Review*, fundada por Roger Scruton, donde publiqué unos artículos sobre política y vida intelectual en España. La directora ejecutiva de la revista era la belicosa Merrie Cave. Alguna vez, en su casa, ofrecía una copa, todo muy *fogey*, entre *barbours* raídos e invitados partidarios de prescindir del sistema métrico decimal. Con su cresta entre pelo rojo y mazorca, con gafas de montura fina de plata, Roger Scruton —mucho más europeo que *little England*, pero radicalmente inglés— no pontificaba: hacía preguntas y escuchaba. Era un excéntrico con mesura que daba un gran valor a la excentricidad como forma de vida libre. Todavía era un pensador repudiado por el progresismo y la corrección política, quizás porque se había arriesgado —fue expulsado de Checoslovaquia por el poder comunista y después condecorado por Václav Havel— dando ayuda a la disidencia centroeuropea llevándoles cajas de libros de Popper, Hayek, Burke. Mientras, la izquierda intelectual europea no acababa de salir de una larga afasia.

Scruton era una persona muy gentil, precisa, sin abusar del *understatement*. Según su pensamiento, no se trata de corregir o rehacer la naturaleza humana de acuerdo con una racionalidad abstracta, ni de darle vueltas a un futuro posthumano, porque somos seres mortales y nuestra finitud es cosa hecha. Es decir, la moralidad existe, en parte, porque hace posible que vivamos en consenso con los otros. De ahí que tengamos la responsabilidad de sentirnos culpables. Libertad y comunidad mantienen una vinculación fundamental: si somos realmente libres lo somos porque actuamos pensando en los demás. Así sabemos cuándo tenemos que pedir perdón y, a la vez, que la culpa originaria —tal como el arte trágico— nos hace pretender la redención.

Al final de aquella sesión de Le Cercle, hablé más con Scruton. Él quería saber, sobre todo, por dónde ir a la gran plaza de Marrakech —la Yamaa el Fna—, donde voltea el mundo bereber. Fuimos y Scruton se adentró en la abigarrada concentración humana. Le dije que le esperaría en un café. Pasó el tiempo y Scruton no aparecía. Al final le encontré en medio de la gran plaza, rodeado de gente curiosa y atenta al espectáculo de un europeo que, con los brazos en cruz, dejaba que tres o cuatro serpientes le subieran por las piernas y se le enroscasen al cuerpo. Estas cosas difícilmente se olvidan: uno de los mejores pensadores de Occidente, conservador, con el cuerpo rodeado de serpientes como el Laocoonte de un siglo que empezaba torcido, justo en la hora —o así he querido recordarlo— de los ruegos de la puesta de sol desde los minaretes de Marrakech.

En aquella breve estancia, las autoridades nos agasajaron como sultanes. Cenamos en lugares históricos de la ciudad, con espectáculo folklórico incluido. Nos llevaban en autocares precedidos de motoristas de la policía y la policía de a pie, porra en mano, acordonaba las calles. Creí entender que Marruecos era una suerte de autocracia, a diferencia de las teocracias islamistas. Era, para bien y para mal, un mundo tradicional, aunque es verdad que no fui a ver la parte moderna de la ciudad. A la caída del sol, cuando atravesábamos la ciudad en autocar, herreros con yunque martilleaban una barra al rojo vivo, los viejos estaban en cuclillas mirando la calle, mujeres solitarias se acodaban en las barandillas de los terrados, revoloteaban las chilabas al girar una esquina y, a la espera de internet, las gentes de Marrakech pegaban el oído a su transistor.

Antes, durante y después de las sesiones de Le Cercle el intercambio de información era constante, aunque algunos nos quedábamos un poco al margen. Se compartían secretos instrumentales, claves militares, intríngulis del espionaje en Occidente y mucha información dispersa y contradictoria sobre la amenaza islamista. Había un editor francés de libros de texto. De modo imprudente, le pregunté por qué le interesaba asistir a Le Cercle. Me miró como quien mira a un insecto sin nombre: «Señor, yo he prestado servicios a mi país». Caí en una simplificación periodística y le imaginé al timón de la lancha que hundió el buque *Rainbow Warrior* de Greenpeace, que se oponía a las pruebas nucleares de Francia en un atolón al sur del Pacífico. Todo sea por la *force de frappe* y por la tradición tan expeditiva de los servicios secretos franceses. En aquellos corrillos estaba muy activo un militar belga de alta graduación, hombre de cojera tayllerandiana de esas que cuestan mucho estilizar, muy escuchado. Supe que más que de Bélgica contaba interioridades de la OTAN. En otra de las sesiones, un miembro de la casa de Habsburgo presentó un informe muy sutil sobre Timor Oriental después de la independencia.

Por las noches, Le Cercle se dilataba sensorialmente en el bar del Mamounia. Al piano, un jazzista negro gesticulaba como un Quasimodo aporreando un órgano catedralicio. Lord Lamont no perdía de vista a algunas señoritas de volumen muy variado y profesión inconfundible. Quien no se relajaba era un político español saltando de una a otra mesa para hacer negocios —como decía— muy imaginativos. Con cierto despecho, su mujer me dijo: «A mi marido solo le importa el dinero». Por su trayectoria posterior, ciertamente el dinero le importaba más que la política. Lo mejor del día, aparte de los rifirrafes franco-británicos, era los desayunos en el terrado del *riad*, bajo tendales que ondulaban, ya de buena mañana, con el eco cálido de los vientos del desierto. Se divisaba todo el viejo Marrakech. En el aeropuerto, de buena mañana, los devotos ya oraban en sus esterillas. Eso era ancestral, pero ¿había comenzado una segunda guerra fría, entre islam y Occidente? Al ver que dejábamos atrás el espacio aéreo marroquí pensé que las historias no se acaban ni tampoco los choques de civilizaciones.

XII

Muros de Bagdad - Un viejo coronel - Los mapas de Aznar - Necesidad de lo impuro - Tarek Aziz - Estalinismo sunní - Postres en la Moncloa - ¿Por qué Irak? - Día D - Horca sí o no

Con el ataque a las Torres Gemelas después de abundantes indicios de terror islamista, dar respuesta era imprescindible, como defensa del orden mundial y, también, como punición. Juzgo la violencia como la más maligna propensión de la condición humana, por ser una atrocidad moral y sobre todo una amenaza a la integridad física de las personas, y mucho más su sistematización en arte de la guerra, pero tanto la guerra como la violencia individualizada son parte de nuestra naturaleza. Más allá de la condena moral, en cada circunstancia es necesario saber por qué razón los seres humanos se arman y se agreden. En el caso iraquí, Europa —uno de los campos de batalla más intensos de la Historia— propendía a la amnesia. Se hacía preferible ignorar los fundamentos de la agresión en la línea que zigzaguea entre el bien y el mal. Se dice que los hombres llevaban dos mil años luchando por Troya cuando, según Homero, la atacaron los griegos. Del hacha de sílex al armamento de destrucción masiva, la guerra deja su rastro en todos los siglos, y no como una erupción inusitada sino como una corriente profunda. Entre dos siglos, había acabado la guerra fría e incluso el miedo al invierno nuclear. Desde entonces, nos hemos mimado tanto que no entendemos que, si crees en la paz, alguien pueda querer hacerte la guerra.

¿Por qué estar a favor de una intervención militar? En mi caso, el factor pro Estados Unidos contó mucho, tal vez demasiado. El 11-S fue una declaración de guerra y, según los datos a mano, Sadam Husein disponía de armas de destrucción masiva. Y si no las tenía, ¿por qué se negaba a las inspecciones a fondo? Mientras tanto, Europa se decantaba de nuevo hacia el antiamericanismo después de la adhesión fugaz por el 11-S. Era el caso turbio de Chirac. Se proponía liderar Europa y Occidente frente a unos Estados Unidos que llevaban décadas siendo el paraguas defensivo de Europa, con alto coste económico. Estábamos ante la amenaza de un fundamentalismo islamista al alza desde Jomeini y el proyecto panárabe intentaba renacer después de tantos fracasos y consecuencias aparatosas, como la desunión árabe. El Estado panárabe siempre fue una ficción tóxica, con Nasser como líder —según Aron, «Hitler en el Nilo»—, del partido Baaz —a veces marxista y otras nacionalsocialista—. Sadam admiraba a Stalin, en paralelo con el fervor hitleriano del gran muftí de Jerusalén. Las aspiraciones totalitarias del partido Baaz propugnaban un panarabismo que nunca iba a llegar a nada, pero las dudas sobre aquellos arsenales bajo inspección dividían a Occidente, en parte reacio al liderazgo de Bush jr. para intervenir, al contrario de la magistral maniobra envolvente de su padre para concordar la liberación del Kuwait invadido por Sadam Husein.

No recuerdo por qué motivo, en un programa de radio hablé sobre la vetusta injusticia con que la sociedad mallorquina había tratado a los *xuetes*, linajes conversos que habían sido marginados de la vida pública y que Carlos IIII —rey ilustrado— reivindicó en una real cédula que les daba acceso a la administración pública y al ejército. Eso explicaba que la presencia de apellidos *xuetes* en el escalafón militar fuese notable. A los pocos días, vino a *ABC* un tal coronel Fuster —uno de los linajes *xuetes*—. Me dijo que era de infantería, del Estado Mayor, retirado. Ni había nacido en Mallorca ni nunca había estado. Descendía de *xuetes* mallorquines que habían dado el salto a la Península para librarse de una situación durante tiempo opresiva. Me quería dar las gracias por mi intervención. Debía de pasar de los setenta. Los codos de la chaqueta le relucían y los puños de la camisa se le veían deshilachados, pero el lustre de los zapatos era perfecto y mantenía el pecho abombado, la cintura escueta y una dignidad de Estado Mayor. Me aceptó una copa y nos acercamos al bar del Majestic. Fue aumentando su locuacidad. Daba por hecho que los sucesivos gobiernos de España estaban restringiendo presupuestariamente al ejército con propósitos apátridas, que en la OTAN teníamos un papel decorativo, que las misiones humanitarias eran como bajarse los pantalones o que Marruecos podía llegar a los Pirineos en un santiamén porque nuestras unidades no tenían ni munición. Aunque solo fuera en agradecimiento a Carlos III, era monárquico. La intentona del 23-F había sido una chapuza porque ya no había ni inteligencia suficiente para un golpe de Estado. El coronel hubiese sido un personaje de novela de espionaje pero vivía en un cuadro de costumbres.

En el futuro podría saberse que Sadam Husein tal vez no fuera el agente principal del terror, pero en aquel momento —salvo Blair, Aznar y Barroso en Europa— oponerse a una intervención militar no era por logística de combate sino reticencia ante el empeño de Washington. El atlantismo se resquebrajó. Lo vi como amilanamiento con una dosis de deslealtad. Hemos segmentado tanto el tiempo en épocas generacionales que olvidamos la continuidad de los siglos, como las ofensivas del islam. Kissinger distingue entre alianza —acordar quién es el enemigo y actuar— y sistema de seguridad colectiva, que es un marco jurídico neutral. Sería la diferencia entre la OTAN y la ONU: la ONU da la razón jurídica para actuar y después actúa quien le corresponde. Una Unión Europea apartada de los Estados Unidos venía a ser una mini-ONU en falso, un contrapoder neutral, un mediador sin arsenal ni potencia de ataque. En una esquina preferente del ring europeo estaban la grandeza y el derrotismo de Francia, *les capitulards*, la inmensidad digestiva de Chirac. En los meses previos al 11-S, la CIA había advertido repetidamente que Al Qaeda preparaba «algo espectacular». Como se ve, los servicios de inteligencia aciertan de vez en cuando.

El coronel Fuster reapareció cuando ya se daba por hecho que habría una intervención militar contra Sadam Husein. Se ofreció para escribir en *ABC* comentarios sobre la invasión inminente. Para la siempre incómoda tarea de decir que no, recurrí de nuevo al bar del Majestic. No insistió: es más, estaba dispuesto a asesorarnos en privado cuando yo quisiera. Y así le llamé algunas veces, primero para que se sintiera bien tratado y luego porque me daba una interpretación muy distinta a la general. Vivía con su hija en Travessera de Gràcia —como un realquilado sin fondos— y era evidente que ni su yerno ni sus nietos le escuchaban. Quedamos en varias ocasiones para una copa antes de cenar, en la terraza del José Luis. Su ídolo era el general Patton más que Montgomery. Citaba a Patton: «Hay que adaptarse a las circunstancias y no intentar que las circunstancias se adapten a nuestros planes». Ya veía los carros de combate entrando en Bagdad. Escuchándole, de forma inesperada, pensé que aquel hombre podía convertirse en el protagonista de una novela. Y consideré cómo escribirla. Fue una sorpresa, en medio de tantos artículos que escribir sobre Irak. Fuster daba para mucho, con su aliento que olía —metafóricamente— a combustible de *panzer*, sus exabruptos, su vida solitaria entre nietos con videoconsolas y un yerno que le vejaba entre recuerdos de mil batallas inexistentes. El coronel Fuster podía convertirse en ficción, aunque yo llevase largo tiempo con muchas dudas sobre si tenía sentido escribir novelas. Y así, de repente, tenía delante un ser real y se me ocurría convertirlo en un ser de ficción. Chardonne, el gran escritor de la Francia burguesa, dice que el estilo no viene de la inteligencia, sino del carácter. Lo mismo sucedía con el viejo coronel: si tenía que transformarse en personaje de ficción era por el carácter.

Aún en estado de preguerra, fui a la Moncloa y lloviznaba. En el salón central esperaban los otros comensales, una docena de los —no muchos— que defendíamos la presencia de España en la respuesta punitiva —la guerra contra el terror— porque el 11-S había sido un ataque contra Occidente. Éramos analistas políticos, algún historiador, periodistas, escritores, el *staff* principal de Aznar y Ana Palacio, la ministra de Exteriores, perspicaz *insider* del gran Bruselas y a la vez proamericana. Antes de entrar en el comedor, hubo algunos codazos para estar cerca del anfitrión en la *photo opportunity*. Se notaba una cierta gravedad, a pesar de la conversación ligera como aperitivo. En el comedor, Aznar hizo una breve introducción, en voz muy baja. Dijo que el 11-S había cambiado la política contra el terror en todo el mundo. España venía trabajando en la Unión Europea en pro de más medidas antiterroristas, orden de detención, extradiciones. «Norteamérica, gran aliado de España y Europa, padece el gran atentado, y reacciona. Eso es una mutación de la escena internacional. Sadam Husein lleva casi doce años incumpliendo resoluciones de la ONU. Por lo que respecta a la Unión Europea, París y Bonn vacilan. Es la hora de España. La asistencia de los Estados Unidos contra ETA nunca había sido tan buena como ahora», dijo Aznar.

Así Aznar reiteraba uno de sus argumentos: «Los dos problemas de España están en el norte y en el sur: ETA y Marruecos. Desde ambas perspectivas, los Estados Unidos son el mejor amigo. La Unión Europea tiene menos espacio de maniobra sin entenderse con Washington, especialmente en cuanto a seguridad. También es un buen aliado para Iberoamérica. Pero la Unión Europea, al menos a corto plazo, no reacciona con claridad. El eje franco-alemán hace tiempo que no es el motor europeo sino gestor de intereses propios. Estamos sin periferia ni centro. El error pacifista de Alemania tiene muy difícil solución, salvo si Schroeder da un giro copernicano». Luego hizo un análisis muy negativo de Zapatero. Subliminalmente persistía la evidencia de que, de ser agredidos, los Estados responden según los datos de que disponen en aquel momento y no con los que tendrán —o no— después. El *a posteriori* es para los historiadores y no para el contraataque. Como dice el maestro Reinhold Niebuhr, las democracias son realmente lentas para hacer la guerra, pero una vez embarcadas en una aventura militar son igualmente lentas para hacer la paz.

El turno de preguntas fue algo disperso y Aznar fue dosificando las respuestas de forma escueta, con la mirada baja, preocupada. El almuerzo acabó a eso de las cinco. Ya frente a los cedros de la Moncloa, me contó que Pujol le había llamado, que le veía a su derecha —la de Aznar— en la cuestión norteamericana pero que no quería mojarse y que no se puede estar a todas. Dijo que con Roca estas cosas no pasaban. No me pareció oportuno comentar la posición ambigua de Pujol y Roca con el referéndum de la OTAN. Pero sí le hablé de Artur Mas. Se encogió de hombros —un dato gestual que no le perjudicaba, al menos en público— con indiferencia, si no rechazo. Pasó uno de los gatos de la Moncloa, sereno, imperturbable.

Comenzaron las caceroladas pacifistas. Por la noche tam-tams y bongos, todos los elementos de percusión primitiva, se sumaban a las cacerolas. Era más que la crítica a una intervención militar: renacía la Barcelona insumisa a todo. Daba gusto ser la ciudad más procastrista, más comprensiva con ETA, más antiamericana y más antigubernamental. Un triunfo moral, gratis. La Barcelona mimética convergía con la Barcelona cíclicamente turbulenta, inquieta, levantisca hasta que llega al límite y luego no sabe cómo recuperar el orden y acaba asintiendo a quien aporta un exceso de orden.

También viene a dar lo mismo que las verdades tangibles de la *realpolitik* no determinen de forma unívoca la preeminencia de la selva. Incluso Cándido habría entendido que la democracia y la libertad siempre están en riesgo. Los idealistas piensan que algún día habrá justicia para todos; los realistas dan por *statu quo* la injusticia. Todo aquello coincidía con la tesis del realismo ofensivo, en la previsión de que, no por desear la paz, una gran potencia se libra de la necesidad conveniente de afirmar sus poderes. Era saludable contrarrestar ese fatalismo con los logros de la Unión Europea, la desaparición del *apartheid*, la pacificación de Irlanda del Norte o la caída de los talibanes afganos. No va a dejar de haber más conflictos, como es propio de la naturaleza humana, pero existen soluciones para algunos. Con el conflicto de los Balcanes había emergido una generación activista en el nuevo orden internacional, intervencionistas que a menudo eran exgauchistas. Más vale tarde que nunca. Charles Péguy dejó escrito un comentario sobre Kant: «Tiene las manos puras, pero no tiene manos». Lo cierto, a pesar de todo, es que, ante las graves crisis internacionales, disponer de manos resulta imprescindible. A mi entender, esa era la cuestión y no la democratización de Irak.

En aquellos momentos tuvo un notorio protagonismo la figura de Tarek Aziz, porque ya a partir de la liberación de Kuwait se había convertido en el rostro bonachón del régimen de Husein. Viceprimer ministro y ministro de Exteriores, Tarik llegó en poco tiempo al estrellato mediático, propulsado por la CNN. Se le consideraba un manipulador muy duro, un católico caldeo entre musulmanes, con aire de médico libanés para campos de refugiados. Sin pertenecer al círculo de Sadam, tenía mucho poder y toda la confianza del dictador. En aquellos inicios de la televisión global, un portavoz con credibilidad era una mina de oro. Había sido fundamental en la decisión de atacar Irán e invadir Kuwait. Las cámaras le adoraban, como a ese joven abuelo que colma de regalos a sus nietos. Gafas semioscuras, bigote torcido, periodista siempre accesible a los periodistas, Aziz —con o sin uniforme— fue un lanzamísiles mediático. Desde Cataluña, un puñado de activistas, intelectuales y artistas volaron hasta Bagdad para mostrarse solidarios con el Irak amenazado por los Estados Unidos. Los recibió Tarek Aziz. Una de las expedicionarias me dijo después que había tenido la impresión de estar con Allende en sus últimos momentos ante del golpe de Estado de Pinochet. Uno de los programas de radio a los que iba envió a dos miembros de una asamblea de «poetas anónimos por la paz», iniciativa concebida en el bar del Ateneo. Me guardé de decir que en la literatura universal la guerra cuenta mucho más que la paz.

A diferencia de quienes postulaban un intervencionismo wilsoniano y con el gran bastón de Theodor Roosevelt a mano, yo consideré aquella situación más en el contexto de la *realpolitik* que como los ideólogos neoconservadores. En fin, como conservador, sin más. Al contrario del afán neoconservador del *nation-building* democrático en Irak, pensé que lo fundamental era la guerra contra el terror —con Irak como primera advertencia, aunque luego pueda argumentarse que no era el objetivo indicado— y la cohesión para la seguridad de Occidente. Desde luego, si se buscaba derribar a un dictador, Sadam Husein era uno de los más indicados porque practicaba un gansterismo de Estado tribal, agredía a sus vecinos, apuñalaba a sus enemigos políticos, coartaba las libertades y reprimía a kurdos y chiitas con armas químicas. Dio cobijo a un terrorista tan atroz como Abu Nidal. Ejecutó a judíos sin juicio previo. Irak era un despótico monopolio sunnita. Hizo matar a los contagiados por el sida. El Baaz era el Gobierno y el Estado. Según testimonios, Sadam Husein solía decir que la gente con el vientre lleno no causa disturbios y que los generales corruptos no derrocan gobiernos. Después del 11-S, en 2001 había proclamado hombre del año a Bin Laden.

Según el viejo coronel Fuster, sería una operación muy asimétrica, con las emociones pacifistas desparramándose por internet, por la CNN. «Sadam ahí imitará a Stalin. Querrá convertir Bagdad en su Stalingrado. Puede ser un combate calle por calle y casa por casa.» Hablaba de una guerra relámpago incompleta, por culpa del sempiterno error de las intervenciones americanas, de las que solo salvaba la liberación de Kuwait, aunque Bush padre —en un afán ilusorio de un nuevo orden mundial, algo imposible— había acatado innecesariamente las directrices de la ONU sin avanzar hasta Bagdad para tomar preso a Sadam Husein. Y el coronel Fuster, además de ver enemigos en todos los países árabes y desconfiar de Israel, recelaba de los Estados Unidos, no por el tradicional despecho celtibérico por la guerra de Cuba sino porque creía que Norteamérica nunca había acertado en sus intervenciones militares, y si lo había hecho había sido por casualidad. Le pregunté al coronel por la guerra justa. Fue como pulsar un resorte. La guerra justa —dijo— era un sofisma, un cuento de Navidad, una casuística sin sentido. Se trataba de castigar a Sadam Husein, incluso aunque no hubiese ordenado el atentado. «En materia de seguridad, tener en cuenta lo que diga la ONU es cosa de incautos.» Decía que los Estados Unidos iban a equivocarse una vez más porque, aunque sea lo habitual, una guerra no puede hacerse prestando tanta atención a la opinión pública. ¿Para qué legitimar más de lo necesario? Yo le preguntaba cómo saber hasta dónde es correcto el uso de la fuerza. «La guerra es y será eso, un instrumento maléfico y que a la vez puede hacerse necesario para atajar o moderar un mal.» Miró a su alrededor por si alguien nos escuchaba y luego dijo que Franco, militarmente, era poca cosa. Fuster era un realista de bar de oficiales. Tenía carácter, pasado. No esperaba nada. Aún me daba vueltas por la cabeza como protagonista de una novela. ¿Qué clase de novela? La novela es un organismo histórico y a la vez biológico, un sistema genético que propaga energía y belleza pudiendo ser maligno y violento. Pero ¿qué clase de novela?

Para su tranquilidad doméstica, el público prefiere no pensar en la seguridad de su nación, que es su propia seguridad. En plena guerra fría, optaba por ignorar lo que significa el trabajo permanente de los servicios de inteligencia y seguridad para combatir todo terrorismo, defender día y noche, con operaciones secretas, presión o táctica diplomática, la seguridad de las naciones y sus ciudadanos. Del mismo modo, durante la guerra fría los bombarderos de la OTAN patrullaban día y noche la frontera con la Unión Soviética. Quizás por eso parecían más convincentes las homilías de Villepin que las explicaciones metódicas de Colin Powell.

No faltó quien en los almuerzos de la Moncloa era un ardiente atlantista y luego escribía columnas con capitel proiraquí. A Aznar se le veía del todo convencido y a la vez cauteloso en el modo muy medido en que España podía implicarse, más allá del impacto de la célebre foto de las Azores, con Bush jr. y Blair. Por mucho que creyese en el potencial militar de España, sabía hasta dónde podía llegar. Esa fue una precaución poco apreciada o que, dado el ímpetu de la izquierda contraria a intervenir, pasó desapercibida. Lo vi como una de las tensiones propias de Aznar, monolítico y con notables matices, aparentemente inflexible y a la vez pragmático, desconfiado y capaz de escuchar. Aquellas comidas terminaban con las dos bolas de helado de Aznar, su habano esplendoroso y otros de menor cuantía para los invitados.

Aznar quería un cambio de paradigma en el rol de España en el mundo. Creyó que España tenía un ejército equiparable al británico o al francés. Se lo oí algunas veces. Quizás sobrevaloraba la capacidad tecnológica y la disponibilidad presupuestaria de un ejército que, a diferencia del de Reino Unido, por ejemplo, no tenía una adhesión afectiva de la ciudadanía. Tampoco tenía en cuenta que los cambios de costumbres y de actitudes habían alejado a la población de la institución militar, desinteresándose de modo poco juicioso de la defensa y seguridad de España. Neutral en las dos guerras mundiales y peón de escasa importancia en la guerra fría, tanto su ingreso en la CEE como en la OTAN no eran vistos como un incremento del peso estratégico de España. Ese déficit, según Aznar, requería un salto cuántico, pero muchos españoles, incluso sin saberlo, abonaban un pacifismo ciego que afloró con estruendo cuando el Gobierno español se puso del lado de los Estados Unidos. Con la Gran Guerra, Azorín vio con claridad el poderío y la generosidad de los Estados Unidos. Los americanos llevaban poco más de un año con los aliados pero en España se dudaba de que su participación pudiera contribuir a la derrota del Imperio alemán. Azorín escribe sus crónicas en una habitación del hotel Majestic, en la avenida de Kébler. Algo más de veinte años después, en ese mismo hotel se iba a instalar el Mando Militar alemán, administrador de la Francia ocupada hasta que, al final, el ejército americano fuera decisivo para la liberación de París, en 1944. La Historia anonada y sobrecoge, pero raramente nos alecciona. La impresión de Azorín podía aplicarse al 11-S. A la vista de la valoración errónea de la fuerza norteamericana en las crisis de Cuba, Azorín sostiene que «a la nación española le conviene una inteligencia política y económica con los Estados Unidos». En aquel momento, América estaba dando toda su ayuda a la guerra contra la autocracia e insinuaba el modelo de la Sociedad de las Naciones, razón por la que había roto con su tradición aislacionista. Para Azorín, eso significaría la paz indefinida, aunque se vio que no, con el Tratado de Versalles. En 1918 Azorín entendía lo que tantos se negaron a entender: «La política universal —después de la victoria— sufrirá un desplazamiento de Europa hacia los Estados Unidos».

Aznar propuso una reforma muy a fondo de la OTAN. Con la caída del muro de Berlín y la globalización pensó en una reintegración que abarcase Australia, Singapur y Japón. Supongo que en una segunda fase aparecerían

Corea del Sur y la República de Taiwán. Tenía sentido, pero la OTAN no estaba para experimentos de calado. El concepto iba más allá de una organización militar para la defensa de Occidente, porque precisamente se trataba de diseñar un marco de futuro, con lo que ya entonces podía ser previsible: un bloque de seguridad ante la prepotencia de China.

Sadam venía a ser una compresión tectónica del Medio Oriente, con todos sus males y pocos de sus bienes. Alto, musculoso, siempre con pistola hasta que le aconsejaron la respetabilidad de la corbata, había llegado al poder siguiendo un laberinto sangriento de complots, traiciones, purgas internas, lealtades en contradicción, fuerza bruta, meterse en guerras sin ser un estratega, con una pátina de modernizador cuyas aventuras depredaban una economía cuyo potencial consistía en el bajo coste de la extracción del petróleo. Con un interés especial por las armas bacteriológicas y su uso, el admirador de Stalin convirtió el Baaz en un partido totalitario y a la vez tuvo cruentas luchas de poder con los comunistas.

El coronel Fuster, que, para asombro de los camareros del José Luis, todavía tomaba cubalibres, como antes de inspeccionar un retén de guardia en la cantina, era un militarista convencido de que la incompetencia militar constituía una verdad matemática, y así sería en el caso de la ocupación de Irak. Pero para mí se iba convirtiendo en un personaje de ficción, después de dudar tanto sobre el sentido de escribir novelas. Pero si inicialmente había pensado en una novela de Simenon, pasé a verla como una de Baroja.

Aun así, me determinaba haber pasado muchas horas con Simenon después de intoxicarme con novelas de transgresión formal. Viajantes de comercio asesinados en un hotel cutre de Sancerre, la lluvia fría y oblicua, la claridad grisácea, secretos de linaje oscuro, la cerveza, el calvados y Maigret: importa más la atmósfera que el desenlace, más el carácter que la psicología, más la cruda naturaleza humana que las deducciones de la razón, más el impresionismo que la trama. Sobre todo, importa más la micromonstruosidad de lo humano que la novela como artefacto formal. Con Georges Simenon ocurre algo ajeno a la novela híbrida de la Europa actual y que requiere de un sentido del pecado y de la culpa: la buena gente no siempre es lo que parece. En una página elegida al azar aparecen unos muros de color pardo negruzco, la lluvia interminable, ventanas sin cortinas, tierra negra, coles de un verde crudo, algunos puerros azulados y una mujer con las manos de un blanco escamoso de tanto lavar ropa. Simenon convierte en certeza aquella vieja ambición de contener el mundo en una frase. El coronel, transfigurado por la ficción, podría ser más real que Sadam Husein. Leí y leo a Simenon como quien paladea la cerveza del mediodía en alguna ciudad que todavía recuerde cuándo tuvo tranvías. El mundo estaba pendiente de Irak y yo estaba parado en la acera viendo cómo pasaba un tranvía con un viejo coronel y Sadam Husein.

Con secuelas sombríamente inesperadas, la invasión de Irak comenzó en marzo de 2003, con el apoyo asimétrico del Reino Unido, Australia y Polonia, sin marchamo de las Naciones Unidas a causa del veto de Rusia y Francia, lo que una vez más puso en duda la verosimilitud del Consejo de Seguridad. España aportó mil trescientas tropas, sin misión ofensiva, en una brigada multinacional en la que estaban también El Salvador, Honduras, República Dominicana y Nicaragua. Hubo grandes manifestaciones en contra, muy nutridas en España. Winston Churchill sabía mucho del arte de la guerra. En realidad, era un guerrero. Decía que los que pueden ganar bien una guerra raramente pueden lograr una buena paz y quienes podrían hacer una buena paz nunca habrían ganado la guerra.

Desde el 11-S hasta el inicio de la invasión de Irak habían transcurrido unos dieciocho meses. En su primera acción, los Estados Unidos bombardearon el búnker de Husein. Semanas después, caía Bagdad. La ocupación militar fue mucho más tortuosa y explosiva. Aparecieron los grupos insurgentes, con enfrentamientos internos. Fueron las guerrillas suicidas, los fedayines de Sadam Husein. A finales de 2003, Sadam Husein fue detenido y puesto a disposición de la justicia iraquí. En otoño de 2005, los iraquís aprobaron en referéndum su carta magna y hubo elecciones legislativas. La retirada completa de las tropas de los Estados Unidos estaba planeada para 2011.

Llegó el día de la ejecución de Sadam Husein. Bailar sobre las tumbas del enemigo me parecía una regresión moral. Por eso me fue especialmente difícil escribir la «tercera» que el director de *ABC* me encargó. Hasta qué punto la nueva democracia iraquí podía solventar algo ajusticiando a Sadam Husein era un punto cero, sin ni tan siquiera el efecto de disuasión o —en el mejor de los casos— ejemplaridad. El embrionario Estado de derecho iraquí no tenía consistencia para aplicarlo. Ver a Sadam Husein camino de la horca no era un trámite cualquiera. Aplicada la ley y ajusticiado el tirano, seguiríamos en las ambivalencias, como la aparatosa concreción de las culpas y, por otro lado, la ya longeva reflexión sobre la moralidad de la pena capital. Por lo que sé, aquella «tercera» de *ABC* no gustó a nadie.

Tantos siglos buscando desentrañar el sentido de la Historia para quedar en manos de la espingarda y el hombre en la cueva. Pero los siglos cuentan, del mismo modo que en el siglo VIII Europa contuvo al islam. Todo simula equivalencia: la Historia no tiene sentido alguno; debiera tenerlo; es mejor que nada esté escrito; puede tener sentido si queremos; solo lo tendrá cuando el mundo se acabe; qué ventajas tienen la perfección y la imperfección, el pecado original o la indeterminación absoluta. En tal caso, el coronel Fuster no podía protagonizar una novela, pero sí ser un personaje menor adosado por Conrad al corazón de las tinieblas.

Con la ocupación, Washington cometió el error de desmantelar al cien por cien las fuerzas de seguridad en Irak, algo que nunca hubiesen hechos los realistas. En España me temo que los apóstoles radicales del aznarismo querían creerse lo que decía la segunda generación neoconservadora. Insisto, la primera es la buena y la segunda tiene algo de *amateur* y también de dogmatismo, algo que encajaba con los aguiluchos *neocon* que procedían de la extrema izquierda. ¡Qué tiempos!

Ya todo iba olvidándose. Íbamos dejando de escribir sobre Irak, ya más atentos a cualquier otro conflicto. Yo distribuía los almuerzos entre el Windsor, el Beltxenea y de cada vez más el Vía Véneto. Quité de la pared del despacho en *ABC* los mapas de Irak. Me llamó el coronel Fuster, pero cuando la recepcionista me pasó la llamada me habló su yerno. El coronel había muerto hacía semanas. Él llamaba para saber cómo facturar por los informes y la asesoría de su suegro sobre la intervención en Irak. Le di el pésame y le dije que no había nada que facturar. «Soy un buen abogado y sé cómo llevar estas cosas», dijo, amenazante, y no supe nada más de él. Aquella noche, en la terraza del José Luis, brindé en silencio por el coronel Fuster y por la suerte de quienes tienen buenos yernos. Y me olvidé de una novela en la que un viejo coronel esputase de mañana después de arrestar a un cabo por llevar desabrochado el cuello de la guerrera.

XIII

Una librería es un hogar - Terrazas de agosto - El José Luis - Ídolos de Barcelona - Matemática de Ucello - Roca-Sastre - Marsans - Xavier Valls - «*Rappel à l'ordre?*» - Fantasma BCN - Don Joan Maragall

Que en Cataluña haya bibliotecas públicas con el nombre de personajes tan insignificantes y doctrinales como Jaume Fuster y Joan Triadú da una idea de hasta qué punto una cultura se encoge y se autolimita especializándose en el culto a la mediocridad institucionalizada. Pero en aquellos tiempos todavía quedaban pequeñas librerías de barrio en manos de buena gente que amaba su oficio y lo practicaba con perfeccionismo. Cuando vivíamos en el Putxet frecuenté la librería Platón, en Balmes-Mitre, y cuando vivimos en Balmes-Marià Cubí, ahí estaba, como un faro entre rompientes, La Gàbia de Paper. Era de dos viejas amigas, Celia y Mercedes, ya algo canosas, fumadoras intensivas, formales e irónicas. Con tantos libros ya posteriores sobre librerías misteriosas, La Gàbia de Paper merecería tener escrita su leyenda: o sea, dar vida a los libros a través de los lectores. Disimulando como si buscase algo en los anaqueles, me entretenía escuchando cómo Celia y Mercedes aconsejaban lecturas a sus clientes, algunos habituales que llegaban de otras zonas de la ciudad. No era en absoluto una librería esnob ni intelectualoide. Ellas aconsejaban con aquella diplomacia de las bibliotecarias que cuando entra un niño maravillado saben qué darle para que se estrene como lector. De La

Gàbia de Paper todos salían con su libro. Lo comentaban con las dos libreras, y si buscaban una novela policíaca no les daban la primera novela negra escrita en Gracia que tuvieran a mano sino que le sugerían que sería más divertido leer una novela de Dorothy Sayers o de Simenon. Sin presunción, sabedoras de que tenían que hacer caja todas las tardes, elevaban un punto la aspiración de los clientes y los clientes regresaban y pedían más, querían saber más. Sería una torpeza clasificarla como librería de barrio, porque aquella era una librería mayúscula, en un paisaje determinado de la gran ciudad. Eran las hadas madrinas del distrito sexto mientras en una capilla, una calle más arriba, se oficiaba con fervor la misa tridentina. Algunos miles de muchachos habrán llegado a ser lectores pugnaces por aquel cuento que sus padres compraron en La Gàbia de Paper, aconsejados por Celia y Mercedes. Acertaban siempre a ajustar la oferta con la edad del niño. Puede que así aquellos miles de niños hayan pasado de Tintín a Tom Sawyer y ahora, provechosamente, estén leyendo una biografía de Churchill. Al otro lado de Balmes, la papelería-quiosco Xaps tenía toda la prensa extranjera y repartía los periódicos cada mañana. De ahí nos llegaban el fajo de prensa nacional y extranjera, los semanarios europeos y las revistas de fotografía para Montse, el *Architectural Digest*, aparte del ejemplar semanal de *Hola*, que no puede faltar en ningún hogar digno.

El Eixample había cambiado. Vieja Barcelona, donde quiera que esté. El Ayuntamiento levantó toda la calle Marià Cubí y meses después plantaron los árboles. Vi pasar un camión y a un jardinero municipal que regaba desde el camión, mojando más la acera que los árboles. La presión del agua en cada parterre salpicaba de tierra el nuevo asfaltado, pero todo estaba previsto y detrás iba otro funcionario municipal barriendo la tierra que el anterior había sacado de los parterres. Era el sistema Charlot.

Celia y Mercedes y yo, sin darnos cuenta, inventamos un juego: les pedía con aire de despiste alguna edición remota que tal vez estuviera descatalogada o que pudiera haber sobrevivido a esa ceremonia de humillación del escritor que es la carta de la editorial que te anuncia la destrucción —máquina de trinchar en su día— de los ejemplares almacenados y que ya no se venderán. Celia y Mercedes no renunciaban nunca. Machacaban a los vendedores, a los agentes de distribución, a sus relaciones editoriales, y así, sin que recuerde ningún fallo, cuando entrabas, mirabas los anaqueles, escogías algún libro y te ibas a caja. Con un toque de humor, como si la cosa no hubiese requerido una tenacidad admirable, entonces Mercedes decía: «Por cierto, tenemos algo para usted». Trasteaban en el cuarto de las causas imposibles y allí tenían el libro que, según cualquier cálculo de probabilidades, ya no existía. No sé si abusé de su paciencia, pero la verdad es que parecían gozar con aquel juego cómplice, sin formalizarlo, como una travesura adulta.

Así, por un instante, me parecía inimaginable vivir en un mundo en el que todos los libros solo fuesen inmensas acumulaciones de ceniza, aunque en las crónicas de la insania humana no faltan los intentos de lanzar las páginas impresas al montón de ascuas o preservar alguna civilización a poder ser contaminada alzando murallas, reales o virtuales, contra la tipografía hecha mundo, ficción y conocimiento. Llega el alba y el lector insomne apaga la lámpara de la mesilla de noche y ya lee con la luz auroral, como para estrenar el mundo con la palabra escrita.

Hubo una serie de robos en comercios de la zona. Entraba un sujeto, muy excitado, ponía la punta del cuchillo en la carótida del comerciante y le vaciaba la caja. Atracaron La Gàbia de Paper. Celia y Mercedes aparecieron de cada vez más mustias. Instalaron cámaras de seguridad. No podían creerse que alguien tuviera tanta alevosía como para atracar una librería. Fueron al ayuntamiento, con otros de los comerciantes desvalijados, pero no se les hizo mucho caso. Por esa nefasta experiencia vital que consiste en haber visto por dentro la política —y a los políticos— les sugerí que era más efectivo acudir a la oposición municipal. Hablé con un concejal de la oposición y al momento apareció, solícito, con sus preguntas y soluciones. Estaba en busca de votos, pretendía erosionar el Gobierno municipal, pero esa labor coste-beneficio mejoró la seguridad de la zona. Ahora bien, la agresión había sido definitiva para las libreras más sabias que he conocido. Acabaron cerrando La Gàbia de Paper y desde entonces de ellas solo supe que los achaques desbordaban sus vidas y las de sus más ancianos parientes. La libertad de vivir entre libros pasó a ser la rutina de la vejez y la indefensión ante las caídas en la bañera. Ahí están, donde quiera que sea, en el paraíso de las libreras, rodeadas por sus clientes más fieles, mareando a los distribuidores porque algún vecino errático quiere leer una pieza de Lope de Vega editada en los sesenta del siglo XX, en fin, descatalogada.

En Balmes, el bar que tenía más a mano era el Marisol, de raigambre gallega, con una terraza en Gal·la Placídia, al otro lado del tiovivo y el bloque limítrofe del barrio de Gracia. En las tardes de verano, para fumarse un habano puro y tomar el penúltimo whisky de regreso a casa, el pequeño restaurante era ideal porque transitaba un caudal de gente muy heterogénea y así uno pasaba algunas horas mirando rostros, cuerpos, adjudicándoles una historia, dándoles una biografía. Que me digan si hay mejor deporte que ver pasar a la gente desde la terraza de un bar. Era un tráfico de catalogación social difícil, por el flujo humano de la estación de metro y de tren. El *flâneur* inmóvil no observa calles y portales sino a la masa municipal y ferroviaria. Aquellos estíos de terraza olían a atardeceres malgastados, a cariños improvisados, como alguna pareja juvenil que estaba a dos milímetros de masturbarse recíprocamente bajo la mesa tambaleante. Aparecían las primeras parejas homosexuales cogidas de la mano. Nuevas costumbres y usos vitales: eran los aires del cambio en una sociedad que llevaba unas décadas mutando. Pensé entonces que con cambios de costumbres tan acelerados cualquier día iba a aparecer un movimiento de extrema derecha. Acción-reacción: una de las pocas leyes indeclinables. En una mesa hablaban en voz alta dos subasteros de juzgado, de dinero y fútbol. En otra, dos antisistema del barrio de Gracia bebían cerveza como si fuesen camellos preparándose para seguir la ruta de los mercaderes en el desierto. ¿Por qué razón las zonas urbanas abigarradas imantan tan rápidamente hasta la aglomeración mientras que las zonas quietas se concentran en la rara urdimbre del silencio? Pululaba una Barcelona deambulante que salía de trabajar o había ido a buscar a los niños al jardín de infancia. Me sentía un Robinson complacido por el espectáculo, como si desembarcase de una lancha de rescate y me viese en medio de una feria de las vanidades, semiproletaria, muy indefinida, con *tietes* de clase media camino del piso mustio para cenar una loncha de jamón york. Pasaban tipos con los sobacos sudados. Seguramente olían a la conjunción psicotrópica de un *after hours*. Las madres llevaban a sus hijos al tiovivo de las Atracciones Caspolino, a punto de desaparecer. ¿Qué escritor no ha pergeñado su página melancólica sobre los tiovivos? Me gustan esos contrastes entre la Barcelona que se va y la que viene, aunque prefería el tiovivo de Gal·la Placídia al edificio estulto del Colegio de Economistas que lo sustituye. Con el inicio de siglo habían ido evaporándose los futbolines y las churrerías de calle. Otro mundo habitaba aquellos veranos de Barcelona que yo veía pasar, feliz, por delante del Marisol. Desde que, como estudiante, trabajé en una editorial me gustaban mucho los agostos en Barcelona. Pero habían cambiado. De mis años juveniles añoraba el silencio nocturno de la fuente de San Felipe Neri, las gambas a la plancha en el rompeolas, los bares adúlteros del Tibidabo, la Barceloneta para siempre. En lugar de los chiringuitos, lo posmoderno era el rastro de la gloria posolímpica. Al salir de *ABC*, cruzar el gentío del paseo de Gracia requería la voluntad del explorador que se abre camino a machetazos entre muchachas en flor con ombligo tatuado y japoneses con videocámara. Unamuno había dicho que Barcelona era la ciudad de las fachadas. A veces todo cambia menos eso.

Me complacían aquellos veranos cuando un puntazo de brisa te absolvía de la pringosa humedad mediterránea. Por delante del Marisol pasaba el nieto del Pijoaparte de Marsé después de marcar cachas en las piscinas Picornell de Montjuïc. Iban a llegar las primeras lluvias, las tormentas de verano que en la infancia marcaban nuestra vida como el diluvio al que Noé sobrevivió. Incluso aparecían, entre ciclistas con mochila, furgonetas de reparto, como en las películas de Tony Leblanc. Divinos isocarros, tatarabuelos del scooter con chicas agarradas a la cintura de su amigo. Pronto iban a regresar del veraneo las familias de nueva clase media que habían abandonado al gato en la calle y al abuelo en una gasolinera, como quien va a por tabaco en la ronda del Guinardó y aparece de nuevo en la Polinesia. Después de tanto espejismo, volveríamos a las mesas de los restaurantes más clásicos y a celebrar la caída de la tarde en el clima consular del bar del Majestic. Era como para despedirse de la terraza del Marisol y ponerse calcetines. Quizás quede una Barcelona de siempre, ya muy arrumbada, perpleja —como en un salmo— cuando las naciones se amotinan y los pueblos planean un fracaso. Ver pasar la tarde algo sudorosa por la plaza Gal·la Placídia. Añorarlo todo y desear lo más elemental. Las muchachas en flor contoneando el ombligo, los pezones enhiestos bajo la *T-shirt*. Circula la multitud, que tendrá su festín nocturno con esos bocatas que la familia Simpson engulle sentada ante la televisión. Así veía transcurrir el verano ante la terraza del Marisol, junto a un seductor hortera que se tomaba un cubata con el meñique enhiesto —ese meñique cuya uña nuestros abuelos llevaban larga para quitarse la cera de la oreja— y me sentía aprendiz de escritor haciendo novillos. En aquella terraza ya desaparecida, oí alguna conversación digna de un concilio cismático, como hablar de las diferencias entre la *fellatio* y el *cunnilingus* y acto seguido discrepar sobre el matiz entre la pederastia y la pedofilia. Eran dos adolescentes con esbozo de bigote y gafas de trotskista. Hablaban con gravedad y me sentí trasladado a las páginas forenses de Krafft-Ebing sobre psicopatías sexuales.

Esa era la vertiente proletaria de los atardeceres y, ya algo menos cerca de casa, en Diagonal con Tuset, teníamos a mano el encanto burgués del José Luis. Diría que era la terraza adulta, el bar para siempre. La Diagonal de pisos semiburgueses y grandes despachos puede dar una primera impresión de vivir a espaldas de la calle, pero de repente una tarde gris perla vence esa reticencia y ya ves a los transeúntes con una familiaridad enriquecida por el hábito de vivir de forma ancha, discreta, mientras por las aceras amplias pasa un sentido del acomodo y el dinero, un dinero que aunque sea nuevo madura fácilmente. Para ver cómo la luz sesga suavemente la Diagonal, el mejor observatorio astronómico, en horas de equinoccio y solsticio, es la terraza del José Luis. En el interior, bajando unos escalones, la larga barra, torneada por días y noches de gentes que ahí se acodaban para no naufragar o sentarse en un taburete para una copa de vino blanco y unas tapas de primera. Incluso en sus horas de bullicio las mesas tenían una pauta tranquila, con los camareros dando prueba de aquella inteligencia que es propia de quien ama su oficio. Yo pasaba más horas en la terraza, con sus dos filas de mesas con mantel blanco, unos parterres, la marquesina y las estufas de invierno. Casi a diario, al caer el crepúsculo, una mesa de señoras maduras celebraba con poderío de matriarcas los gin-tonics en copa balón. A media mañana, recurría al José Luis para verme con alguien, desayunar o luego sucumbir al aperitivo. Vi pasar por la Diagonal a los travestis más perfectos, semidiosas de dos metros confeccionadas por el bisturí y la silicona, de cortar y pegar, flores del mal exuberantes como la fruta tropical en un cuenco de biología trastocada. En un tiempo, en un portal al lado del José Luis hubo una sauna con masajistas de carnalidad hechizante que a veces se llevaban al cliente sumiso a la terraza contigua y fingían escuchar sus fantasías de empresario glorioso mientras despachaban una cena de sustancia. A la barra acudían los detectives privados de una agencia ducha en los adulterios, el espionaje y la elisión del chantaje. Matrimonios bronceados por décadas sin otra ocupación que esquiar, abogados con zapatos de ante tratando de cerrar el trato de su vida, parejas que se acariciaban la mano. Ahí tuve citas políticas, emboscadas periodísticas, desengaños literarios, amistades que no se olvidan. En el José Luis comí, bebí y conversé muy a gusto. Llegaba de Madrid, ya por la noche, y cuando salía por el *finger* del puente aéreo, llamaba a mi mujer y ya quedábamos para cenar en José Luis. La vida todavía pudo ser una fiesta. Por aquella Diagonal de cada vez pasaban más turistas después de chutarse con las tartas de boda de Gaudí en el paseo de Gracia.

Fui escribiendo algunos libros en la duda entre la ficción y la realidad. Publiqué los poemas de *Molta més tardor*, los ensayos *Por un futuro imperfecto* y *L'os de Cuvier*. A pesar de la dispersión congénita del periodismo, cuando comencé a escribir lo que pretendía ser literatura había logrado una pauta de constancia diaria, el folio de un ensayo, unas notas de dietario. La concentración no es por sí misma un acto creativo, pero es como aquella estrategia militar que consiste en dirigir todos los factores posibles hacia un objetivo a conquistar. Es un sistema de diques y esclusas conducente a que el fluir de la intuición se encauce, se remanse y pueda cristalizar en unas líneas escritas a primera hora de la mañana, pasando a existir casi físicamente como párrafo con consistencia, una incursión provechosa en el caos, ir bosque adentro para acabar regresando con algo pulido, de potencia estilística, condensación en la medida posible de inteligencia, carácter y talento.

Pensaba inicios de artículo bajo la ducha, en los taxis, dormitando ante la televisión o esperando el segundo plato. Estaba en tertulias de radio y televisión, participaba en mesas redondas, sesteaba en el puente aéreo. Leía toda la prensa extranjera que podía. Iba explorando codiciosamente los mejores portales de internet. Fueron años venturosos, porque escribir —incluso artículos o libros de encargo— es una de las grandes formas de desenmohecer el espíritu, mientras las costumbres cambian al modo de ejército enemigo que amenaza las altas torres de todo aquello en lo que creímos. Con la excusa del periodismo leía sin método, que es como siempre he disfrutado más de esos libros que te caen en las manos casi por un azar. Comencé a leer más Historia —muchas biografías— que prospectos ideológicos, poca filosofía, más ensayo que novela. En una compilación de curiosidades literarias, leí el caso de la novela de detección *La voz de su amo*, publicada en 1930 por la británica Ivy Litvinov, esposa del embajador soviético en Londres. Escribió su novela, la única, según instrucciones hipnóticas. ¿Quién era el autor real, la hipnotizada o el hipnotizador alemán llamado a Moscú para examinar el cerebro de Lenin, recientemente fallecido? Eso es: quién sabe hasta qué punto somos autores hipnotizados por el lector ideal que quisiéramos ser.

Barcelona tenía sus ídolos transitorios, un futbolista, un arquitecto, una actriz inexpresiva y algunas veces un escritor, como fue el caso de Vázquez Montalbán, fallecido en aquellos años. Al morir, toda Barcelona se puso a decir que bebía un whisky que le había recomendado Manolo. Frente a procesos históricos que solían ir en sentido contrario al deseado, Vázquez Montalbán había dado por obsoleta la gran pose del intelectual comprometido, aunque solo por un período, para llegar de nuevo a tiempos de creencia, «o tal vez, tal vez resignarse a la pose de una definitiva autoeliminación». Era la pose del escriba sentado, fatigado por viajes de ida y vuelta, sin saber si sería reflejo —decía Vázquez Montalbán— de la diferencia entre escribir desde la conciencia de limbo o desde la conciencia del infierno. Como es habitual, la secuencia novelística del detective Carvalho, por su éxito, le encadenó a un mundo con el gnomo sempiterno que era el limpiabotas Biscúter, de cuyo paso por la ficción queda muy pegajosa la memoria del aceite de una lata de sardinas deslizándose por debajo de la manga. Las novelas del detective Pepe Carvalho eran una suerte de serie negra empapada del fragor de la Barcelona del Tibidabo a la plaza Real, fatídicamente cutre, con gastronomía de chiringuito a la puerta de un cementerio de automóviles, con palomitas de maíz de cine de barrio como *delicatessen*. Carvalho consolaba sus ilusiones perdidas quemando libros y cocinando a medianoche. Sus fobias sociales alternan el perfume de las mujeres de bandera y la caricatura de cuando todavía se creía en la lucha de clases.

En la tertulia de C. seguíamos en la apología de la tradición figurativa de Cataluña. Cuando C. se recuperaba de alguno de sus achaques, la tertulia reprendía entre whiskies largos, croquetas y la discusión sobre Uccello, las formas de perspectiva que le explicaba un amigo matemático y, sobre todo, la superioridad del *quattrocento* frente a un siglo XXI en el que las batallas no son un gran tema para la pintura sino para los videojuegos. Los pintores invocados correspondían a la idea del creador como hombre que espera, el creador como obediencia. Alguien se puso a hablar de darle a las acuarelas un fulgor satinado con pintura china. Me sonó bien aunque no entendí nada. Como preludio beligerante otro contertulio contaba la anécdota de la sirvienta del pintor mexicano Rufino

Tamayo, la que puso una canaladura bajo un cuadro de Tàpies para recoger toda la pintura que se caía. A modo de antídoto, los contertulios de C. leían el *Manolo Hugué* de Josep Pla como si fuera los Hechos de los Apóstoles.

Aparecía a veces el pintor Roca-Sastre, uno de los penúltimos señores de Barcelona. Tenía una personalidad luminosa y el legado patricio de su padre, el jurista Ramón M. Roca-Sastre, fundamental en la compilación del derecho civil catalán. La pintura de Josep Roca-Sastre demostraba la posibilidad de un retorno a los secretos de la figuración y, sobre todo, a los recursos de la elegancia. A diferencia de aquellos pintores cuya sutileza artística contrasta brutalmente con la bastedad de su personalidad moral, Roca-Sastre era un señor tanto al pintar como en sus gestos vitales. Su pintura despunta entre los despojos de la vanguardia como configuración de un estilo propio que se nutría de la figuración pictórica como matriz. Sus interiores de pisos del Eixample recuperan la nostalgia depurada y noble de lo que fue su vida de señor de Barcelona, asomado al balcón para otear algo que ya no existe. Quizás toda su pintura se construye en torno a la añoranza de un perfume. En la tertulia de C. sonreía ante las polémicas tumultuosas y de repente evocaba la visita a una pequeña iglesia italiana para ver un fresco poco célebre. Estaba allí, atento a la conversación, divertido ante los excesos dialécticos, primordialmente interesado por la pintura de todos, a condición de que fuese buena. Se hablaba mucho de Dalí, de Joaquim Sunyer o de Pere Pruna.

También estuvo el pintor Xavier Valls. Le conocí en alguna de sus estancias en Mallorca, luego cenamos alguna vez en el jardín geórgico de su casa de Horta —donde había comenzado a pintar muy joven—, cuando aterrizaba en Barcelona cada verano como para tenernos a todos divertidos y atemorizados con sus erupciones aceradas en cada conversación. Le vi en Il Giardinetto amenazando con el puño del bastón a un escritor que no se tomaba en serio el arte y la literatura. Coincidimos en la casa ampurdanesa de Poldo Pomés para que explayase las ofensivas orales de su ingenio contra el conformismo de lo nuevo. Allí llegamos a la conclusión de que el personaje más nefasto del siglo XX había sido John Lennon. Tenía ese sentido del *cher maître* para contar anécdotas hilarantes, a veces crueles. Altamente pugnaz en sus opiniones, con una contundencia que contrastaba con su aspecto frágil, era un pintor de pincelada silenciosa y pulcra, que a menudo parecía corresponder a una geometría mistérica, que la mirada del arte extrae de la realidad y afirma como una luz tenue. La composición de una naturaleza muerta transciende asomándose al París *flâneur* o —más allá— a un orden secreto, a un silencio fundamental, al sosiego de un existir entre pinceladas de terciopelo rosáceo y el ocre de los mejores atardeceres. Valls refutaba el caos de nuestro tiempo con la intemporalidad de su pintura. El transcurrir —como dijo Jean Clair— de un reloj de arena sin fin.

Era célebre su cena con Antoni Tàpies. Tàpies le preguntó qué coche tenía. Valls dijo que tenía un Citroën 2CV. «¿Cómo?», dijo Tàpies, y le mostró su Mercedes último modelo. En una cena homenaje a un escultor cuyas obras eran ostentadas, pagando un precio poco popular, por las instituciones públicas del franquismo, el homenajeado se levantó para hablar: «Nosotros que venimos de la larga noche del franquismo...». Valls sacó el pañuelo y lo agitó en el aire en alusión irónica al público de las corridas de toros que pide la vuelta al ruedo para el matador. El día de la caída de Barcelona en 1938, él y sus amigos bajaron de Horta a ver qué pasaba. En la plaza Molina vieron a un puñado de hombres que corrían en estampida, con el rostro desencajado, raídos, cabello hirsuto, sin girarse hacia atrás. Pensaron que eran locos escapando de un manicomio, pero salían de la checa de Sant Elies, donde se habían practicado los métodos de tortura y coacción que luego iban ser la epistemología del estalinismo.

Buen amigo de Valls, Lluís Marsans pintó los lomos de los libros sin título que debiéramos haber leído. Personaje explosivo, pintura frágil. Escribí una vez sobre su serie proustiana y me invitó a su casa de Sarrià. Con la leyenda de una integridad estética incorruptible, imponía y, sin embargo, era un ser atento, rigurosamente apasionado de todos los matices de aquella luz que sesga los mejores momentos de una civilización. Me dijo que él no era un proustiano convencido porque Marcel Proust carecía de aquella transcendencia imprescindible para la grandeza auténtica que es la de Dios. Además, en el mundo de Proust nadie fumaba y eso era sospechoso. Le asombraba la capacidad estratégica de Tàpies, tanto como odiaba su pintura. Amaba la simetría de las matemáticas. En su piso de Sarrià me dijo que con la caída del comunismo él había esperado una redefinición del arte de nuestro tiempo. Desconfiaba del realismo español por ser demasiado realista. Estudió con Ramon Rogent, trató al mago Joan Ponç, estuvo con Duchamp —ese gerente de funeraria— en Cadaqués, habló con Cirlot. A Marsans, Marc Fumaroli le atribuye un poder de reminiscencia silenciosa y solitaria, consagrado a dejar que las formas existan en el espacio, venidas del origen de las edades. Decía que de Dalí emanaba una especie de poder biológico. Entre los cuadros de Marsans, la memoria lo da todo y viene a ser como la añoranza de una casa que nunca se poseerá. Pintaba sus anaqueles, metrónomos, fachadas de casas eclipsadas, por hostil que fuese aquella época a la pintura figurativa. Con su bastón, sus guedejas blancas y aquella voz toda impertinencia sin piedad, decía que el arte moderno estaba casi acabado después de matar el oficio de pintor.

En la tertulia, Sebastià Ramis —con quien habíamos compartido muchas fechorías de juventud— argumentaba que Degas solo se sometió a la norma y por eso, desde la época impresionista, se le respetó cada vez más como soberano de un territorio inexpugnable. En la tertulia, había partidarios de Monet —*au plein air*— y de Manet —el taller—, por decirlo así, pero nadie renegaba de Degas y de su idea de la belleza, que, siendo efímera como todo paso de baile y como todo rasgo de luz, el pintor hizo perenne. Degas o el desintoxicador de la modernidad. El salto *ballon* de la danzarina avanza hacia un edén que Degas, misógino e intempestivo, concibió como un todo de cenizas y diamantes. En la pasión del dibujo reencuentra una forma de verdad, hoy negada. Bailarinas en la barra, ante el espejo, en grupos de una armonía única, estirándose la media, en clase de danza, a la hora del peinado, en clase, ajustándose los tirantes: inteligencia y belleza del arabesco. D'Ors hablaba de la crueldad de Degas.

Hay en Degas un *voyeur* entre bastidores. También fue un solitario radical, mordaz, blindado. Aunque yo probablemente hubiese sido de propensión posdreyfusista, admiraba que a Degas la animadversión contra las masas le llevase a alinearse con los contrarios a Dreyfus en el gran *affaire* de la Francia de su tiempo. En Degas la imaginación comulga con la memoria, hasta ir quedándose ciego. Mientras, las bailarinas del mundo seguían preparándose para el gran arabesco. Degas decía que un cuadro es algo que exige tanta astucia, malicia y vicio como la perpetración de un crimen. Bueno, primero falsificar y luego añadir algo de naturaleza.

A ese linaje perteneció Ramón Gaya, admirado por los contertulios de C. Hablamos de que también la fineza tiene sus propias simetrías. Nos atraen los fundamentos originales de un orden cuya reverberación es la belleza en forma de arte. En suma, *finesse* geométrica y geometría de la *finesse* en la belleza. La desvirtuación del arte lo impide. Lo contemporáneo radical es ya una forma de la muerte o, al menos, todo lo opuesto a la unidad viviente a la que tendían las formas cuando la costumbre de transgredir no se había impuesto sobre la voluntad de crear. El advenedizo ocupa los palacios y los templos. Queda equiparada la madurez con la podredumbre.

Recuerdo una tarde de mayo del año 1985. Estaba de paso por Madrid y un escritor amigo me llevó a visitar a Ramón Gaya. Con su barba hilachada y cana, la mirada un punto húmeda, el pintor ejerció su hospitalidad naturalmente, con una inteligencia predispuesta en cada intento de desentrañar lo posible. Mostraba cierta ascesis ante las facilidades de la mundanidad. La tarde era gris y el pintor estaba sentado de espaldas al caballete, con una postura de reposo inteligente, de quien escucha porque sabe, de quien acepta al otro porque las cosas tienen alma y, si un espíritu inmortal tolera nuestras flaquezas, ¿quiénes somos nosotros para prejuzgarlas? Tenía aquella desenvoltura noble que trasciende y nunca niega. Dijo algo sobre que el estilo es una forma de opacidad, hasta el punto de que los grandes pintores son «suprimidores de un estilo». También dijo que la novela no ha podido nacer sino en medio de la sociedad, más aún, en pleno «cansancio» de la sociedad, y de ahí que el novelista solo perciba de la realidad su conflicto, su nudo, su «imposibilidad permanente». Gaya habló también de la fe y la muerte. Al dejar en un recodo del camino aquel encuentro, fue como si la bailarina de Degas saliera a despedirnos al rellano de la escalera galdosiana.

Con la irrupción de la pintura abstracta en Cataluña, el pintor Rafael Llimona llegó a un grado muy elevado de exasperación. Rechazaba un arte —el arte abstracto, la pintura informal— que no estuviera anclado en la apariencia real de las cosas. En plena iluminación, con los whiskies extralargos que ofrecía C., alguien recordaba una historia de Llimona contada por el olvidado Ramon de Capmany: para Llimona, el pintor que despreciaba el mundo objetivo era un heresiarca, que de una jugada le descabalgaba el concepto que él tenía de lo que era temporal y lo que era eterno. «No puede ser. Un hombre no puede salirse con la suya así como así. ¿Y si tuviesen razón? ¡Sería terrible! Todas las verdades están entrelazadas. ¿Lo entiendes? Y el alma, ¿qué?» Llimona agarra a su buen amigo por las solapas y continúa con insistencia profética: «Todos pagaremos las consecuencias. ¡Todos! ¡Y nos los merecemos!». De eso se trataba, exactamente de eso.

Iniciado un nuevo siglo, ¿no debíamos hacer otro *rappel à l'ordre*? ¿Sería inevitablemente una de esas empresas que solo generan melancolía? Quién sabe, aunque en el primer rellano del siglo XXI triunfaba el artista manipulador de su propio éxito, entre la simpleza mental y el sensacionalismo, el mejor cebo para los coleccionistas del momento. Eran los casos manifiestos de Damian Hirst, Jeff Koons, Jean-Michel Basquiat, Richard Prince y el último Warhol. Representaban —dijo Robert Hugues— el mensaje uniforme de nuestra decadencia finisecular. Mientras tanto, en la tertulia de C., quedaba trazada una línea Maginot frente al arte abstracto. Dalí ya había escrito que la batalla de Bereniza —cuando Napoleón se retira de Moscú— fue un fenómeno de hibernación histórica, puesto que con el tiempo los soldados imperiales de Francia se descongelaron y pasaron a ser soldados de la Revolución rusa, que no era otra cosa que la Revolución francesa retrasada por el frío.

Supongo que en todas las ciudades con pretensiones de capitalidad cultural hay el mismo número de fantasmas intelectuales, pero no sé si Barcelona está por encima de la media. Seguían esas cenas de fin de semana en las que nada había más habitual que tener que sentarse junto a un tonto sofisticado, en la Barcelona que picoteaba las últimas miajas posolímpicas sin comprender el alcance del 11-S. Al modo de Teofrasto, resumí los rasgos de diversos personajes del momento a partir de su capacidad para estar en contra de intervenir en Irak por la mañana en la radio, definirse a favor almorzando carnívoramente en el Gorria, proclamarse antiamericano a la hora del café y defender las virtudes de West Point cenando con amigos selectos. Llamémosle el Fantasma BCN, destilación sincrética del joven empresario sin empresa, sumado al filósofo sin pensamiento o al mago editorial, todos aspirantes a cargos políticos sin responsabilidad, licenciados en Historia que se dicen historiadores o escritores que no escriben. La pose más habitual es la de intelectual que lleva años leyendo de prestado. Es la derecha que cita a Foucault y la izquierda que cita a Schmidt. Con una moralidad arribista de microondas, tejer una estrategia de ocupación del poder siempre será más llevadero que la pretensión abusiva de mantener unos principios, del mismo modo que, con las políticas intervencionistas del pujolismo, el periodismo o la cultura favorecen —como una cucaña— el desprestigio de la conciencia moral que, en definitiva, será usado como una justificación de la fungibilidad. Uno podía abusar normativamente del dinero público para comenzar y no terminar novelas subvencionadas por la Generalitat, menospreciando toda lealtad, por considerarla una pulsión psicopática. Eran tiempos como para presidir alguna ONG sin objeto a fin de dar la vuelta al mundo en ochenta días. La prioridad es dirigir lo que sea.

El oportunismo puede llegar, como las estafas más ingeniosas, a desprender un cierto estilo, pero no lo constaté así al conocer a algunos *insiders* prominentes de la comedia intelectual de Barcelona, seres tentaculares con poder en el mundo editorial, en la cultura —fuese autonómica o metropolitana—, profusos en el articulismo y con una noción ecléctica del rigor intelectual en la que uno podía defender a Althusser y a Tony Blair a la vez. Ese poder transversal ha superado todas las fases políticas de la Cataluña contemporánea, sin luego dejar de lado el independentismo. Pujol lo entendió con lógica de banquero equívoco: en Barcelona, los intelectuales de izquierda practican la nada, y a los otros —es decir, los suyos— no había que hacerles mucho caso. Simplemente, darles sinecuras. El aroma *cool* del oportunismo acaba oliendo tan mal como los lirios podridos. La virtud pierde terreno —dice Tácito— cuando sale más rentable adular que convencer. En realidad, todos somos vendedores a domicilio. Vendemos incluso amor, lírica caduca, opiniones políticas, consejos matrimoniales, humor y humo de Montecristo.

En aquellos días turbados por el 11-S, el Fantasma BCN surfeaba en la segunda ola de la transversalidad. En la empresa privada había fracasado en todo, lo que le llevó a la vida política. Era un pedigüeño perseverante, depredador aunque timorato, con buenos modales y con aquellas pretensiones intelectuales que consisten en confundir a Voltaire con Diderot. Si te gustaban los habanos, a los dos días te descubría vitolas muy selectas; si llevabas corbata, te aconsejaba la tienda de la mejor seda. Si le llevabas a un restaurante, a los dos días exhibía una complicidad asombrosa con el *maître*. ¿A qué dedicaba su tiempo? Posiblemente a conspirar desde su despacho contra las instituciones que le pagaban el sueldo, vieja propensión trotskista, maoísta o secesionista teñida de descaro crematístico. En cualquier momento el Fantasma BCN aparecería en el *who is who* con una biografía rutilante, de triunfador en las escaramuzas más deleznables. Estaba en todas las fotos. Tenía buena percha, con bufanda anudada, los veranos sin corbata, con una capacidad ilimitada para el disimulo y la poca gracia servil, para definirse en la indefinición. Con mal oído para la ironía, su arma de invasión masiva era la adulación. Adular y tragar sapos. Había logrado una versión *cool* de ese viejo gesto de quitarle la caspa de la solapa a cualquiera que pueda servir de peldaño para tu ascensión, pero ¿para ascender adónde? Son ambiciones sin otra meta que el estar, ir de aquí para allá, en estado de flotación, negando los hundimientos y naufragios previos, disfrazados con gafas de carey como si escribieran en *The New York Review of Books*. Suele dar resultado en los pequeños mundos. De vez en cuando, los azares de la política cantaban un bingo. En política, nadie sabe lo que puede pasar dentro de media hora. El espiritismo astrológico del delincuente López Rega —un personaje increíble, salvo como precedente indirecto de la hegemonía lacaniana en el Buenos Aires querido— mantuvo su halo en la última época de Perón en Puerta de Hierro. Grandes estadistas han confiado en el horóscopo. El Fantasma BCN, con la ventaja que le daba urdir pero no pensar, suministraba a sus distintos interlocutores distintas estrategias, esmaltadas con alguna cita deconstruccionista. En un almuerzo en el calmoso restaurante Beltxenea o en el patio del Roig Robí, el Fantasma BCN me explicó que en Cataluña no gusta que haya quien alce el vuelo, sino que se prefiere el vuelo a ras, de ave que lleva perdigonada en el ala. Ese argumento, además de negar la capacidad motora del individualismo, ratificaba la tesis de quienes en su día habían defenestrado a D'Ors, llevado a Josep Pijoan al ostracismo o negado el Premio de Honor de las Letras Catalanas a Josep Pla. Mi conclusión es que la capacidad creativa del sujeto catalán tiene sus mejores momentos desasida del Estado y baja el diapasón cuando Cataluña pretende actuar como si fuera un Estado: es decir, regulando. Lo advertía Tocqueville al decir que, cuando el gusto por el poder y la incompetencia se reúnen en un mismo individuo, su voluntad de triunfar le hacer perder su probidad: cree ser el mejor y se pone a hacer trampas. Exactamente: apoyándose en los débiles de entre los que ha surgido, sustituye la desigualdad en libertad por la igualdad en la mediocridad y la originalidad de pensamiento por el conformismo intelectual.

Veinte siglos después de los *Caracteres* de Teofrasto, en la hora del Gran Siècle, La Bruyère reintenta el retrato moral de personajes entre reales e imaginados. Todo permanece. Uno de sus caracteres es Mennipeo, el pájaro provisto de diversos plumajes que no son los suyos. No habla, ni piensa, repite los sentimientos y los discursos, se sirve tan naturalmente del espíritu de los demás que es el primer engañado. Es el eco de alguien con quien acaba de verse. No se ocupa más que de su persona, sabe que todo le sienta bien, cree que todos los hombres se turnan para contemplarle. Consuela saber que parte del Fantasma BCN lleva pavoneándose por lo menos desde hace veinte siglos, según Teofrasto o La Bruyère.

Algunas noches cenábamos en la terraza de La Taberna, en la plaza Molina. Tenía una cocina sabrosa, con sus camareros filipinos siempre sonrientes y el paseíllo de postres como sello de la casa. Al final, y antes de irnos Balmes abajo, saludaba a la estela de Joan Maragall, en un lateral de la plaza con la calle Alfonso XII, frente a la casa donde vivió, con sus dudas entre el orden y la anarquía, de cultura germánica en una ciudad más bien afrancesada, el escritor padre de familia numerosa que supervisaba, en el depósito del tejado, el agua disponible. En Maragall, la memoria de sus poemas y grandes artículos y, más allá, la conciencia moral de una integridad a prueba de desastres y vanidades, hay algo que solo reverbera en los hombres superiores, con riqueza de espíritu. Maragall era uno de los pocos precedentes de una Cataluña abierta.

Creo que Cataluña tuvo su momento Joan Maragall. Alguna vez pensé en escribir un ensayo, *Maragall & Co*. Su presencia había congregado lo mejor de su época, amigos como Pijoan, Miquel i Soler, Roura, Josep Yxart, Joan Sardà. Al lado de un gran periodista como Mañé i Flaquer, el hombre que moldeaba la opinión burguesa y era escuchado en Madrid, Maragall asumió algunas lecciones de realismo. Lo grande era que, a pesar todo, podíamos hablar de Maragall o la integridad estética y moral. Maragall y la ciudad de los hombres y la ciudad de Dios, el burgués nietzscheano y el amigo de Torras i Bages, la voz de Cataluña enlazando con la Institución Libre de Enseñanza, el regeneracionismo más esperanzador que noventayochista. Mi padre tenía en casa los poemas de Maragall. Los leí pronto. Maragall es un puñado de poemas, una gavilla de artículos y toda una época, civil, ya moderna, la Cataluña en la que Barcelona actúa como la gran turbina, sin que a Maragall y sus colegas eso les impida recorrer los paisajes de la patria y, montado a lomos de una mula —como en una célebre fotografía del poeta—, trepar hacia la cima desde la que se atisba el gran vínculo con tu «matria». Aspirar a la cima de un país mejor, de una literatura esencial, de una concordia duradera. Decía, en momentos de caos civil, que «es una tristeza ser de un pueblo cuyo equilibrio consiste, no en un juego de fuerzas —como en los países bien civilizados—, sino en un juego de debilidades».

Tales singladuras se inician con una decisión moral bien orquestada que, si alcanza, acaba siendo un momento de creación, en forma de arte o de superación personal, de trascendernos sin sometimiento, de armonización entre orden y libertad. El caos se resuelve en una complejidad superior y la conciencia rige todos los compases de la orquesta, la vida se abstrae de lo fútil, adquiere un sentido y manifiesta con gloria y misericordia su soberanía. Esos instantes soberanos, cuantos sean, dan presencia tectónica a nuestra existencia frente a las fuerzas destructivas, el mal o la inanidad. Más de un siglo después, el contraste con la cultura pop acabaría con todo. Suena la Novena Sinfonía y alguien dice: «¡Pero si es la banda sonora de *La naranja mecánica*!». Sitúese como escenario en un ascensor con hilo musical. En 1853, Sainte-Beuve ya habla del siglo de la facilidad universal, en el que ya no solo los devotos y los pelegrinos, sino los simples curiosos y los turistas cada año van en multitud a Jerusalén. El viaje *low cost*, una civilización en declive.

Para mí, que Joan Maragall era una quintaesencia del *one nation tory*. Él se consideraba reposado, optimista y conservador. En una de sus cartas, explica cómo le repugna toda negación que no sea capaz de construir enseguida algo más fuerte que lo que destruye. Eso hace tan perdurable que lo que le importaba a Maragall fuera sobre todo la verdad. Indagó todavía las ciudades extraviadas en busca de esos diez hombres justos que pueden impedir la destrucción moral de las cosas. Pretendió que España y Portugal no se dieran la espalda. Deseó una España recompuesta. Una sociedad civilizada se define por la voluntad de que lo bien hecho trascienda y adquiera la entidad permanente de un legado vivo. Por ahí va Maragall, de paseo por el Montseny junto al joven amigo Pijoan, con el deseo de divisar un gran mar noble, pensando en una carta sustanciosa del sabio obispo de Vic, convencido de que una sociedad debe exigirse ser justa y clara. Vicens Vives dijo que Jovellanos representaba para la España de comienzos del siglo XIX lo que Maragall significaría para Cataluña cien años más tarde.

XIV

Eneas y el Tratado de Niza - Clones del Barça - Utopismo en El Escorial - El té del duque de Bedford - Esos Simpson - Libertad y propiedad - De Pujol al maragallismo

A falta de aquellas aves que advierten del flujo y reflejo de la marea, a inicios del nuevo siglo escaseaban los indicadores para la Europa que alternaba las euforias y las depresiones. Yo no solo apreciaba el proceso europeo porque había sido, con muy duras negociaciones, decisivo tras la muerte de Franco, ni tan siquiera porque España fuera el problema y Europa, la solución, algo que me parecía un sofisma. España llevaba siglos, con altibajos, siendo central en la civilización europea. Sí, llegó con retraso al pistoletazo de la integración, pero ese era un proceso institucional basado en la democracia y el derecho y no era lo mismo que un cúmulo de siglos que iban de Eneas a los molinos de la Mancha, de Luis XIV a Brandeburgo, de los grandes monasterios a las capillas renacentistas, de Dante a Kafka, de Notre-Dame al Parlamento de Westminster. Dicho de otro modo: de Velázquez a Velázquez. Mi Europa eran los hoteles frecuentados por Baroja en París, las salas del Prado o el Louvre, los cafés de Josep Pla, tantas bibliotecas neoclásicas, Verdi estrenando en la Ópera de Milán, la máquina de vapor y el cinematógrafo, las primeras lecciones de anatomía y la penicilina. Ni cuando Franco aparecía en los sellos y en las monedas me vi menos europeo que un francés en tiempos de De Gaulle, un británico en pleno laborismo, un italiano con la democracia cristiana o un ciudadano de la Alemania Federal, ni que un polaco o un checo sojuzgados por el comunismo.

Ya iniciado el siglo XXI, el relativismo cundía tanto como la desmemoria y las nuevas generaciones ya no sabían con qué propósito inhumano fue construido el muro de Berlín. Navegábamos día y noche por internet, ya pagábamos en euros, estábamos en plena globalización. Cayeron las Torres Gemelas, pero desconocíamos que sin el sustrato de Occidente no es que no hubiésemos resistido mutaciones tan bruscas: algunas, las que dimanan de la idea de libertad, ni tan siquiera podrían haberse producido. En una Europa posmuro de Berlín no podía retrasarse más el proceso de ampliación, aunque quién sabe los obstáculos que hubo, por la brecha económica entre los países de economía social de mercado y los arruinados por el colectivismo, además de la inercia propia de las grandes burocracias. Llegó el Tratado de Niza, en abril de aquel 2003, y luego se produjo la integración —con atajos— de, por ejemplo, República Checa, Estonia, Chipre, Letonia, Hungría, Lituania, Malta, Eslovenia, Eslovaquia y, *last but not least*, Polonia. Hubiera debido ser un gran día, pero hubo más prosa que épica. Ya siendo papa, Juan Pablo II dijo en Polonia: «No tenemos que entrar en Europa porque nunca nos fuimos. Nosotros creamos esta Europa, con mayores tribulaciones que quienes afirman la exclusividad del club europeo».

¿Cómo combinar trascendencia y devenir? Me temo que todavía no hemos sabido responder. En plena guerra fría, parte de la explicación —según decía Miłosz— era que el sueño de una pureza colectiva conseguida gracias al sufrimiento colectivo no es más que un sueño y en la práctica lleva a la bestialidad. Aun así, la cotidianidad a veces conseguía zafarse de los lastres de la Historia. Vida, biología, alma, amor seguían siendo lo que siempre han sido. Existía la buena gente.

En uno de los bares de Lesseps me había dado cuenta de que en Barcelona nunca te libras del hombre del Barça. Ahí está, como la máquina tragaperras o el tirador de cerveza. Viviendo en Balmes, aquel arquetipo se me reapareció como trasplantado por holograma. Cada mañana, en la barra del bar K, ahí estaba el hombre del Barça hablando de goles fallidos, árbitros vendidos a Madrid, fichajes. Supongamos que se llamaba López-Rovira y era abogado o, más bien, picapleitos, una especie de *ambulance-chaser*. Cómo no fijarse en su compunción de víctima al perder el Barça, la alegría por las victorias, sus carcajadas, sus hipérboles, sus fanfarronadas, sus comentarios paranoicos leyendo la prensa deportiva. Y así se me dirigió un día, porque me había visto en TV3. Escribes sin parar, pero si alguien sabe de ti es porque algún día has aparecido en televisión. Eso siempre me había resultado humillante, pero me iba acostumbrando. Alguna vez López-Rovira me tuvo largo rato a la entrada del bar K hablándome de su gran tema: el Barça. No el fútbol, sino el Barça. Tuve que decirle que en mi vida he visto un solo partido de fútbol. A partir de entonces prácticamente dejé de existir salvo para el sablazo.

Era un ser desgalichado, que parecía poder caer deshecho en piezas y luego ser reconstruido indoloramente, como Pinocho. Caía y se recomponía. Ese aspecto físico, como fui comprobando, correspondía a su vida: negocios en quiebra, herencias evaporadas, saltos de bufete en bufete hasta no tener ni teléfono, sablazos, estafas grises, comisiones por delegación de terceros más cautos en la alegalidad; y, a la vez, era algo así como el personaje del *miles gloriosus*, siempre contando batallas, triunfos, actos heroicos en los que siempre había sido protagonista.

Fuera quien fuera el político del que se hablase, él lo conocía, aunque, como supuse y me confirmaron otros asiduos del bar, en realidad había pasado por todos los partidos y le habían echado, un rechazo comparativamente muy denotativo si se tiene en cuenta la andadura amoral de la política. López-Rovira era un intermediario menor, un corrupto de tercera fila, y a la vez se carcajeaba tanto que te olvidabas de su mirada de hombre perseguido en una pesadilla, el hombre que corre tras un tren como un sueño calamitoso.

Llevaba anacrónicas corbatas floreadas, como de ejecutivo hippie de los sesenta, y alternaba un *blazer* lustroso por el mucho uso y un traje negro que, por mor de tanto deslizamiento de costuras, probablemente fuese su traje de bodas. Vi una sola vez a su mujer, compungida, ojerosa, ensimismada y muy bella. Oí decir que tenían unos hijos difíciles. Pensé en muchachos que roban en los vestuarios del colegio, siguiendo el mal ejemplo de un padre que tenía el aspecto de sustraer unos euros del cepillo de la parroquia.

Sería a la hora de irse a comer cuando al bajar a la calle para coger un taxi vi a López-Rovira esperando en la acera. Me pasé al otro lado de la calle porque no tenía ganas de que me aleccionase sobre la penúltima crisis del Barça ni de que intentase sablearme. Pero un dechado de luz cambió su rostro cuando una furgoneta con rótulo de un colegio de educación especial se arrimó a la acera y paró frente a él. Bajaron dos muchachos, los dos con los ojos almendrados y la cara aplanada, reflejo evidente del síndrome de Down. No sé si eran gemelos, pero parecían tener la misma edad. Se abrazaron a su padre como si regresasen de dar la vuelta al mundo. López-Rovira bajó la cabeza y los besó en la frente. El fantasma público era un ser de amor privado. La vida como misterio estaba allí, radiante, imbatible. Cuántos sacrificios de un padre y de una madre para subsistir y cuidar de aquellos hijos a los que tanto amaban. Me di cuenta de algunas cosas. O bien López-Rovira era un buen padre a pesar de ser un desastre o era un desastre porque no tenía otra manera de cuidar de los suyos, aquellos dos niños y la bella mujer gastada. También me prometí no juzgar nunca más a nadie, pero esa es una promesa más bien incumplible.

En aquella hora de Europa la experiencia de nuevo valía más que la abstracción y el empirismo, más que el cartesianismo. Precisamente por el valor de la experiencia histórica, el European Ideas Network —puesto en marcha en 2002 como nexo entre los *think tanks* de partidos englobados en el Partido Popular Europeo— se celebró en El Escorial. A tan poco del 11-S y con la psicosis de crisis, los temas eran defensa y seguridad de Europa, el estado de las relaciones trasatlánticas y, sobre todo, el terrorismo. Como de costumbre, a veces uno tenía la impresión de que la Europa oficial no se tomaba en serio su propia seguridad y que no se atrevía a mirar de cara al terror. Sospeché que el microcosmos de Bruselas actuaba al modo de aquellos magnates que electrifican el entorno de su jardín para que no asomen las gentes vulgares. Ese acotamiento, esa Europa aparcada, comenzaba a incentivar los populismos demagógicos, desestabilizadores de la alternancia política al caricaturizar Bruselas como una opacidad congénita que mengua las voluntades de los individuos y las particularidades de los pueblos. En los pasillos, los mandarines de Bruselas jugaban a sus anchas a ser insoportables y miraban por encima del hombro a los políticos que representaban la soberanía popular, el voto del jubilado, del posadolescente y del ser sin edad. A pesar de todo, la Unión Europea era la gran jugada.

En un momento tan hobbesiano, me dejó estupefacto escuchar una defensa de la Europa armoniosa y perfecta formulada por un socialista utópico, el aristócrata Saint-Simon. En plena Revolución francesa intentó comprar la catedral de Notre-Dame para revender como chatarra la techumbre metálica. Saint-Simon había propugnado una Europa regida por industriales y científicos cuya cúpula sería un monarca hereditario. Contra todo realismo histórico, sus seguidores propugnaban unos Estados Unidos de Europa. Estábamos en El Escorial para saber más del terrorismo islamista, pero había quien abogaba por la fe del saint-simonismo. Es curioso cómo el positivismo no se calma hasta que funda una religión, como hizo Comte con su esposa Clotilde Vaux. Aquella noche procuré cenar solo en el sabroso restaurante Charolés, con copas y puro después, mirando una fiesta de bailes populares desde la terraza del hotel Suizo.

Sin contigüidad alguna con los principios y convencionalismos del Partido Popular Europeo, los seminarios del Liberty Fund en Tunbridge Wells, en plena campiña de Kent, bajo la batuta de Digby Anderson, mantenían la pauta —como anteriores seminarios a los que había asistido varias veces en Sevilla, Indianápolis o, de nuevo, Tunbridge Wells— de debatir algún ensayo primordial del pensamiento liberal-conservador y, por las noches, barra abierta en la *hospitality room*. El seminario trataba del libro *Envidia* de Helmut Schoeck, un ensayo espectacular, con partes algo arbitrarias, sobre cómo la envidia lleva al igualitarismo. El balneario de Tunbridge Wells daba vida a varios hoteles, con *breakfasts* dignos de Falstaff. Allí había tomado las aguas el doctor Johnson. En los seminarios de Kent los participantes británicos solían ser mayoría. En aquella ocasión tampoco faltaba mi buen virginiano David Bovanizer y se había añadido un joven intelectual italiano de mente fina y rápida. En las comidas se habló de cómo botar una revista conservadora para Europa y sobre la formulación de un atlantismo cristiano. Participaban dos tenores de la América conservadora, John O'Sullivan, exdirector de *The National Review* y hombre hiperactivo, y Roger Kimball, de *The New Criterion*, fundada por Hilton Kramer cuando se hartó de ser crítico de arte de *The New York Times* y de escribir sobre el expresionismo abstracto. El clima era muy euroescéptico. Cuando defendí que el tándem España-Gran Bretaña podía ser provechosamente operativo en la Unión Europea vi caras de circunstancias que fueron de repudio al decir que el potencial militar británico era determinante para una defensa común europea.

Al terminar el seminario, me fui con Digby Anderson a su casa en Woburn. Era un largo trayecto, y cuando llegamos, sedientos como si hubiésemos cruzado el desierto amarillo en diligencia, hicimos un consumo despampanante de champán. La casa de los Anderson, con un pequeño huerto trasero, abundaba en telarañas, hasta el extremo de que pensé en la casa de la señorita Havisham en *Grandes esperanzas*. En la cocina, Digby tenía una colección de aparatosos artilugios sacacorchos, con perfil como de pájaro antediluviano posado en un cable de alta tensión. Los Anderson comían y cenaban carne de caza, *faisandé* hasta oler mal. Al día siguiente fuimos hasta las tierras del duque de Bedford, en Woburn Alley, de donde —según la leyenda— procede la costumbre del té a las cinco. Para los ciervos era época de celo y los mugidos y bramidos de deseo retumbaban por la escalinata de la evolución selectiva de las especies.

¿Cambiamos porque cambian las costumbres o unas costumbres sustituyen a las previas porque cambiamos? En todo caso, conservar las costumbres, como conservar las formas de fidelidad, valía tanto como anteponer la costumbre a la ley. Eso no era fácil porque conviene que las costumbres —y más en la España pos-1968— precedan a la ley. Con impacto en los usos y costumbres, entre dos siglos la ejemplaridad de los personajes de Walt Disney había sido suplantada por los Simpson, mientras se seguía diciendo que no existe vínculo alguno entre la televisión y la violencia. Si la televisión no influye en los comportamientos humanos, ¿para qué gastarse tanto en publicidad? Réplicas andantes de la familia Simpson acechaban en hipermercados, estaciones de tren, playas y museos. Eructaban, comían y hablaban con la boca llena, ponían los pies en los asientos del metro y ostentaban esa supervivencia abrupta de la buena gente crecida en un mundo sin manuales de urbanidad. De cada vez contaban más los sentimientos y menos los deberes. Los progres ingresados en la cultura de masas por fin tenían sus héroes. Si el clan Simpson viajaba al completo, el menos anormal era el tortuoso señor Burns, por lo menos capaz de distinguir entre el bien y el mal en un mundo de simpleza moral legitimada por la disfuncionalidad. Millones de telespectadores se relamían imitando la vagancia de los Simpson, tal vez porque, como papá Homer acostumbraba a decir: «Si algo es difícil de hacer, no vale la pena hacerlo».

Como era previsible, los Simpson clonaron y andaban a sus anchas haciendo cola en el museo del Prado, trotando por la Gran Muralla China o polucionando las aguas de Venecia. De la sociología al mito y al revés, las anormalidades acaban por ser modelo. Bendito siglo, con los Simpson compartiendo bocatas frente a la pantalla de televisión. Eran los arquetipos de la sociedad de dependencia, de cómo vivir al día mientras pague el Estado providencial. Comían pedazos de pizza chorreantes de queso fundido y lanzaban gritos de guerra bajando por las escaleras automáticas de un museo del ovni. De casa al paseo de Gracia, algunos días veía al abuelo Simpson, llevado por una versión cutre de la ira de Aquiles, dándole patadas a un contenedor de basura.

Pero a menudo erraba al clasificar a las personas por el aspecto, sobre todo con los jóvenes. En una cafetería de autopista —creo que camino de Fontclara— quise hacerme unas tostadas en un microondas. De una mesa se levantó para ayudarme un muchachote vestido de motorista, de ángel de la muerte, y con tatuajes en los nudillos que personalmente y a bote pronto hubiese puesto a disposición de la Guardia Civil. Me costaba sincronizar esas mutaciones contemporáneas. Una tarde que salía de casa en la calle Balmes, un joven entusiasta, con mochila y zapatillas deportivas, vino corriendo hacia mí: «Valentí, Valentí». Se me quedó mirando. Dijo que era lector de mis dietarios y artículos de *ABC*. Me habló de usted, con educación insólita, allí, con su mochila y su chándal. Me dijo que iba al gimnasio de Balmes-Marià Cubí. Le pregunté si se dedicaba a la gimnasia. «No, soy monitor de pesas». Nos despedimos. Un lector que era monitor de pesas y llevaba todo un mundo de interrogantes intelectuales en la mochila. Con tantas nuevas costumbres, era otro fracaso mío ese clasificar a la gente por su aspecto exterior. Algo parecido me ocurrió en casa de unos amigos con un hijo de cresta punk que estaba leyendo el *Tomás de Aquino* de Chesterton.

Caído el muro de Berlín, Occidente no se estaba rehaciendo —o al menos así lo parecía— como sujeto histórico y moral. Incluso con las flaquezas que Soljenitsin debelaba, Occidente significaba sociedad abierta, sistema representativo, economía de mercado, libertad y propiedad, equilibrio entre seguridad y libertad, compensación entre ley y orden, pero también llevaba un tiempo en el armario, autoinculpado e inculpado de todos los males, como incapaz de aportar nada para bien.

Aunque en ocasiones a la Europa institucional —y a los profesores que la estudian— los árboles no le dejen ver el bosque, la Unión Europea ya era una de las mayores experiencias políticas de nuestro tiempo, a pesar de ser propensa a lo políticamente correcto y a mirar para otro lado en cuestiones tan escabrosas como la seguridad o la inmigración. *Eppur si muove*, hasta el punto de que un comentarista japonés de gran prestigio, Yoichi Funabashi, sugería en aquellos años que Asia necesitaba un Jean Monnet. Es singular que, viviendo en Shanghái antes de la Segunda Guerra Mundial, Monnet tuviese conocimiento de que el primer emperador de la dinastía Qin había unificado China al uniformar pesos y medidas. Según reconocía el propio Monnet, así germinó su idea de una Europa unida, con manifiesto desdén de De Gaulle.

Después de una juventud de indiferencia, aunque no de rechazo, por la cultura de la fe, yo había ido esbozando el mapa de un retorno a la religión de mis padres. El mapa adquirió mucha más consistencia con el papado de Juan Pablo II. Atendía al año litúrgico. Entraba en iglesias vacías. Rezaba el padrenuestro. Leía a Bernanos. Me entregaba de nuevo al relato de los evangelistas. Karol Wojtyla me puso en camino con su fortaleza espiritual. Por eso sentí una emoción tan honda, decisiva, al escucharle diciendo: «¡No tengáis miedo!». Solo era y soy un mal practicante, un pecador a media pensión. No entiendo los manuales de teología, pero sé que Dios y el Hijo de Dios están ahí, tan a mano, a pesar de las tragedias de la vida y del mundo. Me paseo por la fe reconstruida y siento que recibo el don de la gracia, como una fuga de organista, solo, en una ermita perdida. Dios está en el chip, en la vieja carpa que hiberna bajo el loto del estanque, está en los satélites espaciales, en las leproserías, en cada molécula, en el amarillo de la retama y en el calor de la palabra, en cada movimiento de Beethoven y en el latido de un corazón fatigado. ¿Es eso panteísmo? Y me pregunto, ¿qué ha sido de la Europa de las catedrales después de Auschwitz? En una Europa notoriamente descristianizada, ¿qué vínculos quedan entre la fe y la cultura, la fe y la razón?

Juan Pablo II estuvo en España en aquel 2003. Fue su último viaje a nuestro país. Cientos de miles de jóvenes le escucharon en la base aérea de Cuatro Vientos. Se trata de, según dijo Chesterton, que la Iglesia debe contribuir «a salvar al hombre de la degradante servidumbre de ser hijo de su tiempo». El comunismo había dicho que la religión era el opio del pueblo y el nazismo consagraba el ídolo de la raza aria. Luego vinieron otros riesgos para Europa: el relativismo después del túnel totalitario. Caído el muro de Berlín, era la hora de la Europa de la fe y la razón. La libertad que vale la pena tiene —dijo Wojtyla— una estructura moral. Esa libertad —libertad nacida en Europa— es la compatible con el misterio que nos trasciende.

Entre el mar y la montaña, la Cataluña pujolista se derretía muy gradualmente. Pujol me convocó para sus confidencias sui géneris antes de dejar la presidencia de la Generalitat. Aquella tarde, después de su enésimo monólogo, salí a la plaza de Sant Jaume como si me cobrasen un gravamen que no me correspondía. Pujol tenía cualidades políticas, pero eso no es lo mismo que tener virtudes. Parecía sobrepasar la dimensión real de Cataluña, aunque tal vez fuera que él mismo la había empequeñecido con su ideología de *fer país*. Si superaba el promedio era porque el promedio no era alto. Pensé que era como esos actores de compañías itinerantes que aprenden a robar escenas y a ser protagonistas donde debieran ser actores secundarios, brujo materialista en un país de descreídos. Al contrario de lo que pudiera haber sido Tarradellas, Pujol era uno de los corretajes pagados por la Transición de todos.

Esquivando bicicletas, turistas y patines, me acerqué al museo Marès, junto a la catedral, poco frecuentado. Siempre me da sorpresas y pienso que allí el escritor George Perec hubiese paseado morosamente hasta tramar otra de sus novelas. No tengo un trayecto predeterminado. Solo el inicio y el final. En primer lugar, los soldaditos de plomo, y luego la sala de armas, los sables y los arcabuces. Tiene algo del *Nautilus* o de castillos escoceses con fantasma. Luego puedes pasearte entre esculturas con patricios sosteniendo su toga, centauros y caballos. Da motivos para pensar qué vínculos puede haber entre la utilidad y el arte. Cautivadora sala de relojes, toda de tiempo ido. Botes de farmacia, símbolos de Tierra Santa, cigarreras y casullas, escudos monásticos, floreros de conchas, cajas de cerillas, portentosa acumulación de objetos que son parte de la humanidad. La colección de pipas, las de espuma de mar, y especialmente las cazoletas en forma de rostro o de figura, como un ciclista o un querubín, son como los botalones de proa que iban mar adentro en las novelas de aventuras.

Catalogado en el museo, aquel prolijo *bric-à-brac* tenía algo de país en miniatura, y después de la visita a Pujol pensé que no es lo mismo describir los componentes de una sociedad que inventarse una nación. En su estudio biblioteca, la propia figura del escultor Frederic Marès, a medio camino entre atavismos y atajos trágicos, es un custodio remoto de la vida heterogénea, de objetos con alma. Conviene detenerse ante un biombo negro de madera lacada, obra de Marès. Y entre los cuatro cristales grabados al ácido, en los respectivos bastidores, nos maravilla la transparencia de unos peces transparentes moviéndose entre anémonas.

Durante tantos años, una prueba de la omnipresencia de Jordi Pujol era que su lenguaje gestual, sus tics corporales, interjecciones y latiguillos merecieron una nómina de imitadores, no cómicos sino consecuencia mimética de la hegemonía icónica pujolista. Varios personajes del partido de Convergència eran un calco expresivo de Pujol, como constatación de su propia mediocridad y también del empeño de Pujol en rodearse de medianías alejando a los hombres más capaces de liderar. Aparecieron en la televisión algunos periodistas, historiadores y publicistas que hacían suyos los gestos de Pujol. No sé si eso tenía que ver con una antropología del pujolismo o si era el hijo en busca de padre.

Entonces trataba esporádicamente a algunos de los personajes que, en la política o en la vida pública, tenían un papel representativo, hijos de patricios de la catalanidad acomodada, con estudios privilegiados y aspecto tan distinguido como banal era su personalidad. Poco tenían que decir y quizás menos aún que hacer. Coleccionaban arte conceptual, tenían residencia secundaria en la Cerdanya y añoraban la pujanza de una Cataluña mítica, aunque hubiesen vendido la empresa de sus padres a una multinacional. Eran de cabellera coquetamente plateada, a veces iban en moto y tenían un hermano notario en Salamanca. Habían caído en el compromiso accionarial de Banca Catalana pero se retiraron a tiempo. Si sus bisabuelos o tatarabuelos habían vivido la fugaz avalancha económica de la Gran Guerra, ellos estaban en manos de un bróker y del vaivén del impuesto de sucesiones. Políticamente, podían ser los tontos útiles del primero que pasase. Y ese había sido Jordi Pujol.

Una noche salía del restaurante Windsor, junto al paseo de Gracia, y en el pasillo me topé con el hijo de Jordi Pujol, Oriol Pujol, con el que no había hablado nunca. Pero nos saludamos y, sorprendentemente, me preguntó si yo era feliz. Ante tanto impudor no supe qué decir. Era la pijería pujolista al cien por cien y en parte la seguridad de tener patrimonializada la felicidad de los demás, supremo logro de un régimen orwelliano o, más bien, la chulería de colegio de pago del *hereu* que tiene derecho a pernada y toma el aperitivo con el notario.

Pujol llevaba veintitrés años en la presidencia de la Generalitat y eso le había convertido en el modelador de un régimen. Según yo lo veía, driblar el obstáculo de Banca Catalana fue su *happy hour* y la frustración del PSC. Uno de los males del particularismo, entre tantas cosas, era que Pujol se desentendía de las creencias que proclamaba, incluso las más arraigadas —el atlantismo en el caso del referéndum de la OTAN o la posición de Occidente en el caso Irak—, cuando no coincidían de forma estricta con los intereses de su versión de Cataluña o con los intereses de su partido —y, luego, de su familia—. Al mismo tiempo decía que hacerse responsable de unas ideas y convicciones quiere decir estar dispuesto a morir por ellas. Era el vestigio de un nacionalismo heroico, impostado. Por tres motivos nunca voté a Convergència: negarse a entrar en el Gobierno de España, la política lingüística y el posible deslizamiento secesionista. Digamos, la deslealtad. Los diputados de Convergència en Madrid colaboraban con los intereses de España solo cuando les interesaba o no representaba un coste político. Pero un diputado a Cortes no solo representa los intereses de su circunscripción sino la soberanía del pueblo español. Con el referéndum sobre la OTAN dio libertad de voto para desgastar a los socialistas. Luego, en un discurso en la Real Academia de Historia, reconoció el error. Dominaba el tempo del reconocimiento del error porque así creía recuperar la coherencia de la que siempre alardeaba.

Así llegaron las elecciones autonómicas de noviembre de 2003. Artur Mas ganó en escaños, pero la izquierda urdió un pacto de Gobierno liderado por Pasqual Maragall —socialistas, ecocomunistas y ERC— para formar un tripartito que se escenificó en el Pacte del Tinell, en un acto público que aunó el efecto de catarsis después del largo dominio pujolista y las satisfacciones del orgasmo, que es una dádiva del poder. Los periodistas del PSC fueron a hacer la crónica acompañados de sus hijos. Después de veintitrés años de sentarse en los escaños de la oposición, la apetencia de despacho era muy humana. Es un apego innato, como esos gansos que recién salidos del huevo siguen a cualquier objeto en movimiento como seguirían a sus propios padres.

A pesar de que los tres partidos habían gobernado en el Ayuntamiento de Barcelona, un cartapacio municipal no era lo mismo que una acción de Gobierno autonómico que —según ya se advertía— iba a desembocar en reformas estatutarias de naturaleza contradictoria. No era lo mismo la herencia de Indalecio Prieto que el legado de Lluís Companys. La presencia de ERC en la Generalitat me alarmó porque desde su fundación alborozada y caótica es un partido especializado en destruir. Fino observador de tantas negociaciones históricas, Harold Nicolson escribe que en cualquier alianza o coalición constituida con el inmediato propósito de derrotar a un enemigo común los que la forman dudan y vacilan en precisar sus ambiciones con claridad anticipada. Es decir: si la victoria es completa, pueden pensar que han pedido demasiado poco y, si es incompleta, pueden suponer que han pedido demasiado. El síndrome del revisionismo constitucional construye callejones sin salida.

Aquella izquierda —especialmente el PSC, con la psique de Sant Gervasi— participaba de la frivolidad cosmopolita que consiste en quedarse embelesados con las ceremonias religiosas del Nepal y volver al Vallés para negar a los otros el derecho a celebrar la procesión del Corpus. Para ser más multiculturalistas que nadie, las élites barcelonesas habían optado por la metafísica del desierto magrebí, quizás porque no podían aspirar a la emulación intelectual del Greenwich Village. Los cosmopolitas de la bagatela se daban un paseo por el Raval como quien visita un país remoto, un jardín exótico, una nueva ruta de Katmandú. En casa, quizás usaban la chilaba los domingos por la tarde, cuando pasaban en limpio sus impresiones del último viaje al Tíbet invadido por la China poscomunista. Era combinar el desodorante con los perfumes del paraíso coránico. Después los vimos en contra del fumar en los restaurantes o de la censura a la pornografía pedófila. Eran y son buena gente, respetuosa con los contenedores de desechos: las pilas a un lugar, las botellas al otro. Recuerdo un comentario, no sé de quién: «Lo que realmente me inquieta es que el islam rece a todas horas y nosotros no recemos casi nunca. Han cerrado una mezquita en Alicante y los musulmanes van a rezar a la playa». Eso llevó al «papeles para todos», y entró en escena el multiculturalismo, un proyecto —como escribió entonces el liberal Angelo Panebianco— incompatible con los principios de una sociedad liberal: es fruto del relativismo cultural, consecuencia de la idea según la cual todas las tradiciones culturales, incluso las que niegan los principios de libertad individual y de igualdad jurídica, tienen que tener protección legal, como la occidental. No se trata de imponer a los inmigrantes que renuncien a todas sus costumbres: quiere decir negar cobertura legal e indulgencia cultural a aquellas costumbres que sean incompatibles con los principios liberales. El trecho era corto entre la satisfacción moral del «papeles para todos» y considerar que el terrorismo islamista estaba justificado por las Cruzadas. Algunas cosas estaban en juego, pero el estado de gracia del tripartito maragallista era como para minimizar a los nuevos califas. Pasqual Maragall contaba con todas las bendiciones.

Robespierre hablaba de la virtud, sin la que el Terror es funesto. Es significativo que su inspiración fuera Rousseau, al que —según la leyenda— visitó de muy joven. De Rousseau proviene la tesis de la nueva religión y también el principio de que es necesaria una voluntad única. Hay muchos vasos comunicantes entre *El contrato social* y el totalitarismo. Como de costumbre, Joubert tiene la última palabra: «Cuando se ha leído a Rousseau, uno se cree virtuoso: con él se aprende a estar descontento de todo, excepto de sí mismo».

XV

Cómo suceder a Aznar - Llegaron las trufas - Muertos de Atocha - Dry martini y señal de la cruz - Pánicos de Europa - Escribir todavía importa

En una larga espiral del insomnio, en la madrugada del 14 de abril de 2004, a pocas horas de cumplir los cincuenta y cinco años, calculé que esa era la edad que tenía mi madre cuando quedó viuda. Me levanté de la cama y busqué entre los papeles de la familia. Sí, habían pasado cincuenta y cinco años desde que me diera a luz, y ella tenía cincuenta y cinco años cuando mi padre murió de un cáncer de esófago, en 1972, con sesenta y tres años. Antes de que muriera, yo le había dado una pequeña satisfacción: por fin sacaba buenas notas en la universidad y trabajaba como corrector de estilo en la editorial Salvat, algo que para él significaba mucho más. Cuántas veces le había visto, de niño, levantarse de la butaca en la que estaba leyendo para consultar en la enciclopedia Salvat algo que le interesaba. Ella murió a los sesenta y seis. Yo tenía veintidós cuando murió él y treinta y tres a la muerte de ella. Eso era todo y nada. Extrañamente, tal vez de modo amoral, lo que más recuerdo de la muerte de mi padre es que al día siguiente, cuando las visitas de duelo hubieron marchado, le pregunté a mi madre qué había para comer. Con la mayor naturalidad, me dijo que iríamos a almorzar a una de las fondas, buenas fondas, de la plaza Mayor de Palma. Me asombró. Era una mujer que había vivido atenta a los deseos gastronómicos de su marido, de la que siempre estuvo enamorada, siendo mi padre de paladar fino: quería los primeros guisantes, gustaba de los riñones al jerez, de la *soupe à l'oignon* —como decía—, de los salmonetes pequeños, de la verdura más fresca. El tinto, un poco *chambré*. Después, una copa de ron Negrita, dormirse con el parte de RNE, encender una faria e irse a trabajar. No sobraba el dinero. Sencillamente, paladeaba los detalles. Seguía los artículos de *gourmet* que Néstor Luján —Pickwick— escribía en *Destino*. No sé qué pagaría por poderle contar años después que había comido y hablado con Néstor Luján. A la hora de comer, mi padre no se privaba de objetar la calidad de un condimento o de un guiso. Ella callaba, sin ninguna queja. Cada día iba al mercado del Olivar, en busca de melones a punto o de los primeros guisantes, de la mejor calidad al mejor precio. Por eso yo había dado siempre por supuesto que le gustaba cocinar, aunque tuviéramos servicio, en especial una payesa magistral con los platos de la cocina mallorquina. Pero, súbitamente, con la viudedad entraba en un nuevo capítulo de su vida y dejó de cocinar. Tenía muy buenas amigas de cuando estudió en el colegio de las monjas francesas, todas de caligrafía perfecta, listas, felices en la ciudad provinciana. Ya viuda, comenzó a alternar las tardes jugando —en casa de una o de otra— a los seises y charlando en una tertulia en la cafetería Miami. Tópicamente ese cambio se interpretaría como una liberación de la mujer, pero no es así: en los matrimonios felices o, simplemente, bien avenidos, el amor y las formas de vida no puestas en cuestión porque sí asumían las funciones de padre y madre; el afecto y la autoridad, proveer y administrar.

Pues fue así como comencé a comer fuera de casa, una ruta que al paso de los años vas completando con sabores y gratitudes. Ya en Barcelona, «una mesa para las dos» fue la frase talismán de cada día, aunque estuve en demasiados almuerzos y cenas políticas cuya mediocridad solo era resistible según la calidad de la carta y las buenas formas de los comensales, todos con su idea de lo que había que hacer con Cataluña. Eso me importaba poco en restaurantes como Gaig, Vía Véneto, Ca L'Isidre, Roig Robí, el Windsor, Beltxenea o el Drolma; y, sobre todo, benditos fuesen los meses en que la fragancia de la trufa blanca pasa por nuestros paladares como algo feérico y casi imposible. La tenemos en nuestro plato, sobre un *risotto*, una pasta fina, un puré, cortada en rodajas finísimas, y luego viene el *maître* con el cofre del tesoro y ralla otro poco más de trufa, un plus en verdad muy caro, para que saboreemos más aún la calidad reverente de ese hongo otoñal, localizado bajo tierra por el hocico de perros o cerdos amaestrados según leyendas casi secretas. Esa cosa subterránea y de silueta globulosa, fruto del diablo según las restricciones medievales, reanima e ilumina de repente el viejo bodegón con zumbar de abejas, junto al manantial de aguas profundas. Esas son dichas olorosas del otoño. Un escritor gastronómico dijo que hay dos razas de comedores de trufas, una que cree que las trufas son buenas porque son caras, otra que sabe que son caras porque son buenas.

Con antelación y con sorpresa, Aznar había anunciado que no se presentaría para un tercer mandato. Creo que esa decisión no tuvo suficiente fundamento o, en todo caso, no la entendí. Más tarde, siendo las tres opciones Mayor Oreja, Rajoy y Rato, Aznar designó a Rajoy. Con una notable reducción del paro, el PP podía volver a ganar, aunque la distancia iba estrechándose. Ese era el escenario antes del atentado de Atocha, convocadas las elecciones generales para el 14 de marzo.

Había curiosidad por que ver si el sucesor practicaba la caza o se dedicaba a la geometría del arado. Aznar se despidió adustamente de la Carrera de San Jerónimo. Habían sido ocho años de política, esa materia fugaz, aleatoria y cruel. Era un solitario, un jugador abstraído, un político mentalmente refractario a la polución ideológica, poco interesado en seducir. En realidad, no rescindía el contrato; más bien no pedía que se le renovase. El aznarismo notaba ciertas continuidades pero desapercibía detalles.

Intenté tener alguna pista del porqué Aznar había designado a Mariano Rajoy como su sucesor. Las dos versiones más creíbles procedían del entorno inmediato de Aznar. Una daba como razón principal que el problema de Rato era que iba a desembarcar en la Moncloa con todo su equipo, prescindiendo de lo previo, mientras que Rajoy, al no tener equipo, no iba a crearse problemas —ya intuíamos que el problema de Rajoy era no tener problemas—, manteniendo el núcleo duro aznarista. Otra versión, y es la que me parece más razonable aunque no sea tan tenebrosa, es que se pensó, con Aznar, que después de haber tensado el país en exceso Rajoy representaría un cierto sosiego, prosaico, sin grandes iniciativas. Personalmente, no me convencían ni Mayor Oreja ni Rato ni Rajoy, aunque el elegido me parecía dotado de una dosis natural de prudencia, que tal vez no fuera apreciada en Madrid pero que podía sintonizar con la clase media del resto de España. Luego todo se desenvolvió de modo centrífugo porque una cosa es la prudencia y otra la estolidez, pero ¿quién podía intuirlo ya más tarde, después de la retirada de Aznar, el atentado de Atocha y la victoria asistida de Zapatero? Rajoy no correspondía a ninguno de los perfiles políticos que yo llevaba años prefiriendo pero, como liberal-conservador, lo vi como un mal menor, un administrador fiable. La sabia oblicuidad de la dialéctica gallega —vivero de tantos políticos nacionales, a diferencia de Cataluña— sosiega y ayuda a distinguir lo accesorio de lo sustancial. En *La otra gente*, Álvaro Cunqueiro reúne algunos de sus retratos de gente gallega, como Penedo de Rúa, a quien un cuervo agradecido le indica dónde buscar un tesoro. Entre dos robles, Penedo encuentra una pieza de metal, una pieza rara que nadie sabe identificar. Un amigo relojero, al final, le explica que es un pedal de bicicleta. Por entonces no había ninguna bicicleta en Galicia. Penedo pregunta al amigo: «Pero ¿es un tesoro o no?». «Hombre, un tesoro, un tesoro, quizás no le sea, pero ser, ser, es un misterio.» Era muy previsible que Rajoy ni buscase el tesoro ni el misterio: iba a preferir ver cómo cala la lluvia fina.

Por su parte, Zapatero partía de una implantación retórica *light*, la edulcoración de lo accesorio, la panoplia laicista, el pacifismo o la reactualización de la épica antifranquista por vía del galvanismo, consistente en excitar por medio de corrientes eléctricas los nervios y músculos de un animal ya más bien sin vida. Rajoy, buen parlamentario, recurría a la ironía galaica y a los símiles del sentido común para reducir lo accesorio a su estricta condición, recordando al paso que gobernar atañe a algo más sustancial. Eran construcciones diametralmente opuestas de la credibilidad.

Con el primer tripartito autonómico de 2003, al cabo de unos meses, como constatación del ADN de ERC y casi para estrenarse en la vicepresidencia de la Generalitat que correspondía a Carod-Rovira, ETA proclamó unilateralmente el territorio de Cataluña como su protectorado, donde no mataría mientras la gente se portase bien. Eso correspondía a un viaje de Carod-Rovira. Dado a conocer por un *scoop* antológico de *ABC*, el viaje de

Carod-Rovira a Perpiñán con su coche oficial, con el banderín de la Generalitat y sin avisar a Pasqual Maragall ratificaba que insistir en que una solución negociada pudiera finiquitar el terrorismo era dar oxígeno al terror porque —como dijo Conor Cruise O'Brien— así se responsabiliza por igual a los terroristas y a quienes el terror trata de atemorizar: no de otro modo se concede respetabilidad al terrorista, animándole a perseverar en el terror. Los viejos maestros dicen que debe trazarse una línea entre normas cambiantes y procesos de descomposición. Carod-Rovira salió a desmentir a *ABC* y al final tuvo que dejar el Govern de la Generalitat. Cosas que pasan por elevar el orden de los primates a la política.

Así fue: una buena mañana de 2004, al entrar los trenes en las estaciones para deslizarse entre andenes y frenar lo más suavemente posible bajo el bullicio de Atocha, el mundo se hizo espectral y lívido. Al ir llegando a la estación tan de mañana, los cuerpos todavía adormilados se yerguen para recoger bolsas y carteras, una heterogeneidad de relojes biológicos se readapta al nuevo ritmo que en medio minuto será un apresurarse para salir de la estación y buscar un autobús para llegar a ese destino de todos los días. Murieron ciudadanos de Madrid, del trabajo a casa y de casa al trabajo, amoldados a la naturaleza y medida de las cosas, con ilusiones y amarguras. Alientos a café descafeinado. Maquillajes chapuza. Calcetines de dos colores. Prensa gratuita que no se lee porque no se paga. Momento espejo: ese fluir de lo inorgánico a lo orgánico y al revés que constituye el quehacer de las sociedades de hoy, con un pie en la fragmentación y otro en lo desconocido. Los pasajeros escuchaban las noticias por el auricular de sus pequeños transistores, jugueteaban con sus teléfonos móviles, escuchando rap, Los Cinco Latinos o Vivaldi. A mitad de un acorde, la oscuridad total. Aquel convoy 21431, en pocos segundos, había conocido la devastación y la muerte.

Repentinamente, todo eran gritos y quejidos. Estaba el universo estancado en una pira de dolor y el humo se elevaba sobre Madrid. Era una escena de guerra, sin que se supiera quién la había declarado matando a tantos inocentes. La gente corría por los andenes, entre la humareda. Ensayo general con todo: masacre transmitida a la velocidad de la luz. Como el 11-S en Nueva York, el humo se elevaba en el cielo de Madrid, con los muertos tirados por las vías, mutilados, las sintonías de los teléfonos móviles sonando bajo la campana del nuevo infierno, en una suerte de holocausto triangular que conectaba los tres puntos ferroviarios explosionados. En Atocha, una mujer rubia, con casi toda su ropa quemada por la explosión, estaba tendida, sin una pierna. Una niña iba perdida entre los despojos de la explosión, con un botellín de agua mineral en la mano, ausente, extraviada, en un paisaje atroz de fragmentos craneales, periódicos deportivos doblados por la mitad, mochilas, bolsas de plástico y zapatos desparejados. Unos morían, otros se desangraban, los más gemían. Tras el fragor, un falso silencio y luego los sonidos de la angustia humana, de la humanidad herida y asustada. Podía oírse el tumulto de las tropas enemigas alineándose en torno a su estandarte para celebrar la muerte en Atocha. Los trenes de la muerte; Madrid, capital de la muerte.

Me acongojó de modo inmensurable la noticia del atentado de ETA contra el buen pueblo de Madrid. De entrada, ¿quién dudó de que fuera un atentado de ETA? En esos momentos, la vida no puede tener sentido. En Barcelona, Carod-Rovira dijo que más que nunca era el momento de hablar con ETA. Tras pocas horas que fueron interminables apareció una casete con versículos del Corán en una furgoneta robada y Reuters dijo que Al Qaeda había enviado una carta a la prensa árabe en Londres reivindicando el atentado de Madrid. El peor escenario sería culpar a Aznar del atentado por haber implicado a España en la guerra de Irak. Poco iba a importar que el atentado fuese de Al Qaeda y no de una presunta resistencia iraquí. Con la inminencia de las elecciones generales, el vértigo era de tal magnitud que España podía caer en la inestabilidad. Si en las primeras horas, la reacción socialista era estar al lado del Gobierno, como en el 23-F, todo podía cambiar. Comenzaron las manifestaciones contra el PP. El ministro del Interior no era el hombre más indicado para la circunstancia. Izquierda Unida denunció un golpe de Estado informativo. Hubo convocatorias radiofónicas y televisivas para manifestarse ante la sede del PP en la calle Génova. El domingo, a las nueve de la mañana, había un silencio sepulcral después de un sábado monstruoso y caótico que nunca debiéramos extraviar en la memoria. Los partidos políticos parecían fuera de control, modulando críticas recíprocas de última hora. El PP exigía que se desconvocasen las manifestaciones ilegales en plena jornada electoral y la oposición le acusaba de esconder la realidad. Convocatorias de claxon, caceroladas. Sentí una inanidad total. Ahí quedaban los muertos de Atocha y un golpe de ataúd en tierra es algo perfectamente serio. El terror vencía. Supuse que ya no era posible suspender las elecciones. De modo inesperado, si se tienen en cuenta las encuestas de última hora, la victoria electoral fue socialista. ¿Fue todo por haber intervenido, de modo muy restringido, en Irak? Tal vez el Gobierno de Aznar —o, simplemente, Aznar— había llegado a sobredimensionar el apoyo a los Estados Unidos, en lugar de minimizarlo. ¿En qué proporción las reacciones fueron espontáneas o inducidas? ¿Hasta qué punto era ecuánime inculpar al Gobierno por no identificar el atentado?

Sin mayoría absoluta, el PSOE sobrepasó claramente al PP, con el 42 por ciento de los votos, frente al 37 por ciento de los populares. Zapatero celebró su victoria con una promesa indirecta de retirar las tropas españolas de Irak. Como fuera, Rodríguez Zapatero estaba en condiciones de ocupar la Moncloa. El editorialista de la revista norteamericana de centro-izquierda *The New Republic* —entonces semanal y luego quincenal— argumentó: «Al Qaeda quiere que las tropas aliadas se vayan de Irak; España no debe aparecer como que está haciendo lo que Al Qaeda quiere. Los Estados Unidos y Gran Bretaña deben cumplir con su parte para dar a Zapatero la cobertura política que necesita para hacerse atrás de su promesa electoral. Francia y Rusia deben hacer lo mismo. Han de trabajar con rapidez para elaborar con efectividad una resolución del Consejo de Seguridad que refuerce el plácet de las Naciones Unidas a los esfuerzos de la coalición».

Fue unos días después de la victoria de Zapatero cuando reencontré —según tengo anotado— a un antiguo condiscípulo de los años en la facultad. Llamémosle B. Era del todo inesperado. Al verle le reconocí pero de una forma irreal, sin anclaje en el tiempo. Fue en uno de los quioscos de Gal·la Placídia. De repente, retrocediendo más de treinta años, B. bifurcaba mi vida, despojándola de su camuflaje de madurez, de todo vínculo y rutina. Por un momento, tuve la impresión de que la vida tenía que recomenzar. B. apareció sumido en sus propias tensiones, torturado y solo, a diferencia de la mayoría de los condiscípulos que había reencontrado en los últimos años, profesores obsesionados por las intrigas de su facultad, por el odio a sus alumnos de secundaria o directores editoriales amargados por un jefe de marketing de la editorial. En todos había una cierta desgana, una propensión a la parálisis vital. A eso sumaban un promedio de tres matrimonios desechos y la semicustodia de tres o cuatro hijos a los que, domingo sí, domingo no, llevaban al delfinario o a ver a Copito de Nieve lamiéndose las yemas de los dedos. B. me pareció todo lo contrario: aunque muy retraído —casi absorto—, no atribuía sus desdichas a nadie. Seguía monologando como cuando entre los años sesenta y setenta pasábamos la mañana en el patio de la Facultad de Letras sin darnos cuenta de la suerte que teníamos de la arquitectura de Elies Rogent, por contraste con los edificios funcionales de la zona universitaria. Los primeros años, no sé si como excusa para no estudiar lo que mi padre pagaba con esfuerzos, con rebeldía adolescente me vi metido en algunas algaradas y manifestaciones truncadas por la policía. En aquel momento los comunistas del PSUC controlaban la Facultad de Letras y a veces nos arengaban militantes de FNC, la única organización nacionalista. Pero a B. todo eso nunca le importó. Era un exseminarista caído en paracaídas en el patio de una facultad en la que de vez en cuando entraba la Policía Nacional. Era un estilita en días turbulentos para un cambio que no llegaba. Muchos nos dedicábamos a criticar a los catedráticos más mediocres pero sin ir a clase de los mejores. B. sí iba a clase. En las tertulias del bar del sótano hablaba tocándose la barbilla de rasgos finos como si fuese un alquimista confiado en el don de ser más sabio que los demás. Las chicas le seguían con un fervor más filial que carnal. Él quería ser un gran filósofo y los demás dábamos por hecho que lo sería. Era un estudiante pobre. Vivía en una pensión del barrio chino y robaba libros a todas horas. Tardé en darme cuenta de lo frágil que era, tal vez porque se había hecho adulto inmediatamente después de la adolescencia. En aquel tiempo, ser exseminarista significaba algo.

El día del reencuentro, anduvimos un largo rato, Vía Augusta abajo. De entrada me dijo que no apreciaba a Juan Pablo II porque se metía demasiado en política. A mí me pasaba todo lo contrario. Iba citando a Simone Weil. Yo la había leído, pero me di cuenta de que me había quedado sin percibir su sustancia. B. me recordó que el hombre se puso fuera de la corriente de la obediencia y que por eso Dios decidió castigarlo con la fatiga y con la muerte. De ahí —según Simone Weil— que la fatiga y la muerte, si el hombre las sobrelleva con presteza de espíritu, constituyan un aporte al bien superior que es obedecer a Dios. Eso era B., atado al mástil en plena tormenta, obedeciendo siempre a Dios, es decir, exigiéndoselo a su conciencia. Deduje también que se aferraba minuciosamente, con un perfeccionismo barroco, a la liturgia que el Concilio Vaticano II había trastocado para siempre. Pero el Maligno seguía allí, entre los escombros de Atocha.

Por lo que vi después, al menos coincidíamos en tener fases de sed cósmica, que en su caso posiblemente sintonizaban con alguna dislocación de su alma peregrina. Habíamos cruzado la Diagonal y llegamos al bar Ideal, para un aperitivo tan prolongado que ya ni se nos ocurrió ir a comer. B. insistió mucho en lo que representaba —un trauma, dijo— que la señal de la cruz se hiciera con dos dedos o con tres, y defendió la Iglesia ortodoxa. Disertó con alguna racha de erudición recóndita, posiblemente activada en su memoria por un dry martini más. Recuerdo que los clientes dejaban la barra para irse a comer mientras B. se persignaba ilustrando gestualmente la historia de la señal de la cruz.

Eso le estaba llevando —inevitablemente, dijo— no

solo a una añoranza de la misa tridentina, también a una admiración, un enfrascamiento en la liturgia ortodoxa, que en algunas iglesias de Barcelona se celebraba en capillas cedidas por el párroco. Inmigrantes rumanos posmuro de Berlín entonaban sus cantos interminables. Para mí, que iba regresando dubitativamente a la fe de mis padres, la antigua liturgia era más que nada la nostalgia de un mundo ido. Pero era algo que llevaba en el corazón. «Han llevado el catolicismo al reducto *kitsch*. ¿Cómo puede ser algo sagrado si no se respeta como forma?» A la puerta del Ideal cogí un taxi y vi a B. alejarse rígido para no tambalearse, camino de su clonación como uno de los nuevos Padres del Desierto, alimentándose de sabandijas y paladeando ginebras.

En la política terrenal hubo rumores inmediatos de una dimisión de Rajoy. El panorama de España había mutado a consecuencia de una carambola macabra. Europa tuvo miedo y España quedaba empañada con el dolor insostenible del 11 de marzo. Al Qaeda no dejaba de existir porque las elecciones generales hubiesen conllevado un cambio de Gobierno en España. Si ETA buscaba la destrucción de España, Al Qaeda inició la ofensiva para libanizar Europa. Anteriores a la intervención en Irak, las amenazas de Bin Laden a España ya se refirieron al sueño dorado del islam, al-Ándalus, que concluyó tras la conquista de Granada. El antioccidentalismo devino teología del terror. Al final fueron doscientos muertos, en bolsas de plástico, en el pabellón 6 de IFEMA, convertido en depósito de cadáveres para los médicos forenses que iban practicando autopsias. Habían sido explosivos con detonadores activados por teléfonos móviles con tarjeta de prepago. Así son las guerras secretas sin código, las matanzas ejecutadas bajo las púrpuras del crepúsculo, la guerra entre civilizaciones.

Si la Unión Europea entraba en pánico y miraba para otro lado, sería la Europa-rehén, castigada por haber sido patria de la Ilustración y de las catedrales. En las páginas de la Historia, no abundan ni mucho menos casos de gobiernos que, pocos días antes de unas elecciones generales, tengan que reaccionar ante un macroatentado como el 11-M, dando información en tiempo real mientras la oposición político-mediática instrumenta un ventajismo alternativo que no se perfilaba en las encuestas preelectorales. La siniestra asiduidad criminal de ETA había requerido casi todas las energías del Estado y el riesgo yihadista no había sido atendido con la misma intensidad. Sea como sea, una sociedad se protege preferentemente de los riesgos acuciantes, y hay que decir que España en aquellos días estaba acosando a ETA de una forma sin precedentes. No sabría concretar qué fórmulas de conducta política fallaron, ni qué gestos institucionales pudieron haberse hecho el 12-M para que a la tragedia de las muertes y los heridos no se sumase la psicosis de una sociedad dividida, incluso enfrentada. Por su parte, el PP iba a tardar demasiado en asumir que había perdido las elecciones y que estaba en la oposición. Un sector político-mediático insistía en que una siniestra confabulación había hecho creer que el atentado era del terror islamista y no de ETA.

Debía de ser para el primer congreso de la Fundació Catalunya Oberta, a la que no le faltaban fondos ni la divisoria liberalismo-nacionalismo, cuando sugerí que se invitase a una figura intelectual del momento, Robert Kagan, autor del ensayo *Poder y debilidad*, sobre las nuevas distancias entre Europa y los Estados Unidos, publicado con cierto estruendo antes de la intervención en

Irak. Veía a Kagan como más realista que neoconservador, quizás porque su padre —el historiador Donald Kagan— era una autoridad en las guerras del Peloponeso. Ayudó al contacto que yo hubiese publicado en *The National Interest* un artículo sobre la opción atlantista de España. Así, con Kagan y los otros invitados se tendría una panorámica sobre seguridad, envejecimiento de Europa y la relación trasatlántica. Kagan es un tipo de corpulencia media, cara llena, de frente alta, mirada tranquila y una inteligencia inusualmente sólida. En su intervención, recalcó las tesis que habían provocado ostensiblemente al *establishment* europeísta. Es decir, los Estados Unidos eran Marte y Europa, Venus, el poder militar y la neutralización. Terminada la guerra fría, los Estados Unidos y la Unión Europea dejaban de compartir una forma de entender el mundo. Tras el ataque del 11-S, Washington seguía dispuesto al uso de la fuerza, mientras que Europa se circunscribía a una visión kantiana.

Después del almuerzo, pude conversar con Kagan, estirando las piernas junto a las aguas del puerto, en los aledaños del World Trade Center. Eso era en 2004. Me preguntó sobre el impacto del 11-S y Atocha en la opinión pública española. Le hablé de desconcierto y de un antiamericanismo muy acusado. Él añadió: «Desafortunadamente, el giro atlantista de Aznar no va a tener continuidad. ¿Cómo podría ser, dada la actitud de Zapatero? Es más, yo creo que Zapatero va a convertir el antiamericanismo en una bandera. Le va a dar rédito después del atentado de Atocha, aunque no sé qué piensan los españoles de un radicalismo islámico que quiere recuperar al-Ándalus. Quién sabe si España va a ser el país menos atlantista de Europa. Pero todo eso ya viene de antes de Irak. Estaba ahí. Aznar no tuvo tiempo de sedimentar sus opciones. Bueno, tal vez es que la idea clásica de orden mundial ya no sirve. Si los Estados pierden la hegemonía y se quedan solos, podríamos entrar en una fase anárquica, inestable. China está al acecho. Confiar demasiado en que el orden mundial digamos liberal va a durar es un error. Al mismo tiempo, la decadencia no es inevitable. Pero Europa no puede pretender ignorar los peligros. No puede eludir la guerra contra el terror. En fin, no puede abstenerse. Todo eso, con matices: no es lo mismo Francia que Alemania. Pero los Estados Unidos se cansan de pagar por la seguridad de Europa. Además, tengamos en cuenta que el poder militar estadounidense no da para controlar todos los conflictos y guerras. Y no hablemos de Irán». También me explicó las fricciones notorias entre Colin Powell y Dick Cheney ante la intervención en Irak. Powell confiaba demasiado en la diplomacia y en la negociación. Kagan estaba terminando un libro sobre el lugar de América en el mundo. «El nacionalismo americano fue internacionalista desde sus orígenes. No es cierto que siempre fuese aislacionista. Sea como sea, ahora vemos el letargo de Europa. ¿Es posible un nuevo *modus vivendi* trasatlántico? Según. No si China y Rusia siguen haciendo de las suyas en el Consejo de Seguridad. La Unión Europea necesitará poder militar y contribuir más a la OTAN.» En el capítulo de chismorreo, me explicó la creciente confrontación entre Francis Fukuyama y los *neocon*.

A pesar de todo, me importaba seguir escribiendo. Es pueril pararse a pensar en cómo lo haces ni en por qué. Lo importante es saber cómo hacerlo y de cada vez mejor. Cuando uno quiere especular sobre la vida y las cosas, es perder el tiempo, como un Narciso de tercera B, describirse escribiendo. Y la comedia literaria proseguía, con las cenas de premios, presentar libros, estar en jurados literarios, esquivar a la gran escritora que te recordaba el deber de reseñar su último libro porque la crítica era un mundo de machistas.

Para un escritor profesional, sería fatigoso el recuento de cenas y almuerzos con editores que comenzaron queriendo ser el nuevo Gallimard —sin conocer la historia de la NRF— y acaban encargando libros sobre la pseudo-España negra. Son ajenos, por vanidad, a que con cada uno de sus postulados ilusos dan esperanzas a algún escritor de verdad que busca alguien que le publique y le mime un poco. Hay algo cruento en cada falsa brecha de luz para sentirse escritor respetado, por pocos lectores que se tenga. Recuerdo una cena en el Petit Paris. Mientras el editor convocante me hablaba de su ambición cosmopolita por contraste con una Barcelona a la baja, estuve observando a una pareja con dos niños. Eran dos chicos muy formales, de buenos modales, felices de cenar entre adultos. La madre tenía unos pechos como torpedos, esplendorosa, indiscutible exprostituta de lujo y a la vez algo vulgar. El marido, atento, explicaba a los niños cosas de interés. Todo un misterio. Me recordó un mundo remoto de prostitutas respetables que ahorraban para abrir una mercería en su pueblo extremeño y casarse con un ganadero. Iba imaginando toda una serie de causas y efectos para aquella escena cuando me di cuenta de que el editor se había puesto sentimental. Confesaba estar enamorado —«loco»— de una de las damas más destacadas del PP. ¿La conocía yo? Me pidió ayuda para conocerla a cambio de lo que fuera. Luego se puso el casco y montó en la moto, hacia un hogar con mujer sin pechos e hijos sin modales. Esos misterios de la vida pasan de largo. Coexistían la mujer perfectamente maternal con los pechos más ultratorpedo que había visto y el aprendiz de editor en busca de una *dominatrix* de derechas aunque él fuera un socialdemócrata de conveniencias. Y el escritor se quedaba en la acera, a la puerta del restaurante, todavía con ganas de conocer a un editor de verdad.

Poco me importa si al morir los libros que haya ido escribiendo tendrán edición de bolsillo, estarán en un estante prominente de las bibliotecas o algún profesor errático los comentará en clase, entre los bostezos de sus alumnos con acné y auriculares para escuchar el nuevo rap. Lo que me importa es tener una muerte honorable y entrar con buen pie en el más allá, donde confío en recibir el abrazo de mis padres y tal vez un hueco en el último lugar del flanco derecho del Padre. Aspirar a un gran o pequeño recodo de la gloria literaria, ¿qué valor hay que darle a eso cuando tras la muerte lo que uno desea es regresar a la gran familia, a los viejos amigos, pasear al lado de los grandes maestros y sentir la gloria infinita del Señor, misericordioso con todos nuestros errores?

Supongo que en el pasado ha existido alguna vez la vocación de gloria en su integridad, aspirando a trascender las pequeñeces y los atajos espurios, pero sospecho que aquella ambición de gloria ya no existe porque la psicología —o, en concreto, Freud— ha convertido el enigma de la vocación de escritor en una perpetuación de la sospecha por la que la nobleza en la que creía el joven aspirante a escribir también está bajo sospecha. Querer ser, proponerse ser, ser: algo distinto al estar, al superar etapas del *cursus honorum* y obtener del empeño literario más el efecto especular que lo que es aparente y acomodaticio, sin considerar la posibilidad de escalar las alturas. No es poco contentarse con sacar el máximo provecho del talento, escribir bien, dar permanencia a la palabra. Es más: la gloria literaria como perpetuidad más allá de la muerte tiene hoy, de una parte, algo de fraude y, de otra, la incertidumbre que se constata al ver que, después de la muerte, importa poco lo que ocurra con lo que hemos escrito de verdad.

Cuando se dice que un escritor «quedará», ¿qué significa? Queda la literatura como la conciben constreñidamente los profesores de literatura, pero ¿escribimos para quedar? En aquellos años, ya sabía que escribo para una literatura sin nexo con la sociedad, en catalán, un escritor menor en una literatura a la deriva hacia la nada. Era y soy un individuo que escribe casi clandestinamente, un escritor que sobrevive. No es una paradoja que cuando todavía pienso en escribir ficciones sobre la vida que tengan el aroma —feliz o amargo— de la piedad madura, hay momentos, aunque infrecuentes, en los que la literatura se sublima hasta extremos que llevan la época actual a una fase muy incómoda. Llamémosle grandeza. Uno de esos momentos está representado en el cuadro de Corot, cuando Dante y Virgilio se encuentran en la selva oscura. Virgilio ha acudido a socorrer a Dante, amenazado por tres fieras pecaminosas, entre árboles muy altos y pardos.

XVI

Búfalos putinianos - Rambla de Montevideo - Chávez no calla - *Ciao* Wojtyla - Descristianización - Cómo Giscard fracasó - *Quo vadis*, Europa - Los leones de Mesopotamia - Vertebrados o invertebrados

Volar de Madrid a Montevideo con un rebaño de rusos amotinados como búfalos putinianos no es lo más indicado para leer y dormir en las amplias butacas de la nueva clase *business*, aunque se adormilaron pronto, etílicamente sobrecargados y roncando con bufidos de marsopa común. Luego la emprendieron con las reservas de champán *business*, con sed tan insaciable como la de Rasputín. Cuando estábamos saliendo del avión uno de los rusos me preguntó qué vendía. Le dije que era periodista y, echándome una mirada autocrática, a punto estuvo de darme una propina como al limpiabotas. En la pista de aterrizaje los esperaba una furgoneta en la que a duras penas les lograron acomodar unas azafatas desbordadas por los entresijos del alma rusa. Comprendí con más claridad que Putin estaba en el mundo para devolver el orgullo eslavo a la Gran Rusia y aumentar el gasto militar, no para adecuarse al orden mundial posmuro de Berlín. En fin, los procedimientos de la democracia liberal eran para la Rusia de Putin una suerte de *stand by* por falta de otra cosa. Los búfalos ebrios de champán tardaron en ubicar sus extremidades y corpulencias en la furgoneta. Resultaron ser miembros de la Duma en viaje, no se sabía para qué. En realidad, según deduje, lo que más glamur daba a los políticos rusos era comprar en Ikea y acostarse con *escorts* plurisexo.

Yo iba a Montevideo invitado por el expresidente Alberto Lacalle, liberal, el patricio más que prominente del Partido Blanco, para hablar en defensa de la globalización. Iberoamérica una vez más estaba en la alternancia entre la libertad y el indigenismo populista, con Castro dando lecciones y otras cosas a Chávez, al pretendiente indigenista Evo Morales de Bolivia y a Carrera en Ecuador, Mújica en Uruguay, Lula da Silva en Brasil, los Kirchner en la Casa Rosada, el corrupto Daniel Ortega en Nicaragua y también, de modo no tan vinculante, a Tabaré González, el presidente uruguayo del momento, con su izquierda de Frente Amplio, que se había abierto camino entre el Partido Colorado y el Partido Blanco de Lacalle. Eran nuevos populistas que tardarían poco en arruinar la economía de sus países y destruir las formas del Estado de derecho. Me vi con el diputado Jaime Trobo, exministro de Exteriores con Lacalle y conocedor a fondo del laberinto político hispanoamericano. Circulamos por la rambla en paralelo con el Mar de Plata, espléndidamente turbio, siempre fascinante, puro Nuevo Mundo. Trobo hablaba con el móvil en la mano derecha y dejaba el volante para cambiar las marchas con la mano izquierda. Me comentaba los contenciosos del Uruguay con sus dos grandes vecinos, el Brasil de Lula da Silva —un demagogo de izquierda obrerista, no un Lech Walesa— y la Argentina de siempre, paralizada y hundida por la herrumbre peronista. Trobo detalló el impacto del corralito argentino en Uruguay. Por la tarde fue el seminario en la Fundación Manuel Uribe, presentado por Lacalle, un hombre de mente rápida y solidez de estadista, un liberal-conservador católico, muy próximo a España. Había gobernado con prudencia aquella Suiza de América junto al Río de la Plata, un país estable y emprendedor, con buen crecimiento económico. Al seminario asistía el Partido Blanco en pleno. Primaba la vieja cuestión: haber ido perdiendo terreno electoral y de opinión frente a una izquierda iliberal que los acusaba de «neoliberalismo», una acusación que en Europa ya tenía menos impacto. Le daban vueltas a cómo reformularse para demostrar con acciones políticas que eran los más capaces —como siempre— de generar trabajo, estabilidad y riqueza. Daban crédito a las ventajas de la globalización, pero coartaba ese discurso racional la retórica anticapitalista de la izquierda de siempre.

Por mi parte hablé de la conexión exponencial entre tecnología, globalización y prosperidad como un proceso de simultaneidades, de intercambios comerciales, de flujos de información, de instantaneidad, del mismo modo que el capitalismo democrático significa innovación y sociedad del conocimiento. Para Iberoamérica el futuro estaba —dije— en la emergencia de una nueva clase media, cuyo avance en China era espectacular. Puesto que, a pesar de su ubicuidad, no creía que Castro fuera lo que fue ni que las FARC colombianas pudieran apoderarse del Estado, me concentré en el chavismo. Por ejemplo, su monopolio mediático, de la mano de la célebre Marta Harnecker, autora de *Los conceptos elementales del materialismo histórico*, un factor tan de peso en la región y de una naturaleza enteramente fósil. Esa fue una de las sorpresas más especiales de aquel viaje: que Chávez estuviera manejando una teoría y una praxis de golpismo marxista y que, por mucha fatiga democrática que se quiera, solo aportaba ruina e intolerancia. Se temía su reelección en unos meses. Según entendí, en aquel 2005 Marta Harnecker le escribía discursos a Chávez. Estábamos de nuevo ante el terror del hombre nuevo de las utopías; el hombre nuevo, como había pedido hacía unos días la presidenta de la Cámara de Diputados de Uruguay. A Chávez le echaban una mano, con contraprestaciones, algunos constitucionalistas que en España no habían logrado la ruptura del Estado de derecho.

Como eco de otros aspirantes a dictador, el mal sueño de la democracia en Iberoamérica era Hugo Chávez, un militar bolivariano y golpista reincidente que lideraba con petróleo venezolano el anticapitalismo y la resistencia al ogro de Washington, derrocando leyes electorales con un asalto indisimulado al derecho por la fuerza, arrestado durante dos años por un contragolpe de Estado, hacedor de constituciones a su medida, apoyo del terrorismo y del narcotráfico, manipulador de las urnas, tenor de «Aló Presidente» en Telesur. En ese empeño político-absolutista se entrecruzaban los parásitos de aquella concepción de la violencia que Georges Sorel aportó al orto de los fascismos. Regresaba el mito sangriento de la huelga general —trasnacional—, pagada por la petropolítica. La democracia iliberal engendra ilegalidad. Nada le importaban al chavismo la sociedad venezolana ni la estabilidad en la zona ni el irse gastando el patrimonio venezolano en armamento ruso. Es más: Chávez incentivó la carrera armamentística en la América Latina. Así Caracas se eslabonaba con el eje Rusia-Irán.

Me sorprendió que algunos asistentes me hubiesen visto por el canal internacional de TVE —en el programa «Los desayunos de TVE»—, lo que indicaba hasta qué punto la presencia global de TVE tenía que formar parte de una estrategia de Estado, tanto para competir en el mundo como para abastecer a trescientos millones de televidentes hispanos. Esa sigue siendo una empresa capital, comparable a elementos tan disímiles como el Prado o el Instituto Cervantes.

Después del seminario, nos fuimos a cenar a la mansión de Lacalle, por una rambla llena de jóvenes que tomaban mate y con la caída de sol más bella que había visto en mi vida, ya al anochecer, sobre el Mar de Plata. Sentí aquella emoción crucial que la naturaleza nos concede con sus magnos espectáculos y escenografías. La cena fue un asado con *maître* especializado, carnes sangrientas, costillares, chorizos y choricillos. Circulaba un eurodiputado de España perdonando la vida a los uruguayos y Lacalle le paró los pies al instante. Pasé la mañana siguiente, mañanas tan suaves de Montevideo, paseando por la ciudad vieja, no lejos del Palacio Salvo, por las plazas Independencia y Constitución, y la vía peatonal hasta el malecón, que una vez más da al río anchuroso. Pasear la ciudad vieja es como tener Montevideo en la palma de la mano. Almorcé chivito en la Catedral de los Bocadillos, con la cerveza inocua del país. Contiguo al barrio de los pescadores, con rincones que tenían el aspecto de burdeles de planta baja, había zonas de bellas casas caídas, vacías y antiguas, en ruinas, porque la ciudad crecía en otra dirección, aislando el centro breve de pequeños burgueses bien vestidos. Busqué en los anaqueles de la librería Linardi y Risso, un anexo para los tesoros del libro de viejo, con sus maderas nobles, sus *memorabilia*, el jardín interior, el silencio monástico.

Cené en el hotel y, ya en la habitación con los libros que había comprado —por ejemplo, *Manual para intelectuales*, del curioso positivista Vaz Ferreira—, sentí una embestida de la añoranza, como tantas veces desde niño, añoranza de casa, de las voces por el patio interior, de las horas pasadas con la frente en el cristal de la ventana mirando pasar a la gente y, sobre todo, de la casa de la que había salido para un viaje que en aquel momento carecía de sentido. Para quien sea sedentario, aunque viaje y frecuente restaurantes, una buena casa adquiere la textura de los lares y los penates, rituales domésticos y entregados por herencia a la familia. Es el sentir que donde vivimos es algo muy nuestro, aunque sea en alquiler. En Montevideo me acosté con la gran añoranza.

Cuando regresé, cayó la noche de un invierno primaveral romano cuando supimos que un gran papa había muerto. Siglos de cristiandad propagaban la noticia en todo el mundo, desde la vieja catedral a la capilla de misioneros en Burundi, del cristianismo perseguido en Oriente Medio al megatemplo brasileño: «El papa ha muerto». Yo llevaba unos días en Roma, enviado por *ABC* para la crónica de lo que iba a ser un trance de dolor para el catolicismo. Fue una agonía sobrecogedora. Los fieles, silenciosamente, rezaban en la plaza de San Pedro. Aún sonaban las campanas a muerte cuando jóvenes de todo el mundo se acercaron a Roma e hicieron cola para confesarse en la Via della Consolazione. Me acerqué, con una pesadumbre sin límite, y pensé que la voz de Juan Pablo II había vencido para siempre más allá de la muerte, como se respiraba aquella noche en Roma. Nos dolía aquella muerte, y a la vez no debíamos tener miedo de nada, aun ante la silla vacía de Pedro. Cuando un joven Karol Wojtyla —otro de los protagonistas del derrumbe comunista— viajó por primera vez a Roma en 1946, los escombros de más de tres millones de edificios eran el paisaje posbélico de Europa. Años más tarde, tras la fumata blanca en octubre de 1978, los romanos más perspicaces a la espera en la plaza de San Pedro exclamaron: «*É polaco!*». El nuevo pontífice había padecido dos ocupaciones, la nazi y la soviética. El hombre —dijo Wojtyla— no puede aceptar nada «como amor que no tenga verdad». Al ver cómo miles y miles de jóvenes en cualquier punto de Europa cogían el tren para estar en Roma y despedir a Karol Wojtyla, pensé en cómo la voluntad de creer puede cambiar las cosas. Fue la muerte de un papa en la aldea global, online. De recordar en aquel momento la movilización por tren que convirtió el atentado de Sarajevo en una guerra mundial tan sangrienta, aquella otra movilización iba en busca de la verdad, entre cánticos y adioses.

Al llegar a Roma, en el vestíbulo del hotel Claridge vi a una especie de reencarnación del hijo mayor del rey de Siam. Con su americana de cinco botones, perfecto como le corresponde al primogénito de una dinastía que lleva largo tiempo vistiéndose en una sastrería de Saville Row. Le seguía un tropel de sirvientes sexualmente indeterminados acarreando —como en un «safari»— una montaña de maletas de cuero insigne. El hotel estaba detrás de Villa Borghese, y al pasar por la acera notaba el despertar de los jardines húmedos, el olor enigmático de las horas podridas y cada mañana el alborozo de los gorriones entre los árboles.

Debe de ser muy poco ortodoxo decir que Dios no es una idea sino la gran experiencia. En el caso del cristianismo vamos de la zarza en llamas que habló a Moisés a unos pescadores que se hicieron apóstoles, y así hasta recibir el evangelio todos los días por internet. Cualquier día veremos robots haciendo la colecta dominical en misa de doce. Y al mismo tiempo se trata de vivir como si fuéramos capaces de amor eterno intentando a la vez ser racionales. Vivir casualmente, de aquí para allá, y, de repente, toparse con Dios como quien, tierra adentro, llega a un gran lago, interminable como un océano.

En nuestra sociedad el catolicismo ya no es un vínculo que se hereda de los padres. Al contrario, uno tiene que buscarlo por su cuenta, en un mundo con las iglesias vacías y los seminarios sin vocaciones. Han caído acueductos de siglos y siglos. Algunos pensadores aciertan al decir que no podemos concebirnos a nosotros mismos como individuos «desvinculados» si no es a costa de aquellas lealtades y tradiciones que nos sitúan en el mundo y confieren a nuestras vidas su particularidad moral. Una de aquellas noches, desde Roma entré en un programa de Catalunya Ràdio. Hablé de la Roma conmovida por la muerte del pontífice y de cómo iban a ser sus funerales. Uno de los participantes en el programa dijo que era sacerdote y criticó lo que —según él— iban a ser unos funerales faraónicos. Le pregunté si era un sacerdote católico. Lo era. «No entiendo nada», dije, y me despedí del programa. ¿Hasta qué punto esos sacerdotes progres o nacionalistas, que no saben latín y confunden un ritual católico con un ritual egipcio, tienen algo que ver con la descristianización tan acusada de Cataluña?

De regreso, en el aeropuerto de Fiumicino me abordó un mallorquín expansivo, condiscípulo en las aulas de bachillerato. También habíamos compartido lo que llamó el absurdo kafkiano de la instrucción militar. Me dijo que trabajaba para una cadena hotelera. A la espera del vuelo, tomamos unas copas o más bien las tomé yo, mientras él liaba y fumaba lo que entonces se llamaban canutos de maría. No le dije que estaba en Roma por la muerte del papa para ahorrarme la mirada que perdona la vida a un condiscípulo extraviado. No costaba darse cuenta de que era un fracasado experto en atribuir su quiebra a los demás: la educación en un colegio religioso, la España autoritaria, la instrucción militar. Dijo que se había ido de Mallorca para liberarse de su pasado, dejando atrás mujer y varios hijos. Trabajaba estacionalmente y, sobre todo, liaba canutos. Nunca —insistió— iba a perdonarle a los padres franciscanos, a una familia que no le comprendía, a Franco y al ejército lo que habían hecho con él. Deduje que todo el mal que le habían hecho factores externos de tanto peso era una anécdota comparado con el mal que llevaba haciéndose a sí mismo atribuyendo su derrumbe a todo lo que no fuese su propia falta de voluntad. Nos despedimos exhortándonos a no olvidar el daño que nos habían causado tipos con sotana o uniforme de campaña. Entonces miré hacia atrás y me di cuenta de que un mundo *low cost* se sentiría concernido por la muerte del papa durante solo unos segundos de zapeo.

Pero si somos algo más que una agregación de neuronas es porque existe la familia y porque existe el Dios que creó el tiempo y el espacio y porque así íbamos a existir en un orden que no se ve. En el umbral siniestro de la guerra fría, Mauriac recibe en 1952 el Nobel en Estocolmo. Lo que dijo hoy se juzgaría anacrónico. Según Mauriac, para el cristiano, el mal es el más angustioso de los misterios: «El hombre que, en medio de los crímenes de la Historia, persevera en la fe, choca con un escándalo permanente: la inutilidad aparente de la Redención».

Gracias a Wojtyla yo supe finalmente en lo que quería creer y creía. Para mí el cristianismo da sentido y fortaleza, aunque solo puedo decir varias cosas muy elementales. La ciencia puede responder a unas preguntas; la fe religiosa, a otras. A veces comparten un horizonte, como naves con velas muy distintas. Eso es: considero que los fundamentos cristianos están justificados, a pesar de los errores cometidos dada la temporalidad de la Iglesia y dado lo que es la naturaleza humana. Para millones de personas, para toda una continuidad cultural, están justificados aunque no sean demostrables. Creo que la tecnociencia no compite con la religión. Siempre hay que estar alerta a las conversaciones innecesariamente sinceras. Me preguntó un viejo amigo si rezo: «Y ¿qué rezas? ¿El padrenuestro casi siempre? ¿El credo de siempre? Y, ya que eres escritor, ¿por qué no te inventas plegarias a tu medida, con más imaginación, más tuyas, espontáneas y directas?». ¿Cómo hubiese podido explicarle que el padrenuestro y el credo son eternamente perfectos?

Las sentencias de muerte del juicio de Núremberg se estaban ejecutando cuando Wojtyla hizo su primer viaje a Roma. Luego dijo que la libertad que vale la pena tiene una estructura moral. Aquellas noches rezando por el papa ido, la televisión no fue el dominio exclusivo de los falsos ídolos. ¿Qué sería del espíritu de Europa y de la cristiandad sin Juan Pablo II? En el *Decamerón*, Boccaccio apunta una respuesta que algo tiene de paradoja chestertoniana. Es el judío de París al que le instan para que se convierta al cristianismo. Va a Roma y observa toda la depravación y el vicio. Pero al regresar no se reafirma en su judaísmo, sino que se hace cristiano porque, con tanto pecado, la Iglesia no podía carecer de verdad y consistencia. Duraba a pesar de todo. Y también, a pesar de todo, muchos esperábamos que la fumata blanca fuese para el cardenal Ratzinger. Él había contado la experiencia de asistir a un concierto de Bach y al escuchar las últimas notas escribió: «Quien haya escuchado eso sabe que la fe es verdadera». Aquella música no podía nacer de la nada, solo podía nacer gracias a la fuerza de la verdad que se actualiza en la inspiración del compositor. Es decir: la belleza nos pone en relación con la fuerza de la verdad. Pero ¿cuál es el canon de nuestro tiempo? ¿Dónde está Miguel Ángel pintando aquella mano en la Capilla Sixtina? En todo caso, la fe cristiana ha generado belleza, y eso sería otra prueba de la fe. Y, a la vez, la armonía de la belleza queda siniestramente, monstruosamente contrarrestada por los horrores totalitarios y el terror de la sinrazón.

Juan Pablo II había intentado con pugnacidad que la referencia a los fundamentos cristianos de Europa constase en el preámbulo del tratado constitucional, y también que Turquía no pudiera integrarse en la Unión Europa. Con el tratado constitucional, la victoria relativista fue de lamentar, incluso antes del «no» determinante de Países Bajos y Francia. En Europa se preparaba ya técnicamente lo que iba a ser un fracaso indisimulable: el desahucio de una carta magna que no lo era. Y para redactarla hacía falta una convención. A fin de que Chirac —entonces en el Elíseo— le dejase presidir esa convención, Giscard d'Estaing hizo una jugada magistral. Según la leyenda, fue al Elíseo y le dijo al presidente de la República lo que pretendía. Chirac, tal vez relamiéndose en la negativa, puso todos los obstáculos. Entonces Giscard comentó que su alternativa era ir a las elecciones presidenciales francesas. *Ipso facto*, Chirac accedió a los afanes jeffersonianos de su visitante. Sí, Giscard d'Estaing quería ser el Thomas Jefferson de Europa. Los fundamentos cristianos importaban menos. Me parece que la Constitución europea, antes y después de su naufragio, no fue otra cosa que una entelequia con consecuencias negativas, como sería la aparición reactiva de una defensa de las soberanías nacionales en algunos Estados miembros. Era elemental: una supranacionalidad europea ni en mucho tiempo iba a sustituir las identidades de las viejas naciones Estado. Europa no era la maqueta de un parque temático.

A pesar de todo, en el referéndum para la ratificación del tratado voté «sí» porque consideré que, dado el fiasco indeclinable que se preparaba, a España en aquel momento le convenía más estar en el «sí» que aparecer en la alineación del «no». Para los intereses nacionales de España era mejor un «sí» mayoritario, aunque la Constitución europea fuese papel mojado, otra zancada a ciegas de los poderes de Bruselas. El instinto e incluso la razón me llevaban al «no» o a la abstención —lo mejor, quizás, porque todo parecía suceder en un pequeño planeta lejano—, pero, como en los matrimonios de conveniencia, pasar por la vicaría no es más que un trámite. En la derecha, se veía la tentación de votar «no» en la consulta para que fuese un «no» a Rodríguez Zapatero, como prolongación supervisora de la crisis moral y política del 11-M, del mismo modo que el «no» del centroderecha —un error grave porque lo fundamental entonces era el atlantismo— pretendió castigar al felipismo en el referéndum de la OTAN. Luego Felipe González se pasó del «OTAN de entrada no» al «sí». En aquel referéndum voté «sí», a la espera de votar contra el PSOE en unas elecciones generales posteriores. Y por el mismo razonamiento voté —con un sí *ma non troppo*— a favor de la Constitución europea. Zapatero llegó al extremo obsceno de decir que así regresábamos a Europa. Entonces los franceses y los holandeses votaron «no». ¡Con qué rapidez se borró todo de la pizarra, la convención constituyente, los preparativos, la campaña, los vetos de unos o de otros! Eso representaba Valéry Giscard d'Estaing —un político esterilizado por su propia profesionalidad de alcurnia—, eso y nada más que eso, la Europa de papel. El episodio quedó debajo de la alfombra y fue sustituido por el Tratado de Lisboa al año siguiente. Podría aducirse que la integración europea requiere de un sentido elevado de la experiencia histórica y que jugar a ser padres fundadores sale caro.

Aquel verano, en Mallorca, en casa de mis primas, frente a la ancha cala de Camp de Mar, desde la terraza vimos pasar la noche de San Lorenzo con sus perseidas y otra noche presenciamos una tormenta apocalíptica. En mi memoria fueron dos noches que enaltecieron un año contradictorio. La lluvia sagrada de las perseidas avivaba el universo a oscuras y fue como si se uniesen al antiquísimo rumor de las olas antes de la luna llena. En Camp de Mar la serenidad cundía. Trajín de velas en el horizonte, entre las dos penínsulas rocosas, con su veta rojiza. Un baño en el mar a primera mañana, leer y escribir hasta mediodía, con el ir y venir de las mujeres de la casa, una zambullida en la piscina comunitaria antes del aperitivo mientras los yates supersónicos entraban y salían de la pequeña bahía y, a menudo, comer en el restaurante Bon Sol, con una cocinera poseedora de los conjuros de la vieja cocina mallorquina. Una siesta gloriosa y el baño crepuscular. Llegaba la buena hora para el oscuro pájaro de las penumbras. Caían las partículas de la noche.

De nuevo, algo equiparable a lo sublime procede de la naturaleza, porque el arte actual no puede competir con la belleza de un paisaje, mucho mejor si está arropada por los afectos de la infancia, sea la montaña que domina toda la lejanía que como un belvedere azulino en las estribaciones armoniosas, siempre la antepenúltima, más allá de la cual se intuye la arquitectura diamantina de la Ciudad de Dios, o sea una sucesión de olas que se estampan contra la costa brava en una tarde que tiene algo de premonición de una catástrofe en miniatura, jirones de espumas azuladas que chocan contra las rocas, en lo que pudiera ser un confín de la naturaleza. Sea la serenidad soberana de una mujer preñada. Ruskin no iba a América porque allí no había castillos. Pero en Camp de Mar, desde que éramos niños, en la gran casa de mis tíos, teníamos a mano la torre vigía para defender la isla de los corsarios turcos. De la infancia quedan los atardeceres entre montañas de Mallorca, cuando una sombra sobrenatural oscurece el verde áspero de las masas de pinos, con las palmeras de una vieja mansión campestre a lo lejos, al final de un camino flanqueado de cipreses. Tan maduro el agosto como la huerta saturada de prodigios frutales.

La segunda noche memorable fue el escenario de una tormenta repentina, ya casi de madrugada. Nos despertamos todos y de pie en la terraza, con cierto sobrecogimiento, veíamos cómo la tempestad se apoderaba como nunca de las aguas de Camp de Mar, siempre sosegadas, con sus embates tardíos. Unos veleros y lanchas regresaban en busca de una hendidura entre rocas en la que cabía algún resguardo marino. Solo unos pequeños veleros quedaban anclados en plena bahía, hasta que el oleaje los fue diezmando y ahí quedó uno solo, con la luz de situación en lo alto del mástil bandeando de babor a estribor hasta dar la impresión de que en algún momento volcaría. El viento lo llevaba de un lado a otro hasta desanclarlo, dejándolo a merced de la fuerza negra de las olas, de cada vez más cerca de chocar con las rocas. En ese conato de naufragio, el mar se abismaba. Todo iba a rasgarse, y el velero, más y más cerca de la costa, estaba a merced de vientos confusos y olas violentas. Desde la costa, el servicio de rescate parecía lograr cierto control de la escena. Y fue en ese momento cuando las aguas se calmaron y nos fuimos a dormir.

En otoño de 2005 me invitaron al coloquio anual Sanssouci en Potsdam. Pensé que sería un encuentro de halcones atlantistas entre la nostalgia y la embriaguez de la decadencia, pero era más bien un escaparate profuturo turístico del Potsdam de Federico el Grande con el rótulo «¿*Quo vadis*, Europa?». Lo comentó *sotto voce* uno de los participantes británicos: «Hemos venido a arreglar Europa y resulta que era para remendar las alfombras del palacio Sanssouci». La lista de invitados era una de esas macedonias de frutas que, de tanta variedad, pierden todo sabor. La ausencia francesa fue comentada. En realidad, aquel coloquio de Sanssouci divagó con toda corrección política. Pagaba Rolls-Royce y el anfitrión —y fundador de los coloquios— era lord Weidenfeld, orondo y astuto patricio de un *establishment* británico mestizo. Austríaco emigrado a Londres con el *Anschluss*, sionista imponente, su mérito más espectacular como editor había sido la publicación de *Lolita* en el Reino Unido. Su socio editorial era Nigel Nicolson, autor del inolvidable *Retrato de un matrimonio*, sobre sus padres, el escritor Harold Nicolson —gran dietarista y diplomático de primera—, homosexual, y su madre, la escritora Vita Sackville-West, amante de Virginia Woolf y jardinera genial. En el Sanssouci, construido a imagen y semblanza de Federico el Grande de Prusia, Weidenfeld rutilaba con unas corbatas que daban envidia. En Londres se le consideraba persona con una agenda que compilaba a casi todos los poderosos del mundo, como un *salonnard* de la vieja Europa. Había estado casado con Barbara Skelton, abrasiva *femme fatale* y memorialista descocada que también sedujo, entre otros, al rey Faruk y a dos críticos literarios tan finos y holgazanes como Cyril Connolly y el francés Bernard Frank. Por parte alemana, me pareció de mucho peso Mathias Döpfner, hombre clave del imperio Axel Springer, a pesar de su juventud, casi como un niño prodigio. Weidenfeld saludaba a los invitados como si fuéramos habituales de la misma sauna.

Debates, seminarios, aperitivos, tés de media tarde y cenas de gala tenían lugar en los salones del complejo de palacetes y jardines, el Sanssouci de Federico el Grande de Prusia. El palacio central era de una sola planta, de un rococó insólitamente armónico. La sesión de apertura fue en un teatrín a la medida de una corte selectiva. Un eurodiputado que llegaba de Madrid dijo que Sanssouci, comparado con Aranjuez, era una mierda.

Habíamos caído en paracaídas en el corazón de aquella Prusia que, sobre cualquier otra cosa, significó Estado. En aquellos años, y tal vez para desintoxicarme de una anglofilia que ya me sobraba, al aumentar mi reticencia ante los clichés sobre Prusia, me convencía especialmente que su figura capital no fuese el militarismo sino el rigor de su sistema funcionarial, fundamento en un orden legal impecable. Universidades, ciencia. Sabios. En fin, Estado. Y si ese Estado se había arropado en las formas militaristas era porque Prusia había tenido que vivir a la defensiva para sobrevivir con la máxima eficacia. Hitler liquidó el futuro del Estado prusiano: esa es una paradoja que se me antoja parte de un código enigmático desde que, huyendo de los tópicos de la bota prusiana y los cascos puntiagudos, tuve la primera sospecha de que Prusia era algo menos elemental y clasificable, sobre todo por esa suerte de transformación genética e histórica que lleva a la creación de un Estado que va a dominar Europa. De modo intelectualmente casquivano, uno se pregunta si la culpa de los males proviene de aquel Estado prusiano o de la gestante nación alemana. No niego la tentación de acrisolar la tradición prusiana aunque solo fuera por espíritu de contradicción, pero abundan los argumentos a favor, hasta el punto de que —según algunas interpretaciones— el temple prusiano fue uno de los enemigos de Hitler, muy presente en todos los complots para liquidarle, especialmente en la casta militar, con sus cruces teutónicas. La facilidad con que a todo lo prusiano se le da una connotación peyorativa me tenía ya predispuesto a apuntarme al Club de Amigos de Prusia, si existe.

Antes de la cena de la primera noche, en salones semirregios, se dio un premio al arquitecto Norman Foster. Sus palabras de agradecimiento fueron de una oquedad rampante, con cierta picaresca de altos vuelos. Dijo que las inundaciones de Nueva Orleans eran una consecuencia del efecto invernadero y desplegó la cola de pavo real para congratularse impúdicamente de que su cúpula del Reichstag —símbolo inapetente de la unificación alemana— funcionase con aceite de girasol. Todo sea por el planeta, aunque el aeropuerto de Stansted —otro *capolavoro* de Foster, cercano a Londres— sea el proyecto de ruina precoz más disimulado de los últimos tiempos, tótem de todo lo arquitectónico correcto.

En la cena, estuve sentado entre una dama de la junta de palacios y parques de Potsdam y Berlín y una joven israelí experta en artesanía de los cinco continentes. La primera era una mujer severa y de lengua afilada. La segunda, ofensivamente ingenua, como esa cerámica descafeinada de carga priápica que las tribus profesionales venden a los turistas. Al menos con la primera copa de vino blanco, la dama alemana era muy reacia a la unificación y acusaba a Kohl de no haber advertido de las consecuencias. ¿Representaba aquella mujer el complejo de superioridad *wessie* o simplemente el descontento ante los riesgos para la prosperidad germano-occidental, fruto del trabajo de generaciones, que representaba pretender convertir en dos días un país socialista a la economía de mercado, la total dependencia del Estado comunista a la ética del esfuerzo que había dado a la Alemania occidental su riqueza y su libertad? Se explayó en sus críticas a los *ossie* como rémora, como empobrecimiento del estado de bienestar y devaluación de la ética del trabajo. Sostuvo que Helmut Kohl había maquillado las consecuencias que tendría la unificación.

En 2005, años después de la operación memorable para unificar Alemania imprimiendo marcos y distribuyéndolos en una operación relámpago, *ossies* y *wessies* seguían con sus distancias y sus inercias. Algún muro quedaba en pie. El recelo entre la Alemania de Adenauer y Erhard y la de Walter Ulbricht, entre el Mercedes-Benz y el Trabant, proseguía. El colectivismo totalitario, que nominalmente daba trabajo a todos en la Alemania comunista, había topado con la humillación real del paro en la ejemplar economía social de mercado de la antigua Alemania federal. Los *wessies* seguían con el estrés de haber pagado la unificación y de que los *ossies* —como me decía la dama *wessie*— estuvieran demasiado acostumbrados a trabajar poco y a vivir envueltos protectoramente por un Estado comunista ilimitadamente arcaico y vigilado por los micrófonos ocultos de la Stasi. En 2005, *wessies* y *ossies* seguían siendo un «ellos» y un «nosotros», a la vez que la Alemania unificada no dejaba de ser una obra maestra de la vieja Europa.

En las sesiones de debate cualquiera pudo confirmar que a lo largo y ancho de Europa el marketing político estaba pensando en nuevos embalajes que contuvieran alguna que otra idea novedosa después de la caída del muro de Berlín y la hipótesis del fin de la Historia. Para la izquierda posible, la perspectiva del momento era discontinua: Blair seguía en lo mismo, en Italia faltaba liderazgo, los socialistas franceses estaban a punto de fractura y Schröder hacía intentos para acortar la ventaja que le iba cogiendo Angela Merkel. Mientras los ecologistas cultivaban margaritas a cargo de los presupuestos municipales, la postsocialdemocracia se había quedado sin aliento, con ganas de dejar de lado la chatarra ideológica y dibujar políticas efectivas. En fin, de la ideología a la *policy*. Por los jardines de Sanssouci pasó, cojeando, la tercera vía. Desde luego, la pregunta seguía siendo: «¿*Quo vadis*, Europa?». En todas las respuestas aparecía la sombra de una crisis y el lenguaje —dado ya por enterrado el tratado constitucional— oscilaba entre la perplejidad y un nuevo realismo. Entre palacios de la vieja Prusia, en el gran parque de Sanssouci, en la vieja Potsdam que tan bien conociera las herrumbres del sovietismo, las dudas eran muchas y también las expectativas sobre una victoria de Angela Merkel. En Europa siempre habrá fantasmas, porque así lo quiere la Historia, pero no conviene que haya más de la cuenta. De *Quo vadis*, *Europe?* me pareció sustanciosa la propuesta de ampliar el marco de las grandes fusiones empresariales y acogerse a las dinámicas espontáneas mejor que ensimismarse en la arquitectura institucionalista. Según un resumen más cruel, la crisis europea era un ataque de miedo.

En Sanssouci estuvo Voltaire, de quien Federico el Grande era inicialmente un devoto seguidor, pero su desprecio por lo humano —quizás es por eso por lo que Hitler le veneraba— y el elemento sustancialmente equívoco en su persona no son un factor de aprecio histórico, aunque —como es mi caso— haya un respeto por las capacidades de Prusia. Tal vez —según muchos indicios— fuese un homosexual alocado, también un ser cruel capaz de humillar de modo perverso, desleal con sus aliados. Se ha especulado sobre si hubo relaciones carnales entre el bisexual Voltaire y su protector, pero lo que importa es que representan un caso extremo de nexo entre el *roi philosophe* por excelencia y el *philosophe* más destacado de aquella Europa de las Luces, con desenlace desafortunado y amargo por ambas partes. Poder, influencia y halago: eso sigue y seguirá siendo así. Amistad interrupta, celos, desdén y desconsuelo, displicencia y servidumbre sofisticada, realeza y humillación, efusión retórica y ambigüedad. El *roi* admira, pero también desprecia. Tanto si te consideras un intelectual como si el prójimo considera que lo eres, pisas terreno movedizo, más o menos según el calibre de tu vanidad. Hubiera sido mejor no inventarse la tipología corrupta del intelectual y sopesar cada caso según su naturaleza intransferible. Abstraer el concepto de intelectual ha corrompido en no poco la libertad de espíritu. A Voltaire, Federico el Grande lo definió de modo ilustremente sarcástico cuando dijo: «Lo necesitaré, como máximo, otro año más; después de sacar uno zumo a la naranja, se tira la cáscara». Usar y tirar. La figura anacrónica del intelectual reconvertida en repartidor de pizzas a domicilio. He visto por experiencia que, si te acercas al poder, acabas mal. Ni el cortesano más vocacional tiene compensaciones si no adula. El rey acaba siempre creyéndose el *philosophe* de verdad: el *roi philosophe*. Desde luego unos están más dotados que otros. ¿Qué fue Voltaire sino un intermediario pragmático de la civilización francesa, un tardocortesano dispuesto a burlarse de Juana de Arco, un hombre limitado por la codicia?

Quiso triunfar como autor teatral y hoy le leemos por sus cartas. La perennidad ágil de su *Cándido* da la clave de lo que será el odio contra Rousseau. Mientras, Federico el Grande pretendía ser salomónico, un genio poético. Al entender que la teoría del buen salvaje es una manifestación del mal, ya me sentí más próximo a Voltaire. Y así uno suaviza las objeciones a Voltaire, pero no le perdona ni una a Rousseau. ¿Cómo calcular cuál de los dos fue menos dañino? En coloquios como aquel de Potsdam sospeché que la Unión Europea estaba en busca de *philosophe* a jornada completa, pero eso es un imposible salvo que apareciera un Montesquieu del siglo XXI. Yo creo que al exprimir la naranja de Voltaire queda una lección nada trivial: «Hay que cultivar su propio jardín».

Después de la cena, bajo las marquesinas del jardín, el servicio de bar dio más garbo al trato social. Escuché una intervención contundente: «A dos pasos de aquí, la Conferencia de Potsdam consumó la autoaniquilación de Europa. La Primera Guerra Mundial estalló por las movilizaciones por tren, sin marcha atrás. Las exigencias de reparaciones de la Francia revanchista llevaron a la Segunda. Y en Potsdam se perdió una de las grandes batallas de la guerra fría. Media Europa quedó en manos de Stalin. De eso ya no quiere acordarse nadie. Truman acababa de revisar los cajones del despacho oval. El leve Attlee había sustituido a Churchill. Los ejércitos tenían que regresar ya a casa. Stalin estaba en plena forma. Vaya, vaya manera de ganar una guerra». Me dijeron que era un viejo profesor de Historia de Alemania Oriental, objetivo predilecto del espionaje de la Stasi. Llevaba una barba de mercader flamenco. Cuando intenté hablar con él su estado de embriaguez era catatónico.

Otro personaje merodeaba como un fantasma. Cada mañana era visible que ni se había lavado la cara ni se había duchado. Cuando supe que era el director de una de las revistas de libros más prestigiosas de Europa me sucedió como ir a la iglesia y ver al sacristán con greñas, alto pero con complejo de bajito, al modo de un disfraz de prestamista de los bajos fondos. Con la presencia de patricio posmoderno del arquitecto Norman Foster, el contraste del director de la revista de libros era el de quien merodea por las *pissotières*.

Para ir al hotel-albergue —junto al lago, con su pequeño muelle de veleros y traineras— había un minibús de transbordo. Me subí, fatigado por la cena multicultural. Como un hombre alto a punto de partirse por la mitad, mugriento y humillado por sí mismo, se subió también el gran crítico. Me fui al bar, desde el que se veía el lago rizado bajo la luna. El crítico se acercó a la barra y me invitó a una copa. Intentamos hablar de libros. Me dio su tarjeta y, sin darme cuenta, me adentré en aquel escenario de agobio en el que eres la falsa liebre de un canódromo. El crítico me seguía de una punta a otra del bar rústico. Me habló de publicar en su revista y solo entonces me di cuenta de que yo me había convertido en su oscuro objeto de deseo. Todavía no sé cómo, entre aquella grandeza —un poco de mampostería prusiana y la comedia del internacionalismo cultural—, yo podía ser el objetivo de un *gourmet* homoerótico que estaba a la espera de que subiéramos a mi habitación o a la suya. Insistía proponiéndome escribir para la revista que dirigía. Que usara aquel cebo me dejó muy perplejo. Le vi dispuesto a las largas horas de tiempos pasados esperando en la puerta de los lavabos para hombres en una estación de tren. Logré subir solo a mi habitación dejando atrás el rictus despreciativo del gran crítico. Por el reflejo del ventanal vi que me daba la espalda y se arrimaba a otro posible amor de una noche. Apagué las luces de la Ilustración y me metí debajo del edredón, a sabiendas de que comenzaba una sesión de judo con la cobertura de plumón que se me escurría por todos lados.

Al día siguiente, saltándome esa sesión de clausura en la que los *rapporteurs* resumen lo que no se ha dicho, tomé un taxi para ir al museo Pérgamo en Berlín. Era un día afectuosamente soleado y las chicas berlinesas se habían arremangado y alzaban la cara al sol sacudiendo sus melenas rubias. Tal como lo recuerdo, me tentó no entrar en el museo Pérgamo, tomar un *schnapps* y luego caminar entre los tilos. Hubiese sido imperdonable porque en ningún museo había recibido jamás la descarga de energía que sentí en el Pérgamo politeísta. Me retrotraía a la epopeya de Gilgamesh, cabalgando entre el Tigris y el Éufrates, soberano en aquel tercer milenio antes de Cristo cuyos vestigios abarrotaban espectacularmente toda un ala del museo: guerreros, sacerdotes, altares, grifos alados, estandartes reales, harpías, reyes en relieve con escenas de caza, estelas dinásticas o normativas, sellos sagrados, monstruos de garras rapaces sometidos por soberanos ilimitados. Con sus tirabuzones de ira y majestad, los grandes de Mesopotamia sometían a la naturaleza que lleva resistiéndose al hombre por los siglos de los siglos. Esos fragmentos de civilizaciones acabaron siendo engullidos por la arena, prueba avasalladora de que la existencia es una lucha entre la cultura y la naturaleza.

Tablillas de la más antigua Babilonia, escenario de las civilizaciones que fecundaron las tierras de Mesopotamia, en dominios inmemoriales, antes de que Alejandro el Magno recibiera las primeras lecciones de Aristóteles. Aquellas figuras tutelares —toros alados, escribas-pez— siguen habitando los sueños más oblicuos de la humanidad doliente, aunque ni tan siquiera sea monoteísta.

Habían sido milenios, que los relieves describían con un ímpetu narrativo irrepetible, como Asurnasirpal al tensar el arco, erguido en su carro, para abatir un león que se revuelve y ruge de modo audible para el siglo XXI, a pesar de estar expresivamente paralizado en el relieve. Estatuillas votivas de súbditos sumisos rendían tributo al déspota como uno se enfrenta a los rayos de la galerna y a los temblores de tierra. Hubiese acariciado los sublimes esmaltados babilónicos azul turquesa que encauzan la avenida de procesiones en busca del esplendor perdido de Babilonia. Los ladrillos vidriados atienden a los rituales del trono y del santuario, con sus leones perennes, porque la vida simbólica de la humanidad a lo largo de los siglos, a pesar de choques de civilizaciones y de dinosaurios que desaparecen o de la aparición de la bomba termonuclear, tiene su continuidad, garantizada por sus propias catástrofes y, en comparación con la mortalidad biológica de las civilizaciones, unas épocas son más o menos recelosas o confiadas pero, a semejanza de lo que ocurre con la trama de los instintos humanos, ha superado siempre la extinción de la especie. Hemos querido desestimar el impacto de un versículo bíblico en el comportamiento humano durante miles de años. Periódicamente, la sospecha de una senescencia —de un punto de no retorno— de las sociedades humanas incita, por ejemplo, al síndrome de los fines de siglo pero ahí está la fuerza inextinguible de los frisos de la gran Asiria, un *must* del Pérgamo, para ratificarnos no la pequeñez del hombre sino su potencia y su capacidad de grandeza. A los hombres esperanzados con su destino el día a día de nuestra época pretende minimizarlos, pero la pasión de vivir supera los estados de ánimo, manteniendo una expectativa, que no es optimista o fatalista sino la sabia del fuste torcido de la humanidad.

En aquellas horas vagando por el Pérgamo me di cuenta además de que, si pensamos en duración y peso histórico, lo que significa el proceso de integración europea no es que importe menos pero sí que es como una raya en el agua, el desaliento de una agonía. Salí del museo saturado de una terrible crueldad, con aquel muestrario de grandeza de siglos que habían regido autócratas sanguinarios de cuyo despotismo provenía la belleza capaz de sobrevivir a millones de tormentas de arena. Ni la gigantomaquia del altar de Pérgamo, con su figuración de sacrificios cruentos y choques politeístas, podría competir con un caudal simbólico que, entre el Tigris y el Éufrates, había visto retozar leones y centauros, ni siquiera aquel altar alcanzaba a cifrar el umbral babilónico de cerámica vidriada que —según aquella mi primera impresión— era un enigma superior de la humanidad o, más bien, de una inhumanidad sobrecogedora. Recordé que no sé quién había dicho que una civilización ocurre entre glaciaciones, entre dos glaciaciones. Occidente lloriqueaba como un bebé ante la avenida de las Procesiones de Babilonia, otra civilización que había visto nacer astros y decaer adoraciones apocalípticas. Aunque solo fueran despojos de una magnificencia despiadada y, al fin y al cabo, arrumbados por los siglos, ilustraciones para manuales de historia del arte, el alud del tiempo no dejaba relativizar nada, ni la ironía ni la inteligencia. Una biología ciega había dado vida a las bestias de carne y hueso que inspiraron la felinidad revulsiva, insaciable, la embriaguez feroz de aquellas figuraciones babilónicas. ¿Podía ser que, al contrario del acogimiento divino posterior a este valle de lágrimas, aquellas arquitecturas erigidas entre el Tigris y el Éufrates fuesen una forma de fe para quienes hubiésemos vivido, antes de la muerte, en un mundo de razón aunque aleatoria? Por unos instantes, todo se me había hecho nimio, Prusia, Federico el Grande y un *big bang* cualquiera. El fracaso de la Constitución europea quedaba atrás, como una desilusión microscópica.

Me vino a la memoria la historia mallorquina de un envenenamiento. Murió la viuda de un payés muy rico. Tenía tres hijos, que de inmediato fueron por el pueblo acusándose recíprocamente de haber envenenado a la madre. Era el reverso de las historias de reyes y hadas protagonistas de los cuentos populares de Mallorca, cuya verdadera razón de ser eran la crueldad y el terror, tan imprescindibles para tener una buena infancia y ser domesticados. Aquellos tres hermanos, aquella guerra fratricida de la que ninguno salió indemne, todavía con el cuerpo de la madre sin enterrar, aquella historia de pueblo con campanario, cooperativa, cine los fines de semana y su promedio natural de adulterios, ¿qué tenía que ver con el esplendor mesopotámico? Pensé que no tenía que ver con la Historia, pero sí con la naturaleza humana, inmutable, matricida y traicionera a lo largo de los siglos. Del Éufrates al Mare Nostrum, siglos y siglos de ojos de arcángel y cola de serpiente.

Ya en el avión, con una euforia precristiana, me tomé una dosis abundante de botellines de whisky —elixir guerrero de las Tierras Altas— y llegué a casa pletórico, sin fatiga alguna, más ciudadano de Nínive que turista de Potsdam, como si Ozimandias hubiese logrado librarse de la arena y, todopoderoso, siguiera activo en un universo vibrante de perennidad, henchido por bocanadas de gloria en el combate entre los hombres y los dioses, viejos enemigos aunque aliados ocasionales para resistir las brutales embestidas de la naturaleza.

Por una secuencia de indudable orden simbólico a los pocos días estaba junto al faro de la Torre de Hércules en A Coruña, frente a las olas que vieran los héroes y navegantes de la Galicia legendaria. Aunque los turistas siempre están de más, en aquella mañana color plata vieja de A Coruña —donde estaba como ponente en un curso de verano sobre la España política— todo parecía encajar de modo ilusorio a la manera de una fábula de gigantes y derrotas, Hércules se codeaba con Gilgamesh, Breogán y Juana de Arco, Covadonga y la Atlántida de Verdaguer. Otras Atlántidas estaban a millas del faro, entre restos de goletas que sostuvieron un imperio. Me gustan Galicia y sus gentes. De regreso del faro, sin darme cuenta, iba rebobinando los lugares de España a los que, desde que vivíamos en Barcelona, habíamos ido en coche. ¿Era aquella una España invertebrada? ¿Era una invertebración más o menos acusada que la de otros países europeos, como Italia o Bélgica, por ejemplo? A mi entender, existe una ilación natural inagotable entre tantos lugares de España. Jerez, donde habíamos comido memorablemente, en el Tendido Seis, junto a la plaza de toros, con los viejos amigos Derrick y Jennie, expatriados felices en aquella Andalucía. La Rioja de huertas y vides, Yuste, las estribaciones del Montseny, los peldaños de Cuenca, el Santander donde cada vez más deseaba vivir jubilado frente al mar, la casa de Pío Baroja en Vera de Bidasoa, Aranjuez, un Bilbao sindicalista, la costa de Levante, ásperas mesetas con senderos para guerrilleros y asaltantes, pasear en carruaje por el parque de María Luisa, Silos y Poblet, el estudio de Sorolla en Madrid, el Cádiz de las Cortes, la catedral de Sevilla, la frontera con Portugal, el Ebro cuando pasa por Tortosa, las espumas rítmicas del Tajo, los cielos velazqueños, la severidad escurialense, el barroco infinito, la España abrupta y la suave, la sombría y la de jolgorios.

En A Coruña visité la Casa-Museo Emilia Pardo Bazán, a la que se tiene por una cronista de pazos cuando también fue una escritora *salonnière*, muy conocedora de Europa, entre devaneos y citas amorosas con Galdós. En su salón, la Pardo Bazán festejaba a Zorrilla y a Unamuno. Entendida como obra de arte, la sociabilidad intelectual y literaria ha sido una cota de civilización. ¿Por qué —incluso— damos por hecho que la Vetusta de *La Regenta* no tuvo su veta ilustrada? España vertebrada o invertebrada: me parece que lo que tenemos es un cierto fracaso del Estado liberal —fracaso superado desde

1978— pero no un país que vive de remiendos, con cansancio secular o, ni mucho menos, con parálisis. Una hora de una tarde de verano en la casa de Emilia Pardo Bazán, entre pasos quedos de visitantes respetuosos, lleva a pensar en lo que fue aquella clase ilustrada y en lo que es o —más bien— no es.

Gran viajera, la Pardo Bazán recorrió su Europa y, en el salón de A Coruña o en las tertulias madrileñas, explicaría cómo había conocido a los hermanos Goncourt, tan entrometidos y aviesos, o al bueno de Alphonse Daudet. La lengua francesa era todavía la lengua de la cultura y de la diplomacia, la lengua de Europa. Rige el principio de continuidad y las nuevas generaciones aprenden sus primeras poses en salones de mayor edad. La propia Pardo Bazán, de niña, presta mucha atención en la tertulia coruñesa de la condesa Espoz y Mina. Compré una biografía del coruñés de 1798 don Ramón de la Sagra y la hojeé en el hotel. Fue ilustrado menor, escritor de viajes, botánico, economista, advertido por la Inquisición, estudioso de casi todo, diputado de moderación táctica, admirador de los Estados Unidos, prekrausista, experto en sistemas penitenciarios, un socialista utópico hasta que en sus últimos años se recluyó en la fe religiosa. Ramón de la Sagra había vivido en el Siglo de las Luces tardío. De nuevo, minorías ilustradas, clase media de una A Coruña pujante en el comercio.

En la España moderna, la clase ilustrada, aunque minoritaria, fue hegemónica en sus buenos momentos, como destilación atinada del poder de las clases medias. Han sido los mejores momentos de la vida parlamentaria, las páginas del periodismo más cualificado, del Estado que legisla y construye. Lo que me temo es que la sociedad española está más que dispuesta a arrumbar todo lo que significó una clase ilustrada, una clase media responsable.

Si su sustituto deseable era la meritocracia, lo que vemos todos los días es lo contrario: una chabacanería hegemónica que se congratula por haber ocupado los territorios del mundo ilustrado imponiendo instintos miméticos y la falta de formas. La clase media protagonizó la transición democrática y ha pagado de su bolsillo todas las crisis económicas.

Algo tenía que ver todo eso con una conversación premonitoria que escuché en los pasillos de aquel curso de verano porque, por suerte, había voces disidentes frente al ascenso irrefrenable de lo políticamente correcto.

A.- Para las democracias, el gran agujero negro está en el estado de bienestar. Es la hegemonía del igualitarismo y no habrá quien lo pague.

B.- Sí. Es la cultura de la dependencia. Subvencióname por ser albino y mañana todos seremos albinos en busca de una subvención.

A.- Esperamos tanto del estado de bienestar que nunca podremos pagarlo. Es, también, la destrucción del ideal de ahorro.

B.- ¿No es eso el efecto Tocqueville? Ya ocurrió con la Revolución francesa. Cuantas más oportunidades ofrece una sociedad, más frustrados se sienten los que aspiran a más oportunidades, más allá de lo posible. Es decir: queremos que la uniformidad entre ciudadanos sea absoluta, porque la asistencia del estado de bienestar conlleva que no ahorremos y que no asumamos que en la vida hay que competir.

A.- Aun así, estado de bienestar.

B.- Sería eso o la desafección generalizada.

A.- Pues ya veremos quién lo paga.

La niña Pardo Bazán creció en una familia que compraba libros y atesoraba bibliotecas: «Libros, muchos libros que yo podía revolver, hojear, quitar, poner otra vez en el estante». Ciertamente, sin muchos libros no hay clase ilustrada. En cualquier biografía de escritor, por humilde que fuera su familia, siempre hay un desván en el que descubrir una edición polvorienta del *Quijote*, alguno de los *Episodios nacionales* y varias vidas de santos. Pero en los pisos con *jacuzzi* de aquella clase media que a principios del siglo XXI iba consolidándose gracias al crecimiento económico rápido, casi nunca había un estante con libros. En lugar de expandirse, la clase ilustrada se retraía. Era un desencuentro funesto en la nueva Sefarad.

XVII

Poetas y perdices - La Varsovia *cool* - Orquesta de Auschwitz - Como diga Colin Powell - *Les deux étendards* - Buenismo de Zapatero - Posthumanos - Calles para Pujol - Mísiles contra Haifa - ¿Para qué escribir? - Pasar por el altar - Hacia Madrid

Subió a la tarima un poeta enjuto, de gen curtido en los arrozales vietnamitas durante generaciones, y nos dijeron que su poesía —ritmo, palabra, armonía— imitaba el canto de los pájaros. Fue una sensación más incómoda que lírico-musical, porque la sala se iba convirtiendo en el bullicio de una pajarería y aquella algarabía de aves que nos despierta por la mañana se convertía en algo muy tintineante y cantarín, como que —literalmente— nos íbamos por las ramas mientras el poeta vietnamita seguía miméticamente el vuelo de gansos salvajes, la hora de los niños que lloran o una música muy tenue de melancolía y muerte. Irreverente con la ancestralidad de aquel canto, vi al rapsoda como si fuera una especie de señuelo, una de aquellas perdices que los cazadores de Mallorca tenían enjauladas para que al ir de caza atrajesen a sus semejantes.

Éramos media docena de escritores de toda España invitados por el Instituto Cervantes con motivo del Día Mundial de la Poesía de 2006, en Varsovia. Afortunadamente, la expedición hispánica sobrevoló las partes más oficialmente inanes del Día Mundial de la Poesía con mucho sentido del humor y, como se dice, nos escaqueábamos discretamente de aquellas largas sesiones en las que, sentados en unas sillas de madera como en un cine de reestreno en la posguerra, lo programado era escuchar una serie interminable de recitales. ¿Qué tenía que ver todo aquello con la vitalidad intelectual y estética de la Polonia *infelix* que va de la epopeya del *Pan Tadeusz* de Mickievicz al actual Zagajewski? La literatura polaca, ese asombro incesante. Había que evitar como fuese la monotonía de los recitales con su versión bilingüe. De todos modos, leímos poemas en locales con piano y goteras, catamos las vigorosas sopas polacas, abusamos del vodka, reímos, vimos palacios sin nombre, fuimos —creo yo— felices.

Nunca será suficiente el conocimiento de los demonios de una Europa que estaba viviendo uno de sus más largos trechos en paz con quistes tan arcaicos como los Balcanes. Polonia, como esencia de Europa. Cualquiera podía entender que aquella Varsovia, siendo el centro geodésico de Europa, le estaba más agradecida a los Estados Unidos que al equilibrio de poderes del Viejo Continente.

En aquellos días y noches, tuve la impresión de que oficiosamente seguía una cierta pugna o inercia entre la *nomenklatura* católica y la poscomunista, pero con tantos anacronismos que lo que de verdad se vivía era una Varsovia que iba entrando en el mundo simbólico *cool* —bares, madrugadas, antros, maneras—, como nos ocurrió con el poeta Rafa Zayas una noche muy intensa en la que un taxista más bien pirata nos llevó a una discoteca clandestina, en un sótano apretujado, tres pisos bajo tierra. En los lavabos, se hacía y deshacía un montículo humano muy barroco que, por turnos, iba esnifando cocaína, entre contorsiones, refriegas homosexuales y unas ganas convulsas de vivir sin límite. Adolescentes con ombligo ondulante bailaban sobre las mesas. De día, seguíamos con las sesiones burocráticas del Día Mundial de la Poesía. Lo que más tenían en común las *posnomenklaturas* culturales de signo católico o comunista era una sed inextinguible. Tras dosis sin fondo de purísimo vodka polaco, se deslizaban por la silla y acababan debajo de la mesa sin que importase a nadie. No descubro nada si digo que todas las burocracias son iguales, la política, la lírica y la sexual. Y sigue siendo una ley física de nuestro tiempo que los escritores y los intelectuales están donde suponen que les conviene estar y no donde creen que hay que estar por responsabilidad y deber.

Hablé con el escritor Gadycy o Gajcy, que iba —dijo— a publicar una revista católica en busca de un reencuentro con lo que él llamaba el catolicismo abierto, que no era lo mismo que el *aggiornamento*. «Intelectualmente, Polonia es un mundo de extremos que se tocan y no lo saben. Wojtyla ha representado tanta energía, tanta intensidad, que en Ratzinger hay algo que nos sobrepasa, en exceso cerebral, como una inteligencia superior resguardada bajo una campana de cristal.» Le miré un poco perplejo. «¿Ratzinger carece de la humanidad del pastor de la cristiandad?» «No, no. Es que la excede con su mente perfecta. Sabemos que hay católicos lindantes con la estupidez, pero no por eso necesitan menos un pastor.» En aquellos días se estaba gestando en Polonia un Gobierno de una derecha agraria e integrista. «¿Cómo podría ser de otro modo? Entienda que somos un país libre que no vivió el consenso europeo de la posguerra. ¿Cómo saltarse una idea ancestral de patria cuando has sido invadido, repartido y amenazado con la extinción? Además, ya ve cómo estamos pasando de la planificación a la economía especulativa. No sé si sabe que los agiotistas inmobiliarios extranjeros están comprando el centro de Varsovia.» El propósito de su revista —dijo, incólume, con la sintaxis oral todavía no acelerada por el vodka— era ese: buscar el nexo trascendente entre la cruz, el liberalismo y la patria. En realidad, de Benedicto XVI lo esperaba todo y nada, porque la misión de un papa no es administrar las lealtades terrenales. Luego dio una especie de brinco argumental: «Sé que la Historia de España a veces les ha sido difícil, pero ustedes no saben lo que cuesta perdonar a todos los vecinos». Me dejó, solicitado por dos bibliotecarias esbeltas que parecían mandar mucho.

Cogimos el tren para Cracovia. Las nuevas masas de Hitler quisieron reconstituir Cracovia en un lugar de la utopía nazi. La población fue diezmada o enviada a campos de trabajo; los judíos, exterminados; la universidad en bloque, brutalizada; el museo nacional, convertido en casino para las SS; la mejor pintura, a manos de Goering; la plaza Mayor, plaza Adolf Hitler. Pasamos una larga tarde en el centro antiguo de Cracovia. Un atardecer frágil puso sombras a la estatua de Adam Mickiewicz en la plaza del Mercado mientras la vieja ciudad mantenía sus últimos resplandores, revestida con la noble armadura de un pasado que la trasciende a pesar de los estragos de la banalidad contemporánea.

Una prueba de tanta inanidad intelectual es pasar distraídamente ante esa inmensa historia que es el trance de la arquitectura románica a la gótica. En la basílica de la Virgen María —de un gótico clásico, de tres naves con crucero, construida sobre la vieja iglesia románica— estuvimos un largo rato ante el gran retablo, en el presbiterio, un eje de la gran Europa, tallado con primor y pagado por la burguesía de la ciudad. A cada hora, el toque de trompeta reordenaba el tiempo exterior, como un metro de platino para el alma.

Asomados al Vístula fuimos viajeros venturosos, observamos a los personajes absortos de la Cracovia milenaria, sus eruditos, los patios de los palacios en silencio, allí donde ni la gravedad de la hora podía despojarnos del humor. Ese fue un viaje divertido, cuando lo que nos temíamos era una sucesión de actos lírico-oficiales, con el refuerzo de la ciudad vibrante de campanas y silencio. Lo primero que hicieron los nazis al entrar en Cracovia fue derribar la estatua de Adam Mickiewicz, el poeta nacional polaco. La literatura hoy no importa tanto. En este nuevo siglo hay escasa voluntad de belleza, como consecuencia del siglo anterior, cuando la pintura destruyó toda forma de belleza, o más bien la idea misma de la belleza, como dijo el pintor Balthus. Deducía que el fin de la belleza equivale al fin del pensamiento.

Teníamos una mañana libre. Cogí un taxi hacia Auschwitz con la escritora gallega Chus Pato y su marido Manolo. A poco más de una hora de Cracovia, desbordados por la charla de un taxista que me llamaba *boss* y *Herr professor*, llegamos al punto más negro de la conciencia humana, metástasis imparable de Europa. Ni los turistas que acuden a comprar un *souvenir* de los hornos crematorios atenúan la infinitud del horror. Recorrimos el *tour* del máximo terror, para preguntarnos dónde estaba Dios cuando funcionaban los hornos crematorios. Pero ¿es que después de Auschwitz no se ha podido hacer poesía ni hablar del buen Dios? Toda conclusión nihilista después de Auschwitz involucra la revelación definitiva del mal, aunque consideres que esa revelación exige ahondar hasta más allá de lo posible en el sentido de los valores y en la necesidad de la existencia del bien. Los hornos crematorios nos llevan a la plegaria y no a la relativización. Auschwitz es irrelativizable. Nada ahí es banal. Viviríamos por los siglos de los siglos en el desgarro, condenados al éxodo y a la culpa.

En la recepción del recinto de Auschwitz, entre baratijas y abalorios como *souvenirs* del genocidio, al igual que uno regresa de París con una miniatura de la torre Eiffel, compré una reproducción de la instantánea de un convoy de judíos llegando a los andenes de Auschwitz, condenados a morir inhalando el gas Zyklon B mientras una pequeña orquesta de prisioneros tocaba fragmentos de opereta. De nuevo, la música y el horror, la belleza sin causa moral. Imre Kertész —judío húngaro internado en Auschwitz— ha escrito que nuestra mitología moderna empieza con un gigantesco punto negativo: Dios creó el mundo y el ser humano creó Auschwitz. Recé, con tantas dudas como emociones. Regresamos a Cracovia con nuestro taxista dicharachero, sin saber qué decir. Piedad para todos nosotros. Esperar sin esperanza. Rezar más que abstraer. Aquella noche, al salir de un bar muy agitado, en una plaza recoleta de lo que queda del barrio judío de Cracovia, me aparté de la compañía y quemé aquella fotografía. ¿Por qué? Nada podía suplantar la memoria del horror. La pretensión de suplantarla la trivializaba. La memoria trágica rechaza las prótesis.

Alfred Jarry escenifica su *Ubú rey* de modo desolador: la acción transcurre en Polonia, «es decir, en ninguna parte». Al volver de Polonia, me pareció aún más angelical que algunas almas puras de la Europa experimentada criticasen las pulsiones populistas de los polacos, pero era como si únicamente quisiéramos ver el lado oscuro de la Historia. A principios de agosto de 1944, Varsovia se sublevó contra la dominación nazi. Mientras el ejército soviético esperaba en la otra orilla del Vístula, el ejército alemán arrasó Varsovia. Moscú prefería una Varsovia en ruinas a una ciudad viva. Al final, el Ejército Rojo tomó posesión de las ruinas de Varsovia. Comenzaba una larga ocupación. Polonia es una nación con tanta capacidad para el heroísmo histórico como para el caos político. Extraño pueblo, curtido por la desmesura y el arrojo. Experiencia de exilio y destierro, obnubilación patriótica, particiones sin límite. Pararon a los turcos a las puertas de Viena, vieron salir al ejército de Hitler y cómo entraban las tropas de Stalin. Creyeron incluso en Napoleón. Más tarde pensarían que los Estados Unidos, al menos, no los habían traicionado.

De nuevo en Barcelona, Montse y yo seguimos con la más larga conversación: irnos a vivir a Madrid y casarnos por segunda vez, en esta ocasión por la Iglesia. Aquel 2006 gané el Premio Sant Joan con la novela *La gran rutina*. Quise contar la vida privada de la sociedad catalana que veía transcurrir todos los días. Por una vez, atajé mi duda permanente entre ficción y realidad. Hubo novela. Al mismo tiempo había terminado un libro de poemas y seguía trabajando en el ensayo sobre el retorno a la fe de nuestros padres, sobre todo después de la pérdida del papa Wojtyla y de la fumata blanca para Joseph Ratzinger. Ese reencuentro con la fe, con sus pausas y sus remolinos, iba adquiriendo una cadencia musical que me costaba situar en el pentagrama. Y después de doce años en Barcelona, le dábamos vueltas a mudarnos a Madrid. A Montse le apetecía y yo llevaba un tiempo con la sensación —recurrente en mi vida— de otro final de ciclo del que no sabía ni sabré las causas ni las excusas.

Había en Madrid un congreso empresarial sobre liderato y la figura invitada era Colin Powell. Accedió a un desayuno de primera hora con los comentaristas de *ABC*, en un saloncito del Palacio Municipal de Congresos. De cerca, Powell impresiona aún más: suave, calmo, claro, físicamente compacto y a la vez ágil, ideología cero, con sentido del humor y una habilidad natural en el manejo de los hombres más allá del quehacer diplomático. Sobre Irak dijo que no se sabía cómo iba a acabar y él lo veía con un *fifty-fifty* de pesimismo y optimismo. Era un error no haber creado un ejército con las bandas insurgentes. Y había llegado la hora de que el Gobierno iraquí gobernase pero, más allá de las buenas palabras y posibles buenas intenciones, ¿cuál podía ser su *performance*, sin experiencia de ejercer el poder y sedimentar las grandes transacciones en un Estado con minoría sunní, mayoría chiita y los kurdos? Los Estados Unidos ya no iban a hacer más. ¿Realismo o ideología? Powell asumía que el realismo era la única aproximación efectiva con Libia o Corea del Norte, pero reconocía —sin el menor afecto— que había un poso ideológico en la Casa Blanca. ¿Irán? No se iba a gobernar porque el ejército norteamericano no podía abarcar más. Lo fundamental era una solución diplomática, como con Corea del Norte, tal vez pagada de alguna manera. Algo así podía hacerse con Irán. Israel tampoco iba a atacar Irán. ¿Putin? Un hombre que se excede geopolíticamente. Los métodos del KGB. Manda donde Yeltsin no mandaba. A los rusos les gusta que alguien los mande. Se daba una nostalgia de la Rusia de los zares. Él, Powell, advirtió a Putin que crease instituciones democráticas para cuando se fuera, pero —y lo dijo con una sonrisa forzada— sospechaba que no le había entendido. ¿Estados Unidos? Hillary Clinton gustaba tanto como creaba rechazo. Podría ser una buena candidata, pero era senadora por Nueva York, algo que no gusta allá, en la América profunda. ¿Republicanos? Apostaba por John McCain, un conservador pragmático. Powell se definió como un «*republican* Rockefeller», algo —dijo riendo— que para los neoconservadores es un insulto. Lo vi como un pactista en el orden de no ceder en los objetivos finales. Tal vez una nueva versión centrista de Eisenhower si el país entraba en una crisis grave. «*I like Ike.*» En cuanto a los «*republican* Rockfellers», me atraían pero solo como ocasión fallida de un conservadurismo *one nation*. Adelantó un lema de su conferencia sobre liderazgo para empresarios: «El liderazgo es el arte de lograr más de lo que la ciencia del *management* dice que es posible». Powell había salido de mala manera del Departamento de Estado. Al final del desayuno, un *neocon* con insignias de subteniente insistió en que Zapatero era lo mismo que Stalin. Aproveché para ir a la Residencia de Estudiantes, a la exposición de Ortega. Era pequeña pero muy sabrosa, con la adecuada coquetería orteguiana que tanto me deslumbra. Cuadros deliciosos de la época. Manuscritos, *memorabilia*. El Ortega poco metodológico que más me atrae. Al fondo, una sala en penumbra con un montaje fotográfico de Ortega y grabaciones de su voz leyendo algunos de sus escritos. Voz enfática, seductora, un punto gangosa. Ahí, a solas, paso un instante único. Y me ocurre algo que no podría ocurrirme en Barcelona: un señor como enclenque me saluda y me agradece lo que he escrito sobre Josep Pla. Ante una de las vitrinas me indica que el orden de los personajes de una foto no corresponde del todo con el pie.

Salí a la calle y el mundo seguía ahí, dando vueltas sin que un Colin Powell lograse estar al timón. Además de los componentes geoestratégicos habituales, ante la magnitud de lo que estábamos viviendo, sobraba lo que Pierre-André Taguieff llama el pacifismo ciego: «No saber reconocer al enemigo, no poder designarle, no atreverse a movilizarse contra él, es el grado cero de la política y es también el grado cero de la geopolítica». Era, indudablemente, el factor islamista y, traspasada la guerra fría a los índices del pasado, aparecían nuevas guerras tribales, como en *Mad Max*, los guerreros «reprimitivizados» por el naufragio de la clase media.

En un día de setiembre, pegajoso y tibio, volé en bimotor regional a Lyon para una sesión periódica del European Ideas Network. Peroró José Manuel Barroso, muy ahorrativo al analizar la densidad del momento. Aludió difusamente a un nuevo realismo europeo. No habló de islam ni de inmigración. De nuevo constaté, como en las sesiones posteriores, que el EIN propendía por una inercia formal a tratar poco los asuntos que más importaban. Subimos a la basílica y contemplamos el gran Lyon rico y burgués, el sedimento patrimonial de la industria de la seda. Bajé en el funicular. Estaban radiantes las calles de la ciudad medieval. Entré en varias librerías de viejo. Buscaba lo que hubiese sobre el escritor Lucien Rebatet, tal vez un libro de erudición local sobre sus vínculos con Lyon. Los libreros recelaban o mostraban perplejidad porque Rebatet, por colaboracionista con los nazis, antisemita y manifiestamente fascista, llevaba largo tiempo en el purgatorio. Propugnó una revolución nacional fascista. Con la liberación fue condenado a muerte y acabó pasando unos años en la cárcel. Fruto del caos trágico de los años treinta y de una Europa que enloquecía, estaban sus panfletos lacerantes —como los de Céline— y estaba su gran novela, *Les deux étendards*, para mí una obra maestra del siglo XX. *Les deux étendards* —de estructura ignaciana— transcurre allá por los años veinte en Lyon. Es una novela erótico-teológica y a la vez una crítica muy ácida de la clase alta de Lyon y la Iglesia francesa. Es una gran historia de amor —con sedimentos autobiográficos—, de búsqueda de Dios. En España llevaba ya años traducida su obra *Una historia de la música*, pero ningún editor se había atrevido con su novela. No vi ningún ejemplar de su virulento *Les décombres* y, al final, salí de una de las librerías con su otra novela, *Les épis mûrs* —magnífica, muy musical, más proporcionada aunque de un vuelo menor al de *Les deux étendards*—, y con la primera edición de uno de los volúmenes de las memorias de De Gaulle, para asombro del librero ante un lector del buen Dios y el diablo. Sabemos que el mejor talento puede heder tanto como los lirios.

François Mitterrand, de tan buen paladar con la literatura de derechas, dijo: «Hay dos clases de hombres, los que han leído *Les deux étendards* y los otros». Mitterrand, ese fósil de la Tercera República condecorado por Pétain, llegaría al Elíseo dándole al silbato de un convoy social comunista. Enemigo virulento de De Gaulle, acabó ejerciendo una presidencia subgaulliana cínica, turbia, sin escrúpulos ni principios. Destruyó al partido comunista cediéndole ministerios y dio alas a Le Pen. En *Le dernier Mitterrand*, de Georges-Marc Benamou, provoca un escalofrío en una de las escenas finales, cuando el viejo político florentino participa en el voraz ritual gastronómico de los pájaros hortolanos al armagnac. Es un plato prohibido por la ley. Los comensales trituran de un bocado las pequeñas aves y se cubren el rostro con la servilleta.

Pernoctábamos en el hotel Radisson, en el alto edificio del Crédit Lyonnais, a partir del piso treinta y dos, donde está la recepción, y luego los pisos con las habitaciones. El bar era afable y no faltaban algunas parejas de amantes de hotel. Bares que todavía tienen algo de regazo materno incrustado de botellería selecta y blindado con caoba. Son la confortable amante madura, aunque haya barullo de hombres de negocios que dan instrucciones de compraventa a voz en grito por el iPhone. Hemos venido a este mundo a sufrir y ni tan siquiera nos protegen aquellos bares de hotel que en el pasado fueron ceremonia y discreción, orden, lujo y una cierta sensualidad mullida. Los ventanales del bar del Radisson dominaban las vistas plutocráticas de la ciudad. Unos políticos italianos decían que la conjunción superpuesta de banco y hotel era muy propia de la construcción europea. Y ¿por qué no? De todos modos, para ir a la cena de gala tuvimos que bajar por las escaleras porque los ascensores no funcionaban, lo cual también podía ser otra analogía del proceso europeo. En la cena, Carl Bildt, uno de los niños prodigio de la Unión Europea, hizo un discurso que quiso ser un poco churchilliano —«tormentas que se acumulan»— pero debidamente inconcreto, veteado por la satisfacción del centroderecha sueco en su recuperación del Gobierno. A la mañana siguiente, se entró en la casuística de la ampliación de Europa. El francés Jacques Toubon fue claro y habló de la polución turca. Asiduo del EIN, el filósofo Philippe Nemo, que de joven había publicado el brillantísimo *Job o el exceso del mal* —eso es la tensión entre creer y el alcance del mal— y fue catalogado entre los «nuevos filósofos», había derivado hacia el liberal-conservadurismo en su voluminosa *Historia de las ideas políticas*, con un cierto pesimismo. Entre Levinas y Hayek, Nemo era un caso aparte. Me contó que estaba escribiendo sobre la historia de la OPA de la izquierda francesa con la república. «Le va a interesar porque tiene algo que ver con la España de hoy. Sobre todo, vea la apropiación de la escuela. En el caso de Francia la izquierda ha logrado ser la dueña simbólica de los valores republicanos y en la derecha domina la nostalgia monárquica. Y eso es una falsedad. Pero lo cierto es que la OPA dio resultado. En fin, lo que no es de izquierdas no tiene legitimidad republicana. Ya después de la Segunda Guerra Mundial, ser intelectual es sinónimo de ser de izquierdas. Es el monopolio, un monopolio basado en el mito. En el monopolio se incluye la escuela.» Regresé a Barcelona mecido por la trepidación del bimotor y leyendo como un don de la mejor vida *Les épis mûrs*.

Según los anales y conjeturas, en los últimos dos mil años Roma sufrió notables daños sísmicos aproximadamente una vez cada siglo. Desde que existe la televisión nos creemos que las catástrofes se han ido multiplicando exponencialmente, desde dimensiones muy variables. Incluso las macrotendencias se manifiestan con desproporcionalidad. Así tenía que ir transcurriendo 2006, con reiteraciones tan inevitables como las pruebas nucleares norcoreanas, la ira islamista por las caricaturas publicadas en Dinamarca, la ejecución de Sadam Husein. Angela Merkel subía al escenario. Irán enriquecía uranio, chiitas y sunníes se enfrentaban en Oriente Medio, Hizbulá atacaba Israel, Evo Morales tomaba el poder, Chávez decía que Bush era el «demonio». El profesor Redeeker fue amenazado de muerte por un artículo crítico con Mahoma. Los Estados Unidos seguían empantanados en Irak. China bloqueaba Wikipedia y seguía creciendo. El petróleo manaba más caro. La economía global trastabillaba. Las burbujas inmobiliarias iban a estallar. Respirábamos en wifi. Quien más quien menos tenía su blog. Quedaba registrada la última secuencia del genoma. Terremotos en Java. Hubo grandes eclipses solares y lunares. Como dos mil años antes en Roma, era el progreso y la regresión, el bien y el mal, guerra y paz, ángeles y demonios, amor y odio, cultura y naturaleza, egoísmo y altruismo, decaer y levantarse.

Mientras nuestras vidas cambiaban a cada instante

con el teléfono móvil, también supimos que algún día seríamos inmortales. Que hiciera o no falta vender el alma era lo de menos. Ray Kurzweil anunció un método científico-vital para alcanzar cualquier día futuro el objetivo de la inmortalidad. Había leído con interés algún libro de Kurzweil, como *La era de las máquinas espirituales*. Era el perfil nuevo mundo y así apareció el transhumanismo, aunque en España tuvo poco impacto. Como gurú informático y especie de inventor renacentista, Kurzweil daba vueltas a las posibilidades de una era de medicina genética personalizada, de nanotecnología y de combinación entre tecnología y biología para alargar al máximo la vida humana. Profetizaba que en pocas décadas los computadores superarían la inteligencia humana. En aquel nuevo siglo se superaba a sí mismo proféticamente: la inmortalidad era posible con tratamientos de longevidad y con la nanotecnología, que consiste en la reducción molecular de la materia para crear —por ejemplo— pequeños robots que patrullen por nuestro sistema arterial y maten toxinas, revisen el ADN o reparen corazones fatigados. Era concebir la tecnología como seguir con la evolución por otros medios con el objetivo final de mutar la naturaleza humana. ¿En qué quedaban entonces la finitud humana y el pecado original? Aquella teoría —supuse y creo que se iba demostrando— iba a ser un tema capital del siglo XXI, sin fronteras entre el hombre biológico y la máquina, hasta que el espíritu del ser humano y el chip llegasen a ser la una y misma cosa. En un mundo transhumanizado, ¿habría más tentaciones totalitarias?

Todo lo que estaba pasando en la España gobernada por Zapatero —clase media desconcertada, sin papeles, crisis educativa, desintegración familiar, baja natalidad— quedaba camuflado por el placebo del antifranquismo posfranquista. Por parte de ese placebo de antifranquismo posfranquista se procedía a la identificación de la autoridad en una nación democrática con el autoritarismo, y eso iba a tener efectos tóxicos. El buenismo había impuesto una corrección política coercitiva. Negándose risueñamente a aceptar la crisis económica en ciernes, al mismo tiempo Zapatero deconstruía el modelo territorial de Estado, relativizaba el sistema de valores, empeñado en un revisionismo histórico de significados y referentes hasta entonces tan sólidos y cohesivos como la transición democrática. Tanta delicuescencia desleía los emblemas de la Historia de la España moderna.

La estrategia de oposición por parte de Mariano Rajoy no andaba sobrada de energía ni su partido estaba en orden de batalla. El PP seguía absorto en el atentado de Atocha. Eso facilitó que Rodríguez Zapatero continuase entregado a las espirales del arte de la fuga, con una frágil continuidad —habilidosa en ocasiones— que le permitiese conectar su intuición musical con una nueva coalición de sectores sociales. En aquel momento, a la derecha fatalista más le valía retirarse a cocheras, incorporarse a un museo etnológico en sombras, sin más rumor que la carcoma.

En Cataluña, gracias a la inopia histórica del tan complaciente Rodríguez Zapatero, Maragall había consumado el Pacte del Tinell con la propuesta de un nuevo Estatut del que a nadie oí decir que hiciera falta alguna. Fue una redacción chapucera, atolondrada y con algunos artículos que iban más allá del ámbito estatutario para entrar en colisión con el orden constitucional de 1978. En el referéndum, la abstención fue del 48,85 por ciento, un 73 por ciento a favor y un 20,76 en contra.

Aquel verano me llamó Pujol. Instalado en su despacho de expresidente en el paseo de Gracia, la inacción le desasosegaba. Comenzó por preguntarme «qué maldad» había escrito últimamente. Le dije que había escrito un elogio de Adolfo Suárez y él pasó a sus temas. Obviamente, quería una entrevista en *ABC*, pero me decía que era un «diario hostil al nacionalismo catalán desde hacía cien años». Trimestre más o menos, claro. Divagó. Sobre el PP: «No podemos ir con ellos ni de aquí a la esquina». Aznar quizás tenía razón, pero con mala suerte. Reiteró que leía *Le Monde* todos los días. Me abstuve de decirle que tal como habían ido las cosas, ya era mejor leer *Le Figaro*. Poco trajín en el despacho: le sobraba tiempo y le faltaba poder. Citó a Charles Péguy, poeta de sus tiempos heroicos. Sobre el envejecimiento, Péguy dice que hemos creído que el pasado es aquello que «ya no es» y que de repente nos damos cuenta de que «nosotros somos el pasado». Supuse que en el fondo se refería al pasado mítico de Cataluña, «un tiempo presente que ya no es el nuestro». Pujol había deducido que para envejecer no hace falta cambiar porque «basta con que haya cambiado la época». Eso era Pujol en aquel momento. Pensé que iba a envejecer mal, sin aquel presente que ya era su pasado, sin un sucesor fiel. Me preguntó —como en alguna otra ocasión— si había más gente que pensase como yo. Daba por hecho que el pensamiento débil ganaba. Defendió los transgénicos. Estaba avejentado, muy anecdótico, con un pie en el pasado. Me contó que por aquel despacho continuamente pasaban alcaldes de toda Cataluña y que todos le pedían hacerle una estatua en el pueblo, pero él —dijo— solo quería dos estatuas, una en Premià y otra en Barcelona. «Calles y plazas, ya veremos.» Bajé a la calle y fui dando codazos a la masa de japoneses concentrados para fotografiar la modernista Casa Batlló.

Tantas veces había querido peregrinar a Tierra Santa y, por un azar del periodismo, llegué a Israel con la segunda guerra del Líbano. La playa de Tel Aviv era una burbuja postsionista hasta los topes, mientras los mísiles de Hizbulá cruzaban el frente norte. En aquellos días tórridos, para un Tel Aviv que recibió su ración de Scuds en la primera guerra del Golfo, lo más importante parecía ser tener un pequeño espacio en la playa. ¿Hasta dónde podía llegar Israel para que Hizbulá dejase de existir y se dedicase a la política en el Líbano? Pero Teherán no pagaba a Hizbulá solo para que estuviera en el Parlamento libanés.

Al sobrevolar las franjas centro y sur de Israel en un helicóptero de la organización proseguridad israelí, The Israel Project, tanto la magnitud geográfica como histórica de Oriente Medio emergen más allá de la calima entre campos de recientes combates, vergeles, áridas lomas, huellas de conflagración y las cicatrices de unas divisorias que cruzan Gaza, los remotos altos del Golán, el desierto de Negev. En vuelo bajo sobre pedregales y huertas de Israel, hay quien recuerda unas palabras de Golda Meir: «Moisés nos arrastró cuarenta años por el desierto para traernos al único lugar en todo Oriente Medio donde no hay petróleo». Pero Israel ya era un denso imperio tecnológico, con su *force de frappe*.

Sobrevolamos la barrera de Gaza. Aterrizamos para ver la zona desde un observatorio militar. Contigüidad hostil de parques tecnológicos y boquetes que usaron las bombas suicidas de Hamás para llegar a Tel Aviv en taxi: puestos de observación a un lado, perforación de largos túneles para el ataque al otro. A poca distancia de la valla de seguridad dotada de infrarrojos, frente al perfil de la ciudad de Gaza, en un punto de vigilancia del ejército israelí, los carros de combate rugen: dicen los soldados que van a enviarlos a la frontera libanesa. Historia calcinada, palmerales, mojones de la muerte: todo en medio de un mundo árabe lastrado por la autocracia y el arcaísmo, de nacionalismo radical, el desierto de tigres. Hizbulá quería destacar en el reparto de papeles.

En un salón del hotel King David de Jerusalén, Simón Peres había convocado a un grupo de comentaristas europeos: «Se puede negociar la paz; no se puede negociar el terror. Mientras Hizbulá dispare, Israel se defenderá. No tenemos deseo de ocupar parte del Líbano, solo que Hizbulá se vaya de la frontera. Sabíamos que Hizbulá tenía allí arsenales, pero no atacamos si no se nos ataca. Privaticemos la paz, fundemos una paz económica». Peres, viejo maestro, un poco caricatura de sí mismo, voz cavernosa, maestro en eludir malas preguntas, admirable por su reacción inmediata tras el 11-S. Con su porte acreditado de sabio de la tribu, más hombre de palabra que de acción, Peres es el viejo maestro que plantea ecuaciones geoestratégicas con claridad, como si diese los titulares hechos: «El cuarteto del mal», por ejemplo, para englobar Hamás, Hizbulá, Irán y Siria. A pocos metros de la rueda de prensa de Peres, dignatarios de la comunidad internacional sacaban sus fórmulas de la chistera o reanudaban la tradición del pesimismo trágico para interpretar los males de Oriente Medio, siempre más viejo Oriente Medio que un «nuevo Oriente Medio». Con todos los errores políticos y militares a que tiene derecho, la seguridad de Israel es parte inalienable de Occidente.

Tras más de tres mil años de Historia, en la Jerusalén de hoy ningún plan de futuro puede articularse si antes no se impone la paz en las sinagogas y las mezquitas de la ciudad que fue destruida y reapareció como un sueño de plegarias atendidas. Del viejo empeño colectivista del kibutz a la economía del chip, los novelistas de Israel han asentado a sus personajes en el desequilibrio entre tradición y fusión social constante. Hoy, al pie del Muro de los Lamentos, alguien transmite un rezo por teléfono móvil. Antes de la destrucción de Jerusalén, Flavio Josefo describió el templo, con las puertas del pórtico engalanadas con un velo de tejido babilónico, bordado de jacinto, de finísimo hilo, de escarlata y de púrpura: ahí estaba representado un mapa completo del cielo, salvo los signos del zodíaco. Hace casi doscientos años, al iniciar su viaje, Chateaubriand escribió que entonces Jerusalén estaba casi del todo olvidada porque un siglo antirreligioso había perdido memoria de la cuna de la religión.

Después de un sinfín de *briefings* del Gobierno, el ejército y los servicios de inteligencia, llegar a Haifa fue como reencontrar un lugar que amábamos desde hacía mucho tiempo. Por la mañana, retumba sordamente el bombardeo aéreo contra Líbano del sur. Suenan las sirenas de alarma varias veces. A los refugios. Casas destruidas, población semifantasmal. En un refugio para niños, otra alarma. Madres que tiemblan y fuman compulsivamente, niños azorados. El alcalde de Haifa —un hombre populista y con buen humor, de la izquierda israelí clásica— contaba que fue pionero en la petición de la retirada anterior de Israel del Líbano, al igual que de la retirada israelí del Golán y de Cisjordania. Flanqueado por el rabino principal y el líder musulmán de la ciudad, explicó hasta qué punto se sentía estafado por la Hizbulá que todos los días atacaba su ciudad, mataba a civiles árabes y judíos, aterrorizaba a los niños y que había acabado con la temporada turística a cero, el puerto cerrado, las playas vacías, sin *windsurfers* en el horizonte. Bella Haifa, sacudida por mísiles que llegan desde más allá del mar, desde un Líbano sin firmeza ni Estado. La precisión del sistema de alarma antimísiles no garantizaba por completo la seguridad de aquella ciudad entonces casi fantasmagórica, desquiciada por las sirenas. Se huye de la Haifa israelí hacia el sur y de la Tiro libanesa hacia el norte. Un columnista de *Haaretz* titula: «Historia de dos ciudades».

Cayó sobre Haifa un mísil casi inadvertido. El alcalde acude con un grupo de periodistas europeos con los que acaba de almorzar. Poca gente en la calle, los niños o bien han marchado o bien juegan en refugios subterráneos. Barrio de Kiriat Schmuel, en las afueras. Bloques de cuatro pisos, población de grupos ortodoxos. El mísil, afortunadamente, explotó antes de chocar contra uno de los bloques. Escaleras estrechas, voces quedas de familias que salvaron la vida. En el cuarto y último piso, vacío, el gran boquete después de que los restos del mísil hayan sido retirados por los servicios de seguridad. En el comedor, entre cascotes, policías, ejército, el alcalde y su equipo, periodistas invitados mirando y tomando fotos. Aparece por la puerta de la vivienda un hombre trasmudado, empalidecido, el dueño de la casa que regresa del trabajo. Envió a su mujer e hijos a Tel Aviv para evitarles el riesgo. «Han salvado la vida», balbucea. Cuenta que llegó desde Transilvania, en busca de la paz y la prosperidad de Israel. El miedo del hombre en la selva de una guerra *high tech* que no deja de ser la guerra de siempre.

Un teniente coronel de la reserva dirige el largo trayecto hacia la frontera norte. Desde un mirador que sobrecoge más allá de la Historia, frente al lago de Galilea y las alturas del Golán, el rey David pasa entre las nubes. De cada vez más cerca de la frontera, en lo alto de una estribación, opera la artillería israelita, con tiro de largo alcance, contra las posiciones de Hizbulá al otro lado de las bajas estribaciones de la frontera con el Líbano. No era cortina de fuego: los cañonazos eran pausados, proyectados con un nuevo método de inteligencia táctica de la fuerza aérea, inteligencia visual en tiempo real, un encaje avanzado entre potencia de fuego y *high tech*. Caía el sol más allá de las colinas hoscas, dejando en sombras los melonares y las prósperas granjas israelíes. Armagedón levanta el polvo de los caminos, mientras unas pocas voces de mando ordenan el fuego y calculan objetivos desde un carro de combate especial que concentra los flujos de información —satélite, etcétera— y se afana por la máxima precisión para destruir los búnkeres de Hizbulá. Mientras los soldados casi barbilampiños cargaban los obuses antibúnker, una opinión hipercrítica como es la israelí debatía en Jerusalén y Tel Aviv la estrategia de la crisis y discutía abiertamente sobre si el Gobierno —un primer ministro sin experiencia militar, un ministro de Defensa de procedencia sindicalista— era el más indicado para contener la agresión y desarmar a Hizbulá.

Era —y es— altísimo el precio que pagan los libaneses por sobrevivir a la sombra de Siria, mantener un Estado en falso y un ejército de ochenta mil hombres que nada hizo para desmantelar la milicia de Hizbulá, de seis mil hombres. De nada servían los observadores de la ONU, desarmados, compartiendo posiciones con Hizbulá, jugando a baloncesto con Hizbulá cuando se acababan las guardias. Retumbaban los cañonazos y temblaba la tierra tostada de Galilea, tan tibia en la hora crepuscular. Ardían los bosques incendiados por los impactos de mísiles de Hizbulá. En el paisaje improvisado de la guerra, los campos de manzanos apenas camuflaban la parafernalia paquidérmica de los tanques.

En estos casos la cuestión es qué respuesta dar a una ofensiva y hasta qué punto va a ser proporcional o no. En un interminable conflicto enquistado en Oriente Medio un primer dato es que Israel tiene derecho a garantizar su supervivencia y que, de otra parte, solo un gran acuerdo logrará conciliar la zona. Hamás nunca ha reconocido el derecho a existir de la democracia israelí. El contraataque de Israel en Gaza ¿era una legítima defensa proporcionada o la oportunidad para una agresión? Sobre todo, la legitimidad de Estado de Israel —ciertamente, discutida incluso en Israel— era capital para defenderse de un entorno siempre hostil. Una parte significativa de la opinión pública de Tel Aviv era partidaria de la tesis de los dos Estados y de la necesidad urgente de pacificar el momento. Como siempre, Jerusalén es otra cosa. Tuve un viaje de retorno muy tranquilo con un hasidim en el asiento de al lado rezando, apoyada la frente en el asiento de delante, un joven ultraortodoxo, pálido, como una mente infantil sometida a las presiones terribles de una tradición.

En casa busqué el libro de Saul Bellow sobre su estancia en Jerusalén. Debía de tener sesenta años cuando pasó tres meses en Israel para luego escribir el magistral *Jerusalén, ida y vuelta*. Ya conoce la región, tiene amigos, recibe tratamiento de vip, miles de lecturas sobre Oriente Medio, pero aun así te deja sin aliento tanta sabiduría, tanta capacidad de observación, la defensa tan serena de Israel, la ecuanimidad y a la vez la lealtad, capaz de llegar hasta el fondo de la verdad cuando se pueda. Un libro que leí hace años y que iba a releer tras mi regreso de Israel. A la vez, qué visión trágico-conservadora de la Historia en un momento en que Roth o Mailer todavía se dedicaban a novelar la revolución sexual. No podría decir hasta qué punto la figura de Bellow me era entonces, como escritor, un referente ejemplar, libro tras libro. Su inmensa vocación de ser y estar, de superarse y marcar territorio, una amalgama tan lograda de ambición y talento, de captación sensorial y fortaleza intelectual, de estrategia profesional y capacidad creativa podían ser un estímulo, pero también una advertencia sobre mis propias limitaciones como escritor.

Eso me llevaba a la vieja cuestión. ¿Para qué escribir? De entrada, escribir en un nuevo siglo tan banal carecía de significado y, por otra parte, todo lo que valía la pena ya estaba escrito. Era incierto que tuviera sentido escribir, a no ser que fuera como sucedáneo de las series de televisión, placebos de autoayuda, como un complemento de la filatelia o para suplantar la pornografía *soft* con novelas sobre emperatrices romanas o conjuras templarias. En mis meses —largos— de instrucción militar, por las noches el cabo furriel cantaba los servicios para el día siguiente. Podía tocarte albañilería, trabajos de fontanero, limpiar perolas. Uno de los servicios era el de «indeferenciado». Si te tocaba, respondías «¡Presente, indeferenciado!», y a la mañana siguiente te apartabas de la formación y te tocaba vaciar cubos de basura o barrer, cuando no pasarte el día tumbado bajo un pino. ¿Es que escribir iba más allá del «¡Presente, indeferenciado!»? Escribir, ¿qué? Ya supuse que la única justificación era escribir lo que te viniera en gana a cada momento: novelas, ensayos, poesía, incluso considerando que el inicio del nuevo siglo podía, a pesar de todo, mantener viva la pasión de escribir, más allá de los cortocircuitos e incompatibilidades entre la literatura y el periodismo.

En Barcelona todo estaba dispuesto para dar el giro del que hacía un tiempo hablábamos Montse y yo: casarnos ante el altar y mudarnos a Madrid. Íbamos a casarnos —como se dice— por la Iglesia, sin invitados, solos con el párroco y dos testigos amicales, en la parroquia de Santa Teresina, en Vía Augusta, en la capilla del Sagrario. Finalmente, veinte años después de registrarnos en los juzgados de Palma como matrimonio civil, desde que salimos de la iglesia de Santa Teresina fuimos marido y mujer porque la liturgia reafirma la fe y fortalece los vínculos. ¿Debería haber sido un convite pletórico? Fue todo muy escueto, al mediodía, subtitulado con las primeras líneas —tan citadas— de la Primera Carta a los Corintios. Con los dos testigos —Dolors Salgot y Sebastià Ramis— fuimos caminando desde Gal·la Placídia al José Luis y celebramos la boda con champán.

Los camiones de nuestra mudanza iban de Barcelona a Madrid cuando nosotros nos detuvimos en el parador de Benicarló. Después de cenar dimos un paseo por la orilla del mar. Hacía una noche de octubre templado y el rumor de las olas tenía una fuerza tranquila. Acodado en la pequeña terraza de la habitación, al mismo tiempo que más allá del día y la noche nuevos sesgos de luz iban bosque adentro para enriquecer la pátina amorosa, reconocía que una unión marital rubricada en un juzgado tenía que ser algo más, como aquella fruta perenne que aparece en los buenos bodegones de la historia de la pintura. Aquella noche carecía de presagios. Podía llevarme a donde quisiera. Todo era finito, pero en absoluto precario. De muy joven, en realidad en la adolescencia tardía, me deslumbró una cita de Shakespeare: «La madurez lo es todo». Sin darme cuenta, fingí suponer que ya todo consistía en aspirar a esa madurez porque vivir no podía tener otro objetivo, pero con los años me di cuenta de que la experiencia representa más decepciones que madurez, más suplantaciones ilusorias que serenidad y contención sabia, más conflictos privados que lecciones de la rendición de Breda. Intelectualmente antirrománticos, seguimos anclados en la inmadurez crónica de aspirar a nutrirse del vacío. Nos amarramos al mástil cuando ni tan siquiera se oyen cantos de sirena. Sin llegar a ninguna parte, mientras la diligencia alza su polvareda por el Valle de la Muerte, somos vida, viajeros que suben y bajan, superados por el destino. Buscas las gafas y las llevas puestas: ¿eso es una pauta de madurez? No lo sé, ni sé qué significa realmente que la madurez lo es todo.

¿Cómo detectamos la madurez? Erramos al creer que la consistencia es evolutivamente adulta. Adaptarse a la contabilidad de los agravios de la vida no es el arraigo maduro, siendo más fácil desarraigar que echar raíces. Nos queda asombrarnos con el viejo búho de todas las noches, si lo hay. Arraigar es distinto, y no conozco otro método más fértil que la hondura de la infancia. ¿Será eso la madurez? ¿Será la *pietas*? Pasan los años y en esa maleta de cuero que nos bajamos de la diligencia nos quedan un par de mudas y la navaja de afeitar para seguir viajando por la inmadurez sin fin. Herreros con delantal de cuero reponen las herraduras. Reemprende el camino la diligencia. «¡Arre, Hermosa!», «¡No te desvíes, Enconado!». Luego, al llegar a los setenta, una vida puede condensarse y, como en aquella parábola que ubica el infierno en la punta de una aguja, te contentas ni más ni menos que con ir en pantalón corto de la mano de tu padre por una avenida distraída por el chisporrotear del trole de los tranvías. Dejar algo entre nosotros y la muerte, aunque solo sea sobrevivir con dignidad y luego morir sin agonía. Te falta sobrepasar con solvencia esa etapa de desazón, cuando el cuerpo se va desgastando aunque sientas que tu conciencia sigue joven e incluso más diestra para detectar los equívocos de la vida, más segura intelectualmente, más capaz de escribir. Recién casado, dormí sacramentalmente. Por la mañana partimos hacia Madrid. Esos iban a ser días y años posteriores, hasta el penúltimo cisma, la inundación, la nada, la otra vida. Al fin y al cabo, incluso en momentos de buena ventura y bonanza, vivimos en un mundo de náufragos.